新时期民法体系下
知识产权法基本问题研究

武志孝◎著

中国政法大学出版社

2025·北京

声　明	1. 版权所有，侵权必究。	
	2. 如有缺页、倒装问题，由出版社负责退换。	

图书在版编目（CIP）数据

新时期民法体系下知识产权法基本问题研究 / 武志孝著. -- 北京：中国政法大学出版社，2025.7.
ISBN 978-7-5764-2243-6

Ⅰ. D923.404

中国国家版本馆 CIP 数据核字第 20255NZ313 号

出 版 者	中国政法大学出版社	
责任编辑	郭立平	
地　　址	北京市海淀区西土城路 25 号	
邮寄地址	北京 100088 信箱 8034 分箱　邮编 100088	
网　　址	http://www.cuplpress.com（网络实名：中国政法大学出版社）	
电　　话	010-58908441(编辑部) 58908334(邮购部)	
承　　印	保定市中画美凯印刷有限公司	
开　　本	880mm×1230mm　1/32	
印　　张	10.75	
字　　数	260 千字	
版　　次	2025 年 7 月第 1 版	
印　　次	2025 年 7 月第 1 次印刷	
定　　价	48.00 元	

序

本书是笔者主持的国家社科基金项目"新时期中国特色社会主义民法体系下知识产权法基本理论问题研究"的研究成果之一。我国知识产权事业正蒸蒸日上地发展,已经制定了知识产权战略规划和知识产权强国建设纲要,提出了知识产权新的建设任务,在这个背景下,我国知识产权保护水平将达到前所未有的高度,知识产权将会助力新质生产力,促进我国经济社会高质量发展。与此同时,我国宣布中国特色社会主义法律体系正式形成。在民法方面,我国已经制定并颁布了《中华人民共和国民法典》。然而,我国关于知识产权理论和实践方面的研究仍需加强,知识产权法仍有待发展,并且,新形势下知识产权法的发展遇到了许多新的问题。

中国特色社会主义法律体系宣告形成之后,在知识产权强国战略背景下,本书的主要内容为研究民法体系下知识产权法的基本问题,既包括基本的理论问题,也包括相关的实践问题。总体上看,《中华人民共和国民法典》只规定了公民享有哪些知识产权,并没有进一步的详细规定。我国知识产权法还处于分散状态,它应当如何贯彻民法中的诚实信用原则、它与狭义的民法如何体系化发展、它的客体与狭义民法的客体能否相融、知识产权法如何法典化、高新科技和数字化背景下知识产权如何发展、知识产权如何发挥它的作用、知识产权保护制度如何能够有效地得到保障、知识产权保护制度如何与《区域全面经济伙伴关系协定》（RCEP）和《全面与进步跨太平洋伙伴关系协定》（CPTPP）衔接等理论和实践问题都是需要进行研究的。笔者通过本书的写作，力求研究知识产权与狭义民法在客体上是否可以形成统一，狭义民法与知识产权法是否能够形成统一，知识产权法是否能够法典化，高新科技使得知识产权客体扩张的同时是否也有规律可循，知识产权是否能够发挥它的工具作用，我国在知识产权保护制度保障方面如何做好立法、执法、司法等方面的工作等内容。与此同时，在发展我国知识产权法律制度时，国际协定也对我国知识产权法构成了挑战，但同时也带来了机遇。我国应当如何抓住这个机遇努力发展和不断对外开放，以期吸收国际先进经验并结合我国实际制定、完善和优化我国民法和知识产权法方面的相关法律，达到示范效应，在国际上形成我国的话语优势，在法律方面为我国社会主义现代化服务，为我国伟大复兴服务，这些都是值得探索的。

概而言之，本书结合目前我国知识产权法的发展方向和热点问题主要研究了民法体系下知识产权法中当前面临的重要理论问题和实践问题，逻辑上从总论到分论、从国内到国际问题进行排列，形式上呈现一种逐渐递进，同时兼顾并行路径的研究思路，所研究的问题都是总目标中的重点问题和具体问题。总体上，对内我国应当通过理论和实践不断完善我国民法体系下的知识产权法律制度；对外需要有选择地借鉴并吸收符合我国国情的经验，通过理论和实践逐渐形成我国的话语权和法律体系特色。本书希望能为我国知识产权法律制度的研究作出应有的贡献。

是为序。

目 录

序 ………………………………………………………………… 001

导 论 …………………………………………………………… 001
 一、国内研究现状 ……………………………………………… 002
 二、国外研究现状 ……………………………………………… 010

第一章　知识产权法中的诚实信用原则 ………………………… 013
 一、诚实信用概念 ……………………………………………… 014
 二、诚实信用原则及其发展 …………………………………… 014
 三、如何正确理解诚实信用原则 ……………………………… 016
 四、知识产权保护中诚实信用原则作用机理及其适用 …… 017
 五、知识产权法中如何发挥诚实信用保护的兜底性作用 … 022
 本章小结 ………………………………………………………… 023

第二章　知识财产本质问题 ……………………………………… 024
 一、财产与无形财产辨析 ……………………………………… 024
 二、无形财产与知识财产辨析 ………………………………… 028
 三、财产本质问题 ……………………………………………… 030

四、对知识产权"抽象物"再思考 ………………… 035
本章小结 …………………………………………… 063

第三章　民法体系下知识产权客体问题 ………… 066
一、知识产权客体问题研究起点 …………………… 067
二、关于知识产权客体本质的观点与讨论 ………… 078
三、哲学层面知识产权客体本质问题 ……………… 080
四、知识产权客体的本质 …………………………… 084
五、知识产权客体本质的其他问题分析 …………… 087

第四章　民法体系下知识产权法体系化问题 …… 090
一、知识产权客体范围分析 ………………………… 090
二、高新科技对知识产权客体范围的影响 ………… 092
三、少数民族传统文化知识产权保护问题 ………… 097
四、知识产权法体系化基础理论与体系化方法 …… 110

第五章　知识产权法与民法（狭义）相统一问题 …… 119
一、物概念和物含义的演变 ………………………… 120
二、"物"之分类再思考 …………………………… 132
三、知识产权法与民法（狭义）相统一理论分析 …… 135
四、知识产权法与民法（狭义）相统一方法 ……… 137

第六章　知识产权法典化问题 …………………… 140
一、当今世界主要国家知识产权法典化概况及学界
　　关于知识产权法典化的观点 ………………… 141

二、部分国家的法典化实践 ················ 144
　三、知识产权法典化的主要问题 ············ 147
　四、知识产权法典化方法 ·················· 150

第七章　民法体系下知识产权工具主义问题 ······ 156
　一、法律工具性理论再认识 ················ 156
　二、知识产权工具性之历史分析 ············ 158
　三、法律工具主义实践 ···················· 170

第八章　网络知识产权治理与数字化问题 ········ 187
　一、电商平台侵权责任问题 ················ 187
　二、数字化稿件制度建立问题 ·············· 197

第九章　知识产权强国背景下知识产权保护制度保障问题 ··································· 212
　一、知识产权制度保障问题分析指标设定与说明 ········ 213
　二、知识产权制度保障中存在的问题分析 ···· 219
　三、知识产权制度保障中知识产权保护升级的必要性 ··· 240

第十章　商业诋毁之规制问题 ················ 242
　一、关于商业诋毁 ························ 242
　二、商业诋毁的构成要素和构成要件 ········ 243
　三、商业诋毁侵犯的客体 ·················· 247
　四、商业诋毁行为的主要形式 ·············· 252
　五、商业诋毁行为的实质 ·················· 253

六、对商业诋毁法律规制的完善 ………………………… 254

第十一章　民法体系下知识产权法国际方面问题 …… 257
一、主要国家知识产权发展分析 ………………………… 257
二、RCEP 知识产权条款于中国 ………………………… 267
三、从 TPP 到 CPTPP …………………………………… 295
四、我国加入 CPTPP 的机遇与挑战 …………………… 304

参考文献 ………………………………………………… 312

导　论

知识产权强国建设是我国孜孜以求的目标。2021年我国发布了《知识产权强国建设纲要（2021—2035年）》，明确了我国知识产权事业发展的战略方向与实施路径，系统部署了知识产权强国建设的重点任务，并强调需完善制度体系构建。2011年3月10日，全国人大常委会委员长吴邦国同志在十一届全国人大四次会议上庄严宣布：中国特色社会主义法律体系已经形成。在这个体系中民法法律体系居于重要地位。从2017年3月15日十二届全国人大五次会议通过的《民法总则》[1]，到2020年5月28日十三届全国人大三次会议通过的《民法典》，我国的民法典体系也已经建立。《民法典》通过之后，我国还需要解决民法和各个单行法之间的矛盾与冲突问题，对其进行协调和统一。

知识产权法是私法已形成共识，它属于民法体系。作为民法体系重要组成部分的知识产权法，在我国民法体系中具有重要地位。为了使知识产权法发挥更好的社会效用，必须对民法

---

[1] 为表述方便，本书凡涉及我国的法律规范均使用简称，如《中华人民共和国民法典》，简称《民法典》。

体系下知识产权法相关理论及实践进行研究。现阶段我国知识产权法还处于分散的、单行法的状态，知识产权法各单行法之间并没有统一，知识产权法与民法也没有统一。通过对知识产权理论和实践进行研究，一方面能使知识产权法本身达到协调统一，另一方面也能使知识产权法与民法（狭义）达到协调统一，使知识产权真正发挥作用，为社会服务。

总结起来，就是需要对民法体系下的知识产权法基本理论问题和实践问题进行研究。本书总结了当前我国知识产权事业发展过程中理论和实践发展九个主要方面的问题，分别是：知识财产本质问题、民法体系下知识产权客体问题、民法体系下知识产权法体系化问题、民法体系下知识产权法与民法（狭义）相统一问题、知识产权法典化问题、民法体系下知识产权工具主义问题、网络知识产权治理与数字化问题、知识产权强国背景下知识产权制度保障问题、民法体系下知识产权法国际方面问题。

以下是对民法体系下知识产权法基本理论问题研究现状进行的分析。

一、国内研究现状

当前学界已经对民法体系下知识产权法相关的一些内容进行了重要的研究，这些研究归纳起来主要如下。

1. 对中国特色社会主义法律体系进行研究

研究这方面内容的代表性论著主要有喻中、江必新、肖金明、朱宁宁、吴邦国、张德江、朱景文、李林、周叶中、伊士国、马国强、钱大军、信春鹰、李安祥、徐李婧、徐荺等人的著作。总结起来，这些论著研究了中国特色社会主义法律体系的"中国特色"以及它的形成、构成、特征及完善，揭示了中国特色社会主义法治理论的基本特征、核心内容、发展方向等理论难题。但是，这些论著的研究宏观性非常强，还没有涉及具体的民法（狭义）及知识产权法理论方面的问题。

2. 对民法体系进行研究

研究这方面的代表性论著主要有张平、石琦、王利明、蔡立东、柳经纬、杨立新等的著作。总结起来，这些论著提出了很重要的研究方法和方向，比如对民法模式理论、民法调整对象理论、民事法律行为效力理论、义务与责任区分理论等进行研究，提出了以问题引领、以方法带动民法理论的建构的研究方法。这些研究对于构建民事法律体系有重要的作用，对于研究知识产权法理论也有重要的指导意义。但是，这些研究还没有涉及知识产权法理论与民法（狭义）理论如何协调与统一。

3. 对知识产权法体系化进行研究

学界对知识产权法的体系化也有过研究。刘强和孙青山提出"民商知合一"立法体例。郭禾和张新锋分析了体系化的一些路径。陈峥嵘研究了绿色知识产权体系构建。吴汉东认为应当以社会主义法治观、发展观为理论基石，针对知识产权的"中国问题"，总结知识产权事业建设的"中国经验"，推出一大批思想自立和理论自信的成果，包括知识产权的基础理论、制度创新理论、法律本土化理论、保护模式理论、司法改革理论、强国建设理论、产业发展理论、国际战略理论、利益平衡理论、文化建设理论等，以实现知识产权理论的体系化和中国化。贾继立提出法律体系的构建有三种方法：概念建构法、利益建构法、价值建构法。宋红松提出了法概念的体系化、法规范的体系化和法价值的体系化。李军政认为在我国目前的部门法律体系中，知识产权法并没有独特的、仅属于它自己的调整对象和调整手段。李琛将卡西尔的符号理论作为其哲学基础，提出了知识产权对象符号论,认为用符号论来论证可以找到知识产权的统一概念。学者如赵霞、王东君、杨双鑫、刘向林对知识产权法体系化也作过论述。总结起来,以上研究提出了构建知识产权体系的方式方法,提出了一些知识产权法体系化方向。但是,在有了方法之后还应当进一步形成理论,以指导知识产权法的体系化,这正是本书的内容之一。

4. 对知识产权法哲学进行研究

在知识产权法哲学研究方面,李杨从知识产权法哲学的角度思考了著作权问题,郑成思和张玉敏等人提出了信息说,刘春田提出了形式说,吴汉东提出了知识产品说,张俊浩提出了信号说,李琛提出了符号说。冯晓青对知识产权的劳动理论、知识产权的人格理论、知识产权的激励理论进行了研究。龙文懋也从多角度对知识产权法哲学进行了研究。张勤从哲学上对知识产权客体进行了研究。胡波对知识产权法哲学的范畴进行了研究。总体上,这些论著一方面从不同角度指出了知识产权的本质,另一方面也指出了知识产权的哲学基础主要是知识产权客体的哲学基础,而知识产权客体的哲学基础又主要是这个客体的上位事物的哲学基础,只有阐明了这些基本概念,知识产权法律制度才能稳固建立。知识产权的劳动理论、人格理论、激励理论结合起来可以对知识产权的正当性进行较好的阐释。但是对于当今现实而言,在上述学者研究的基础上,在法哲学方面还需回答在民法理论下如何涵摄知识产权法这一问题。

5. 对知识产权本质进行研究

学界对知识产权的本质也有思考。吴汉东对知识产权本质进行了不同角度即私人层面、国家层面、国际层面的思考,指出从价值目标和制度功能的多维角度出发,可以对知识产权的本质进行不同的描述。知识产权具备私权的一般确认标准:它是"关于私人利益方面的各种权利"（利益说）；是"关于平等主体相互之间的权利"（关系说）；是"私法上所确定的权利"（法律说）。刘文献从路德维希·维特根斯坦后期哲学理论视角对知识产权本质主义的哲学问题与出路进行了探讨，对知识产权是否有本质的属性提出了疑问。任平、周俊强和胡坚对知识产权的私权属性进行了研究。刘嘉对知识产权创新本质进行了研究。这些研究指出知识产权的实质在于智力创造性，知识产权制度是鼓励个体创造与促进社会公益的有机结合。知识产权属于私权，但对公权有强烈的依存性，知识产权是财产权，但同时也具有人权属性。总体上，以上学者虽然都对知识产权的本质进行了不同维度的解读和探讨，但分歧严重，仍然没有对知识产权的本质是什么得出明确的结论，有的学者对知识产权是否有本质的属性也提出了疑问。因此，有必要在此基础上作出进一步的研究，因为知识产权本质这一问题是知识产权法基本理论探讨之一。上述学者的研究成果，为本书提供了丰富的研究资料和素材，使得进一步研究能够深入下去。

6. 对方法论进行研究

在方法论研究方面，冯晓青提出了知识产权法利益平衡理论的方法论，他研究了知识产权人利益和公共利益的协调和内涵，探讨了利益平衡机制在知识产权法中的正当性和合理性，提出并构建了一个以利益平衡原则为基础和核心的知识产权法的理论框架和体系，从宏观和微观视角探讨了知识产权法蕴含的利益平衡精神及其建构机制，为本书提供了可行的研究方法。

7. 对私权建构进行研究

学界对私权的构建已有研究。彭诚信提出了私权建立的层次性，认为私权的核心与实质是正当利益，利益对主体的重要性与关系紧密性决定了私权的层次性。基础性权利（元权利）、辅助性权利、救济性权利是私权的层次性体现，三者及其内含的各种具体权利成为私法的核心内容并符合逻辑地构成层次分明的私权体系。王涌提出了建立私权的方法，即通过民法范式进行构建，认为私权是私法上规定的赋予私人的以对抗其他私人的权利，是为保护私人利益而非国家利益或公共利益所设定的权利。私权建构的一般技术是民法范式。李艳秋对自由在私权建构中居于核心位置进行了研究，认为传统的权利本质学说均无法全面地指出权利的所有特征，对于权利本质之研究采要素解释学的方法较为合理。私权最核心和最基础的要素应为自由，这是由私权产生、发展的历史决定的，私法建构之权利本位要求私法建构应以自由为本位。刘红霞提出在构建私权过程中要注意公权与私权的平衡，认为公权与私权的和谐构建途径在于，一方面要加强对公权力的规范和限制，另一方面要完善私权的保障制度最终达到公权与私权的平衡，从而实现整个社会的和谐构建。由此可见，以上诸学者从不同角度探讨了私权构建的一些方法，有非常重要的参考和借鉴意义。但是，其一，知识产权与一般的私权有明显的区别；其二，对于知识产权的权利构建以上论著也还没有涉及。因此，本书就有了重要的研究意义，本书将结合学者的研究成果进一步分析。

8. 对具体的知识产权客体进行研究

冯晓青研究了著作权客体制度之重塑。王坤研究了知识产权对象、客体的区分及其在民法学上的意义。笔者研究过专利权客体范围和高新科技对专利权客体的影响。孙松认为知识产权客体越发呈现出多样化、不确定性的发展趋势。徐孟玲认为知识产权客体"成果信息说"全面地揭示了知识产权权利对象的特征。卢纯昕认为"知识产品"一词不仅体现了权利客体与权利本身在术语上的对应性，还强调了这类财产的非物质性和经济属性。综合以上观点，虽然学界进行了卓有成效的研究，但一方面，学界对知识产权客体理论尚未形成共识；另一方面，学界对知识产权客体方面的研究还没有形成体系，即对知识产权客体方面的研究仍然处于分散状态，有必要在理论方面对知识产权客体进行更高层次的统一性研究。

9. 对知识产权正当性进行研究

王传辉认为利益平衡的二元价值目标论值得商榷，知识产权法的根本问题是以个人权利为导向还是以社会效用为终极价值选择的问题。谢嘉图、张扬欢从公共利益的视角对知识产权的正当性进行了研究。冯晓青指出劳动理论、财产权的经济学理论为认识知识产权制度的正当性提供了一种新的视角和方法。唐昭红解读了专利制度的缘起。胡梦云、朱理和向波的研究认为知识产权的正当性——无论是基于劳动理论还是激励理论——都未能在具体制度中有效体现，知识产权沦为市场竞争的手段和工具，偏离了其作为劳动报酬和智力创造激励的正当性目的，因此应当对知识产权的权利进行限制并对这种限制理论进行研究。劳动理论、人格理论和功利主义等在单独证成知识产权的正当性方面都存在着固有缺陷，洛克的财产权劳动学说自身也存在模糊性和矛盾，因此对知识产权的正当性证明只能另寻他途。以上学者都对知识产权正当性进行了较为详尽的研究，可以提供思路和借鉴。对于知识产权正当性的研究，是知识产权体系理论构建的基础，本书计划在以上学者的基础上进行更深入的研究并进行整合。

10. 立法方面

在立法方面，知识产权在我国取得巨大发展。2020年对《著作权法》和《专利法》两部法律进行的修改，也回应了我国对于国际社会和对国际条约的期待。在中国特色社会主义民法体系下知识产权得到了长足的发展，2020年5月28日《民法典》正式颁布，中国有了第一部以"法典"命名的法律，可谓21世纪法律的里程碑。其中，《民法典》第123条对知识产权进行了总括性的规定，使知识产权在民法中有了立足点，也承认了知识产权的私权属性，更好地回应了《与贸易有关的知识产权协定》的法律要求。

在《著作权法》方面，2020年的修改对作品类型的扩充作出了巨大贡献，其中包括：由法定主义转向开放主义，对作品的类型范围进行了扩展，也是回应在后现代化的今天，社会各个方面极具变化之境况，尤其在计算机领域，对大数据、区块链、云计算以及元宇宙场景下的知识产权问题提供了指引；提出了"视听作品"的概念，也回应了"短视频"这类新兴事物的发展。《著作权法》修改后变化最大的是合理使用制度的"三步检验法"，其中"不得影响该作品的正常使用，也不得不合理地损害著作权人的合法权益"是"三步检验法"的后两步。[1]这与《保护文学和艺术作品伯尔尼公约》（简称《伯尔尼公约》）第9条的规定保持了一致，完善了合理使用的类型，不再仅仅以"规则主义"来限制合理使用的发展与扩充，此外还修改了对阅读障碍者的合理使用制度。2021年10月23日，中国批准加入《关于为盲人、视力障碍者或其他印刷品阅读障碍者获得已出版作品提供便利的马拉喀什条约》（简称《马拉喀什条约》），根据我国实际情况制定了相关细则，让条约真正落地，为我国阅读障碍群体带来了实实在在的福利。中国特色社会主义坚持人民至上，增进人民福祉、促进人的全面发展贯穿

---

[1] 参见王迁：《〈著作权法〉修改：关键条款的解读与分析（上）》，载《知识产权》2021年第1期，第29页。

在中国法治的方方面面。在纠纷的解决上,我国新增了"调解"的争议解决方式,《关于加强知识产权纠纷调解工作的意见》的出台,激发了全社会的创新活力,推动构建了新发展格局。作为纠纷解决方式之一的调解,是完善纠纷解决多元化解机制的重要内容,为维护社会和谐稳定发挥了重要的作用。

我国在《专利法》修改的内容上,提高了侵权的成本。本次《专利法》修改新增了惩罚性赔偿制度,即对故意侵犯专利权,情节严重的,人民法院可以按照权利人受到的损失、侵权人获得的利益或者专利许可使用费1倍到5倍确定赔偿数额。与此同时,此次修改还提高了法定赔偿额,将法定赔偿额上限提高至500万元、下限提高至3万元。[1]这显示了我国依法严格保护知识产权的态度和决心,提高了侵权成本,让侵权者付出沉重代价,充分发挥法律的威慑力。《著作权法》《专利法》和《商标法》都规定了知识产权惩罚性赔偿制度,在新时代打击严重故意侵犯知识产权的行为,更好地保障了知识产权人的无形财产权。此外,开放专利是另一个重要的理论亮点,让专利不再是沉睡在书面上的权利,而是可以被社会公众及时转化的一项权利,更好地促进了专利的实施、运用、推广和保护。虽然我国没有规定中医药的制度保障,但是这次对药品专利期限补偿的时间进行了扩充,保障了医疗工作者的智力成果。

商标法的基础理论体现在声音商标的显著性认定研究以及是否具有合理性、对气味商标是否应当进行规制方面。它与地理标志保护之间的关系、是否应当为地理标志单独立法,以及地理标志与商标的临界点如何划清也是我国知识产权体系下需要研究的基础理论问题之一。而商业秘密作为知识产权体系的

---

[1] 参见《专利法》第71条。

重要组成部分，对它的保护具有相当程度的商业价值，更是企业获得快速竞争的有力工具，加强知识产权保护离不开对商业秘密的保护。统筹推进保护商业秘密，是维护国家安全的手段，也事关经济安全、科技安全等。《民法典》第 123 条肯定了商业秘密的民事权利属性，融入了全球的规则体系。世界上一部分国家已经有了商业秘密的立法。

二、国外研究现状

彼得·德霍斯提出了知识产权"抽象物"概念，但是这一概念是绝对主观的，因而是虚幻和不科学的，而构成知识产权权利的存在物则既是主观的也是客观的。努诺·皮雷斯·德·卡瓦略（Nuno Pires de Carvalho）提出了一种知识产权概念界定方法，但是还没有形成能够统摄知识产权众多权利的理论。斯特凡·拉尔松（Stefan Larsson）探析了针对著作权的认知理论。布里吉特·安德森（Birgitte Andersen）和苏·康泽尔曼（Sue Konzelmann）探究了一种针对网络的"知识产权潜能理论"，分析了知识产权利益相关者之间关系的性质。理查德·A. 斯皮内洛（Richard A. Spinello）和赫尔曼·T. 塔瓦尼（Herman T. Tavani）研究了针对网络的知识产权理论。总体上这些研究还处于分散的状态，多为研究某种单个知识产权或者某一单个领域，还没有从能够统帅整个知识产权法的高度形成理论。

在著作权方面的作品认定上，方式有类型法定主义和类型开放主义。作品类型法定模式，主要由英国、澳大利亚、新西兰等国家采取，而作品类型开放模式主要由以美国为首的国家采用，二者在选择方式上也有侧重与不同。《伯尔尼公约》第 2 条则采取列举+兜底的立法模式，即文学、科学和艺术领域内以任何方法或形式表现的一切产物，[1]主要是为了应对后现代化时代出现的难以列举穷尽的作品类型，但也会出现像"气味"是否应受著作权的保护之问题。相较于此，商标法更能对此进行保护。

在作品合理使用方面，目前仍存在争论，主要是应当使用三步检验法还是四步判断制度，是采取规则主义还是因素主义，又或者是"因素主义+规则主义"的理论模式。根据《伯尔尼公约》第9条第2款的例外说明，准许在某些特定情况下复制相关作品，只要这种复制不与该作品的正常利用相冲突，也不致不合理地损害作者的合法利益。[2]三步检验法在《伯尔尼公约》中早已进行规定，但也存在适用起来有不确定性的问题。美国的四步判断制度将其细化，更加符合司法实践，符合社会的利益期待。

在有关《马拉喀什条约》方面，2016年9月30日该条约正式生效。截至2023年10月，世界上已有115个国家和地区批准加入该条约，体现了各国在履行条约国际义务、推动特殊群体和知识权益保障工作方面的决心。我国也对合理使用条款进行了修改与调整，并于2021年10月23日加入了《马拉喀什条约》。

美国在关于专利的保护上，规定了发明专利、外观设计专利和植物品种专利，没有实用新型专利，在此可以理解为，实用新型作为小发明可以包括在发明专利中，而将植物品种专利纳入专利法中可以说是一个非常重要的行为，也为美国的植物育种和培育提供了专利法的支持，为育种者提供了实质保护。

在商标的保护上，多数国家都加强了惩罚力度，法国对商

---

[1] 刘波林译：《保护文学和艺术作品伯尔尼公约（1971年巴黎文本）指南（附英文文本）》，中国人民大学出版社2002年版，第12页。

[2] 参见《伯尔尼公约》第9条第2款。

标权的保护不局限于自然人的责任，还将责任扩充至法人，加大对商标侵权打击的力度，以此来遏制违法犯罪的行为。德国加大了对假冒行为的查处力度，并扩大了被害方在民事诉讼中的权利，以便更好地保护其合法权益。

  在方法论上，理查德·塔克论述了权利的起源和发展理论。L.W. 萨姆纳提出了权利分析的三个维度，即范围、内容和力度，指出了四种具体的权利理论，即世俗权利、自然权利、契约论权利和结果论权利，批判了权利虚无主义和权利怀疑主义。霍菲尔德对基本法律概念进行了系统的分析，他所提出的权利的四种形式在逻辑上囊括了权利所有可能的形式，是一种重要的分析方法。边沁区分了 liberty 和 claim 两个概念，这种区分对于本书所研究的理论有重要的指引作用，提供了相当重要的分析方法，可为本书提供方法论支撑。

第一章

知识产权法中的诚实信用原则

被称为"帝王条款"的诚实信用原则起源于罗马法,[1]它已经成为民法的一个基本原则,在我国《民法典》《民事诉讼法》中都进行了规定。[2]知识产权尽管从根本上讲属于私权,但它毕竟与一般的民事法律有所区别。我国自知识产权制度发展以来,出现了很多知识产权侵权事件,不法侵害时有发生。[3]那么,应当怎样有效地保护知识产权呢?笔者认为,将诚实信用原则纳入相关的知识产权法律中,可以起到兜底保护知识产权的作用。基于此,本书对诚实信用原则在知识产权保护中的兜底作用及其机理进行研究,以维护公平和正义,保障社会秩序,惩治不法行为,为我国知识产权法律和知识产权事业的发展作出贡献。其实在我国的知识产权相关法律如《商标法》《专利

---

[1] 参见徐国栋:《民法基本原则解释:诚信原则的历史、实务、法理研究》(再造版),北京大学出版社2013年版。

[2] 诚实信用原则的内涵与外延相当宽泛,其不仅适用于债权债务关系,而且随着该原则的发展,其适用范围被扩充至了民法中的一切权利义务关系。参见徐棣枫:《不正当行为抗辩制度之移植可行性及设计构想——基于〈专利法〉第四次修改中的"诚实信用原则"》,载《东方法学》2018年第6期,第1页。

[3] 指在社会生活中不法侵害专利权、不法侵害商标专用权、不法侵犯著作权、不正当竞争等案件越来越多。

法》中，已经规定了诚实信用原则，有学者认为，在其他的知识产权法律如《著作权法》等中也应当规定诚实信用原则。尽管司法实践中对诚实信用原则的具体适用常存在认定偏差，但立法仍将其确立为基本原则。既有研究鲜少系统探讨这一规范与实践的张力问题。为了彻底弄清楚这个问题，本书将对诚实信用原则进行全面审视，同时研究诚实信用原则在这些法律中的运行机理和法官对它的适用。

一、诚实信用概念

无论中外，诚实信用之理念自古就被人们遵守着。无论是英文中的 Good Faith，还是拉丁文中的 Fide，其含义均有相通之处。我国战国时期的《管子·枢言》中就有"诚信"之记载，指的就是为人处世要诚实守信。一般来讲，诚实信用是一种道德约束，并不是直接法律约束。《罗马法词典》将它指称为代表一种善意。梁慧星先生对此有过解释，即人们在行为时应当从内心上约束自己并在行动上守信。[1] 在西方，"信"的形成有一个发展过程，也就是经历了从"已成之事"到"信"再到"依言所行"的过程[2]，之后再与"诚"进行合并形成了一个完整的词。随着社会的发展，无论中外，对诚实信用的理解都突出一个"诚"字和一个"信"字，这是相通的。

二、诚实信用原则及其发展

诚实信用成为一项法律上的原则，也有一个发展过程。在古

---

[1] 梁慧星：《诚实信用原则与漏洞补充》，载《法学研究》1994年第2期，第22—29页。
[2] 诚信在拉丁文中的符号表现是 bona fides，fides 来自动词 fieri，为"已经做成"之义，后来它转变为"信"的意思，西塞罗利用其词源学意义，把 fides 解释为"行其所言谓之信"（Fiat quod dictum est, appellatam fidem）。

代德国，为了保证履行契约需要作"诚信"誓言，这种行为也就自然成了一项约束，并在后来进入了法律。在现代，德国、日本、法国等国家法律中均有关于诚实信用的规定。

  诚信本属于道德的范畴，将它用在法律中是将其法律化了。[1]我国学者对于诚信存在于法律中是道德法律化的产物也是认同的，尚未见到异议。可见，这一过程体现了伦理规则的契约化、法律化。[2]有学者认为，诚实信用成为法律规则经历了三个历史阶段，[3]并且经历了在债法中独立应用和在物权法中独立应用的过程。[4]随着社会的发展，它不断地在民法中扩展自己的地位，以至于成为多数学者认可的"帝王条款"。[5]

---

  [1] 同我国学者一样，西方学者费雷伊拉、施塔姆勒和邓伯格等也都认为诚信是道德的法律化的产物。参见徐国栋：《民法基本原则解释：诚信原则的历史、实务、法理研究》（再造版），北京大学出版社2013年版，第37—38页。

  [2] 林刚、冯跃芳：《论诚实信用原则》，载《现代法学》2000年第4期，第63页。

  [3] 这三个历史阶段是：第一，罗马法阶段；第二，近代民法阶段——诚实信用原则被确立为债法的基本原则；第三，现代民法阶段——诚实信用原则被各大陆法系国家普遍确立为民法基本原则。参见刘春英：《诚实信用原则综论》，载《河北法学》2006年第5期，第60—61页。

  [4] 客观诚信曾是唯一的诚信，到后来才分为债法中的诚信和物权法中的诚信两个分支。诚信最早确立在债法中，在公元2世纪末，诚信已广泛地渗透于债法的分支，而此时物权关系中尚无诚信的痕迹，占有中的诚信是从买受中的诚信分化出来的。买受中的诚信又有两个分支，买受人在缔结合同中的诚信与他在执行合同中的诚信，前者是一种确信状态，是对未损害第三人权利之权利的意见，而后者是一种积极的行为，是一种与当事人的实际利益相对应的注意。参见徐国栋：《诚实信用原则二题》，载《法学研究》2002年第4期，第86页。

  [5] 梁慧星教授将诚实信用原则的本质归结为：第一，诚实信用原则为市场经济活动的道德准则；第二，诚实信用原则为道德准则的法律化；第三，诚实信用原则的实质是授予法院自由裁量权。又将诚实信用原则的功能归结为指导当事人行使权利履行义务的功能和解释、评价和补充法律行为的功能。解释和补充法律的功能是指对白纸规定型漏洞的补充、对预想外型漏洞的补充和对明显漏洞的补充。参见梁慧星：《诚实信用原则与漏洞补充》，载《法学研究》1994年第2期，第23—24页。

三、如何正确理解诚实信用原则

从对诚实信用原则理解的角度看，学界主要有以下几种观点：第一，"语义说"，该说是从诚实信用所代表的含义来进行解释的；第二，"利益均衡说"，该说是从利益平衡的角度进行解释的；第三，"一般条款说"，该说认为诚实信用属于一般条款，应有约束力；第四，"双重功能说"，该说认为诚实信用既是一种法律上的约束也是一种道德上的约束。[1]

事实上，诚实信用原则并不是一个具体的法律规则，因此总能够让人产生捉摸不透之想象，但从另一个角度来讲，也有相应的优点，那就是，当法律不能作出完全明确的规定时，概括性的原则就有了用武之地，同时在司法适用中，也可以补充立法的不足，因为立法机关也不是万能的。[2]因此，诚实信用原则对于司法机关来说可以增加其灵活机动性及自由发挥空间。

然而，在英美法上，诚实信用原则所应用的领域限于合同法，所以在对待诚实信用原则时会呈现另外一番景象。也就是

---

[1] 第一，"语义说"，即诚实信用原则是对民事活动的参加者诚实不欺、守信用的要求；第二，"利益均衡说"，主张民事主体在民事活动中应维持双方利益均衡，以及当事人利益和社会利益的平衡；第三，"一般条款说"，认为此原则虽然外延不十分确定，但它是具有强制力的一般条款；第四，"双重功能说"，即道德规范和法律规范合为一体，兼有法律调节和道德调节的双重功能，使法律条文具有很大弹性，法院因而享有较大的自由裁量权，能够据以排除当事人的意思自治，而直接调整当事人间的权利义务关系，此说为梁慧星先生所主张。参见康慧：《评我国法学界对诚实信用原则的研究》，载《当代法学》2003年第4期，第39页。

[2] 立法者不能充分预见待调整的社会关系，或者有效协调其与现有法律之间的关系，因社会关系的发展变化超越了立法者立法时的预见范围等原因也可能导致立法缺陷。牛克乾：《关于"两高"渎职犯罪案件司法解释（一）的法律方法论思考》，载《法律适用》2014年第1期，第80页。

说，英美法系国家没有把它当作一个最基本的原则。[1]从诚实信用的内涵和外延上看，英美法系国家中它的概念内涵强但外延弱，大陆法系国家则二者都处于不太确定的状态。[2]

一个人是否诚实信用，我们并不能直接看见其内心状态，也无统一的评判标准。然而，对一个人诚实信用状态的评判可以间接转化为对他的行为的评价，这实际上判断的是他是否有恶意行为，即判断的是诚实信用状态的反面，也就是将一种直接的判断转化为一种间接的判断。正是由于这种间接的判断，有时判断的结果与一个人的真实心理状态也许并不完全相符。[3]

四、知识产权保护中诚实信用原则作用机理及其适用

笔者的疑问是，既然用行为来判断一个人的主观心态（是否诚信）可能发生偏差甚至错误，也就是对诚实信用本身的判断可能存在问题，法律中为什么还要规定诚实信用原则？难道仅仅是一种宣示或是一种对所约束的人的一种至高无上的威慑？

---

〔1〕 程宗璋：《论英美法上的诚实信用原则及其启示意义》，载《太原理工大学学报（社会科学版）》2003年第1期，第10页。

〔2〕 在英美法上与"诚实信用"相对应的语词是good faith，如诚信义务（duty of good faith or obligation of good faith）、诚信和公平交易义务（obligation of good faith and fair dealing）。而英国合同法则将诚信分为诚信义务（a good faith requirement）、诚信制度（a good faith regime）和实质正义的诚信（good faith as visceral justice）等。诚实信用原则在我国民法上的确立主要是吸收了大陆法的成果。

〔3〕 诚信的反义词是malus fides，这是一个通常被翻译成"恶意"的概念。根据徐国栋教授的研究，在诚信与恶信（即恶意，作者注）之间，有一片灰色区域，在这一区域中的行为，既非诚信，亦非恶信，其间，一个不以故意、过失行事的人，可能就其权利的有效性产生疑问，但又未达到认为它不存在的程度，此时该人既非诚信，因为他并不确信自己享有权利，但他亦非恶信，因为他也不知道自己不享有权利。参见徐国栋：《诚实信用原则二题》，载《法学研究》2002年第4期，第77页。

也有学者对它提出了质疑。[1]

笔者认为，诚实信用本身是人们应当且自愿遵守的一种行为准则，在它成为法律原则之前本身是存在的。这不能仅仅说诚实信用对他人或者社会有利，而是它本身对自己也是有利的。一个本身总是不诚实信用的人，很难想象其他人如何跟他交往。你可以欺骗一双眼睛，但你不能永远欺骗另一双眼睛，这样对自己本身是不利的。因此不诚实信用的人也总是装出一副诚实的样子，大家都诚实信用便成为一种习惯，也就逐渐演变为一种自己首先愿意遵守的规范。如果违反它，大家便会谴责，这是一种从心理上谴责的力量，也就是道德的力量。这就是为什么在入法之前它就存在。但是，一个人的心理状态很难被明确感知，所表现出的行为也可以伪装，再加上不诚信获得的利益远大于被发现而付出的代价，这就为不诚信提供了机会。一个总是被道德谴责的人也就顾不上什么道德了，偶尔被道德谴责的人会发现对他也没什么影响。常言道：人非圣贤，孰能无过？因此不诚信的人甘愿冒险，道德对这部分人无能为力。但法律能直观地评价一个人的行为。相比起评价一个人的心理状态，

---

[1] 孟勤国教授认为：第一，诚实信用原则并不能授予法院或法官自由裁量权；第二，诚实信用原则的内容极为概括抽象，乃属一白纸规定，既然是"无色透明"的，诚实信用原则便应该是国家与法律的最高指导原则，没有必要仅规定于民法之中；第三，诚实信用原则也不是现代民法之必然，因为诚实信用原则之所以被接受，很大程度上是因为其中包含了公共利益对个人利益的制约和限制。诚实信用作为一种道德要求，从来就是法律中一个不可缺少的价值取向，但不宜妄称帝王，更不应借诚实信用原则之名，谋法官造法权力之实。参见孟勤国：《质疑"帝王条款"》，载《法学评论》2000年第2期，第137—138页。其他的学者，如程宗璋也提出了自己的疑问：学界对于诚实信用原则内涵和外延的本体研究并不发达，甚至有许多崇拜与迷信，作为法律移植的受体，应当充分考虑我国的法律传统、司法实践以及法学理论的发展。参见程宗璋：《论英美法上的诚实信用原则及其启示意义》，载《太原理工大学学报（社会科学版）》2003年第1期，第9—13页。

第一章　知识产权法中的诚实信用原则

至少有一个评价的标准，尽管它也会不准确甚至错误，并且是间接的，但总比没有标准好。于是道德就法律化了。所以道德的法律化其实就是一个寻找评判标准的过程，并不是直接用法律约束或调整人的心理状态，也不是用法律去评价道德。它试图用直接评判一个人的外在行为去间接地评价乃至影响一个人的心理状态，从而促使他诚实信用地行事。因此，认为道德的法律化既加强了道德的约束又加强了法律的约束，即发挥了共同调节功能实际上并不是夸大了道德的作用或是夸大了法律的作用，而是给道德戴上了法律的光环，这样对人们就又多了一重威慑。殊不知，法律所评价的和所能直接评价的仍然是人们的行为，这一点不会因道德入法而改变。

诚实信用原则应当如何适用？能否赋予法官裁量权？在这些问题上有不同的观点。赞成者如梁慧星先生、徐国栋先生等，反对者如孟勤国先生等，质疑者如程宗璋先生等。确实，在任何时代、任何场合，只要有法官就有裁量，法官的裁量确实应当是自由的。从这个角度看，法官的自由裁量与法官的自由裁量权无关。但是，也确实存在着这样的情况，即有些现象法律的制定者不可能预先想到。这种情况下诚实信用原则能否赋予法官裁量权？根据法学理论，在没有具体的法律规范的情况下可以适用法律原则。法律原则虽然是一个概括的规定，但它并不是完全捉摸不定，哪怕是一般条款，也并非不能评价他人的行为。比如公平原则，它通过对比当事人双方，会产生一个直观的认知，这当然也需要法官的心证。而诚实信用原则，说到底只是评价一方的心理状态，这样评价起来当然是有困难的。因此就产生一个问题，法官能否通过引用诚实信用原则直接判案？笔者认为，如果能用其他方式评价当事人的行为，最好不要直接引用诚实信用原则判案。这倒不是说法官一定会滥用诚实信用原则,而是引用诚实信用原则即使对法官来说也是需要确定的理由的。所以应当更正,不是这个原则赋予了法官自由裁量权,而是法官有了裁量权之后,遇到没法解决的问题时"自由"地适用法律原则,即诚实信用原则。再者,"自由地"裁量——依诚实信用原则,确实也体现出了"不自由"的一面,法官应当受到约束和限制。

诚实信用原则如何具体地发挥作用?

第一,从"语义"的角度来看,诚实信用原则体现了人们交往中的一项要求。既然它是一种要求,那么它体现在事前或者事中,而不是对一个行为的事后要求。虽然一个行为只有在事后才能评判对错、合不合法,但并不影响事前人们行为的预测,即预测这样做是对的还是错的、合法的还是不合法的、法律认可的还是抑制的。所以诚实信用原则可以从事前对一个人的行为产生影响,让其预测行为的后果。

第二,诚实信用从道德价值上维护各民事主体的利益平衡。虽然诚实信用是一个价值判断,并不是一个事实判断,即便是双方利益不太均衡或不均衡,只要他的行为是合法的,也不能说是必然违反了诚实信用。然而,各当事人利益及与社会利益的平衡,仍然是法的使命,虽然不是诚实信用的直接使命,但一个诚实信用的行为对社会总是有利的,因为法律与道德的价值追求也总是一致的。因此,诚实信用原则可以直接地或者间接地维护社会各方利益的均衡。

第三,诚实信用是"一般条款",也具有强制力。强制力分为能直接执行的强制力和不能直接执行的强制力,这意味着道德和法律都具有强制力,一种不能直接执行,一种能直接执行。诚实信用就是对心理状态的一种强制,而不是直接对行为的强制,但这并不否认其由内在心理向外在行为的转化,因为一个人的行为也是由一个人的意识和理智状态决定的。从这个意义上说，"诚实信用"这一道德入法，仍然可以发挥道德意义上的强制力，尽管它不像具体法条一样直接发挥了法律的强制力。因此，诚实信用原则作为法律中的一般条款，它也通过法律的方式来宣示道德，强调和重申道德的力量，从而对人的行为产生影响。

第四，诚实信用原则可以将道德和法律二者结合发挥作用从而对民事主体的行为进行限制。前已论述，不是诚实信用原则赋予了法官自由裁量权，而是法官有了裁量权之后，遇到无法解决的问题时可以"自由"地适用法律原则，这一法律原则当然包括诚实信用原则。诚实信用原则通过法律和道德的"双重调节"而发挥作用。虽然法律没有规定也不可能规定诚实信用会有什么奖励，但可以规定不诚实信用的行为会受到什么惩罚。而不诚实信用，显然已涉及诚实信用的反面，即非诚实信用的行为。所以法律可以通过判断非诚实信用的行为这种方式来间接地判断诚实信用的行为。这样既可以实现法律上的调节，也能够实现道德上的调节，二者能够统一起来并同时发挥作用。一个已经作出的行为即使是不诚信的，道德也无法再对其进行调节，而法律则可对其作出评价；一个尚未作出的行为虽然法律无法对它作出评价，但道德可以影响它。诚实信用通过法律与道德的结合，实现了共同调节的功能。

综上所述，诚实信用之所以在知识产权保护中应当且能够入法，一方面在于它可为评价一个人的主观心理状态找到一种可行的方法，另一方面在于立法技术。从立法技术上讲，正如上文所论证的，在进行立法时，可以通过法律对行为的评价之设计来达到认识一个人的内心状态、展现一个人的内心状态的目的，探究他是善意的还是恶意的，进而判断是否诚信。

五、知识产权法中如何发挥诚实信用保护的兜底性作用

前已述及，一个人不可能直接感知另外一个人的心理，但可以通过评判他的行为去认知他的心理状态。法律也是由一个人的行为去推测他的心理状态的。一个人的行为只要违反了法律，法律就可以对它进行评价。这样，对于一个不可以直接评价的心理状态就可以用间接的方法评价。同时，法律对一个人的行为评价有可操作的标准，这实际上对一个人的心理状态也间接地设定了一个标准。因此，在法律的实际操作中，我们总是先去评判一个人的行为，再去推知他的心态。由他的行为推知他是诚信的还是不诚信的，这是一个间接的过程，但是在立法上不可能列举完哪些行为是诚实信用的，这也是不现实的，但可以规定哪些行为是不诚实信用的，即从反面规定。只要不是不诚实信用的行为，都应当看作是诚实信用的，这实际上解决了一个立法技术问题。因此，尽管一些法律规定了诚实信用原则，但也总是要不厌其烦地列举一些不诚实信用的行为。当然，法律不可能列举完所有的不诚实信用的行为，所以只能用"诚实信用"的原则规定来兜底。

具体到知识产权法律领域中，同样地，尽管商标法、专利法中已经规定了诚实信用原则，但仍是从诚实信用的反面，即不诚信的角度来直接规制的，同时道德的力量从正面发挥着作用。因为，不诚信就有可能是恶意的。[1]所以在判断时，要先看有没有恶意，进而来反推有没有诚信，这是一个反着来的过程。在知识产权法中，有没有诚信地运用专利权、有没有滥用

---

〔1〕 诚信的反义词是 malus fides，通常被翻译成"恶意"。参见徐国栋：《诚实信用原则二题》，载《法学研究》2002年第4期，第77页。

商标权不正当抢注商标、有没有损害他人著作权等，都在接受着诚实信用的考问。

本章小结

诚实信用是一个概括性规定，四个字概括了一切诚信的行为，同时也外延地概括了一切不诚信的行为。诚实信用入法，与其说是道德的法律化，不如说是立法者试图以法去影响道德，但这同时加强了法律的力量，也加强了道德的力量。不是用法律直接来威慑不道德的人，而是通过对道德的强化来影响人的心理状态，为心理状态所决定的行为划定范围，表明哪些可为，哪些不可为。因此，在知识产权保护中规定诚实信用原则，可以起到很好的保护作用，可以最大限度地保护知识产权不受非法侵害。

第二章

知识财产本质问题

对民法体系下知识产权法基本理论的研究应当着眼于对"财产"的研究，这些研究内容包括财产与无形财产的关系与区别、无形财产与知识产权的关系与区别、财产的本质、无形财产与物的关系、知识产权与物的关系。下文具体分析。

一、财产与无形财产辨析

要研究知识产权作为权利的本质，应当从研究无形财产开始，而要研究无形财产，就应当从研究财产开始。

财产这一概念是什么时候形成的是一个非常难以考证的问题，但不可否认的是，财产概念的起源非常久远，应当说自人类从完全的自发状态进入社会状态起，财产就在发挥着无可替代的作用。也许在最初的社会状态中还没有完全形成财产这一概念，但是财产概念是存在于人类的语言、思想和行为中的。因此，财产是一个具有历史渊源的概念，它从最初的状态到如今的概念以及它所指代的含义是一个不断发展的过程。

与中文"财产"一词相对应的英文单词为 property，它是从拉丁词 proprius 派生而来的。Proprius 在拉丁语中原指"固有的"，指固有的特性或者性质，是事物的一种本性。因此，property一词原先与物或者权利都无任何关系。在17世纪property才有了财产的含义,而财产指物的特性、物的有用性。因此,"财产"一词是由"特性"引申和发展而来的。Property的意思由"特性"变化为"财产"与物的特性和效能相关,而这种特性和效能是"物"所体现的。故而在早期的观念中,财产等同于物。在古拉丁语和罗马法中,"res"一词就既有"物"(或"事物")的含义,又有"财产"的含义。[1]洛克在其名著《政府论》中就认为,一件东西(物)如果人们加入了自己的劳动,从而使这个东西(物)中增加了劳动的价值,就会使它成为自己的财产。[2]可见在洛克这里物与财产就是等同使用的。但是在早期的财产概念中,人们也对财产与权利进行了区分。休谟对财产曾经下过以下的定义:财产权是在不违反正义的法则和道德的公平的范围内,允许一个人自由使用并占有一个物品,并禁止其他任何人这样使用和占有这个物品的那样一种人与物的关系。[3]可见,休谟已经清楚地认识到了财产与财产权的区别,财产是"东西或物品",而权利是一种人与物的关系。在财产问题上,彼得·德霍斯(Peter Drahos)认为,财产起初是一个人为了生存所必需的基本机制。[4]

以物为基础,财产一词经过经济社会的发展已经有了多种

---

[1] 参见郑成思、黄晖:《法国民法典中的"财产权"概念与我国立法的选择》,载《知识产权》2002年第3期,第9页。

[2] 因此,无论一个人从自然所提供并留下的状态中取出了什么,他都已经将自己的劳动与之混合,并加入了属于自己的东西,从而使其成为自己的财产。[英]约翰·洛克:《政府论》,杨思派译,九州出版社2007年版,第335页。

[3] [英]休谟:《人性论》,关文运译,商务印书馆1980年版,第345—346页。

[4] Peter Drahos, *A Philosophy of Intellectual Property*, Australian National University (ANU) eText, 2016, p. 13. 也可参见[澳]彼得·德霍斯:《知识财产法哲学》,周林译,商务印书馆2008年版,第19页。

含义，包括这个物的整体、这个物具有的特性、这个物的用途以及对物的控制权。因此，在财产概念的发展过程中，人们对于财产的认识有以下三种情况：第一，认为财产与具体的物相当，财产就是物自身，但财产不等于财产权，因为财产权是一种人对物的关系而不是物自身；第二，认为财产是一种权利，这种情况又分为两种，一是认为财产是一种以物为客体的权利，如有形（体）物与无形（体）物，二是认为财产是不以任何物为客体的权利，凡是能够产生相应收益的都是权利，如债权；第三，认为任何权利都是财产，如一些政治权利也是财产。现今，人们对财产和物有了更深刻的认识，对财产、物、权利进行了区分。

由此可见，在财产概念的发展过程中，财产是以物为基础的，没有物就没有财产。但这并不表示所有的物都是财产。对人类无用甚至有害的物不但不被视为一种财产，人们希望抛弃甚至远离它。在这个意义上，财产应是一种有用的物。但是物本身是客观存在的，物就是物，无所谓有用还是无用，因此就要看这个物对人类来说有无价值、是否为人类所需要，对人类有价值的就是财产。财产体现为人对它的控制性。具体体现为，人类愿意控制它并意图控制它，且人类能够控制它。因此，物只有在人类力所能及的范围内才能成为财产。火星、金星之所以不是财产是因为它们不能够为某人所控制，尽管有人意图控制它们，但这并无实质意义。财产还体现为物的稀缺性，多得到处都是的物人类没有必要控制并占有它，因此，只有需大于有的东西才能成为财产。人类对某物进行了控制，会说"这是我的财产"，这一方面需要他的控制具有合理性和正当性，另一方面需要他人的承认或认可。承认或认可某人对物的控制就是承认或认可了他对物的权利。将权利认为是一种财产就是从这

第二章 知识财产本质问题

个角度出发的,有了对物的权利就可以拥有物,物对他是有用的,可以给他带来利益。财产是物因此拓展成了财产是人对物的权利,权利成了财产。由此,谈论财产就转化为了谈论权利,人与物的关系就拓展成为人与人之间的关系。而且,人一旦控制了物,就有了对抗他人的含义,是一种排他性占有。当把"对抗"这一法律特性施加到一个物上时,就不能再把它视为一个简单的"物"了,因为它有了法律上的意义,也就成了一种财产。[1]

随着社会的发展,财产是物的观念受到了冲击,进而含义得到了扩张。原先财产的范围是有限的,如斧子、土地,是一种能看得见摸得着的东西,随后才扩张到了无形物。如前所述,在古罗马,盖尤斯的《法学阶梯》中就有有形物与无形物的区分,[2]法律则划分为人法、物法和行为法(诉讼法)。

在古罗马,通过对有体物的扩张,有形的财产就扩张到了无形的财产,债权、用益物权等没有实体存在的客体也被当成拟制之物[3]。这是因为它们可以换取有形物。另外,在查士丁尼(也作"优士丁尼")的《法学阶梯》I.2.2pr 中也把物分为有体物和无体物,I.2.2.2 把继承权、用益权、债权视为无体物,而法律则分为人法、物法和行为法(诉讼法)。[4]罗马法中无形物的范畴可能来自斯多葛学派关于无形的概念,[5]是一种

---

[1] 参见郑成思、黄晖:《法国民法典中的"财产权"概念与我国立法的选择》,载《知识产权》2002年第3期,第9页。

[2] 参见[古罗马]盖尤斯:《法学阶梯》,黄风译,中国政法大学出版社1996年版,第82页。

[3] 参见周枏:《罗马法原论》(上册),商务印书馆1994年版,第28页。

[4] 参见[古罗马]查士丁尼:《法学总论》,张企泰译,商务印书馆1989年版,第59页。

[5] Peter Drahos, *A Philosophy of Intellectual Property*, Australian National University (ANU) eText, 2016, p.20. 也可参见[澳]彼得·德霍斯:《知识财产法哲学》,周林译,商务印书馆2008年版,第27页。

"可表达物"。罗马人通过对物的拟制扩大了财产的范围，维持了既有财产观念的有效性。[1]

古日耳曼的情况和古罗马的情况是类似的，它们在处理债的让与和合同权益的让与时所面临的处境一样，因此就把它们当作有体物一样来处理。[2]在中世纪，其法律中有大量无体物，任何在属性上如土地一样的永久性权利，都被认为与土地是相似的，只有认为它们是物，才可以转让，因此，这些权利就是物。[3]

如今，纯粹地视财产为物的观念已经不再绝对正确，正如德霍斯所说，视财产为物的观点在今天看来是荒谬的，至少是毫无益处的。财产被认为是一个人与另一个人之间的权利关系，表现为单层关系，或者是一个人与多个人之间的权利关系，表现为多层关系。[4]

二、无形财产与知识财产辨析

财产从最初的"财产是物"观念，经由古罗马人对物的扩大解释，逐渐包括了无形的东西，物不再仅指看得见摸得着的

---

［1］ 参见龙文懋：《知识产权法哲学初论》，人民出版社2003年版，第28页。

［2］ See Wesley Newcomb Hohfeld, "Some Fundamental Legal Conceptions as Applied in Judicial Reasoning", *The Yale Law Journal*, Vol. 23, No. 1, 1913, p. 21. 另参见［美］霍菲尔德：《基本法律概念》，张书友编译，中国法制出版社2009年版，第11页。

［3］ See Wesley Newcomb Hohfeld, "Some Fundamental Legal Conceptions as Applied in Judicial Reasoning", *The Yale Law Journal*, Vol. 23, No. 1, 1913, p. 21. 另参见［美］霍菲尔德：《基本法律概念》，张书友编译，中国法制出版社2009年版，第12页。

［4］ Peter Drahos, *A Philosophy of Intellectual Property*, Australian National University (ANU) eText, 2016, pp. 5-6. 也可参见［澳］彼得·德霍斯：《知识财产法哲学》，周林译，商务印书馆2008年版，第14页。

第二章　知识财产本质问题

物了。但是，无论是盖尤斯还是查士丁尼的无形物的概念，指的都是一种法律权利，如继承权、用益权、债权都是被视为无形物。因此，古罗马人对于物与所有权的区别是含混不清的。但是，这仍然具有重要意义，因为从现在已有的文献看，罗马法不但在世界上首先区分了有形物与无形物，而且它为"财产是一种对物的权利"这种含义的最终形成奠定了基础，具有承上启下的过渡意义。可以认为，将财产看成是人对物的权利，是对财产概念的认识的一大进步，是对财产是物这一观念的发展，尽管将财产看成一种对物的权利仍然没有脱离物。经由这个阶段，财产的概念不再以物为核心，而是以权利为核心了。财产在以"权利"为核心的基础上，最终形成了"财产是一种人与人之间的权利关系"的观念，此时已超越了权利是人对物的关系的层面，人们对财产的认识又向前发展了一个阶段。马克思主义就认为，财产本质上是人与人之间的关系，这是在人的社会性的层面上认识这一问题的。

在物被分为有形物与无形物的基础上，二者就都可以成为财产，财产的范围由此拓宽。从 11 世纪以后，罗马法再一次具有了新的活力，并且在欧洲开始了新一轮的征服活动，在不同时期、不同程度上进入了欧洲法律制度。无形物以从未有过的潜在力量在民法和普通法制度的法律语言中取得了一席地位。[1]黑格尔也认为，有些自由精神所特有的东西虽然也是无形的，但是也可以对它们定在，"表达"就是对它们进行定在的方法，这样，内在的东西比如学问、科学知识等也就具有了外部性定在，不但如此，还可以对它们进行转让等行为，因而它们也就成了

---

[1] Peter Drahos, *A Philosophy of Intellectual Property*, Australian National University（ANU）eText, 2016, pp. 24-25. 也可参见 [澳] 彼得·德霍斯：《知识财产法哲学》，周林译，商务印书馆 2008 年版，第 30 页。

物范畴内的东西。[1]

智力劳动成果也是一种无形物，因此也发展成为一种知识财产，即"知识产"。当然，在历史发展过程中有一个从关注不动产到同时也关注动产的过程，也是一个无形物与权利动产相融合的过程。在历史上的英国，无形物与权利动产相互融合后才形成了无体动产。英国不动产纠纷主要是在普通法法院进行审判的，而动产纠纷则在衡平法法院进行审判。在罗马法的影响下，股权、给付债权等无形物与权利动产进行了融合，之后就进入了英国法，动产的地位越来越重要，成了无形财产。"权利动产"这一概念的价值在于划分了有形物和无形物，占有的动产被认为是指有形物（有体物），而权利动产与无形财产相连，是指不能通过实际占有而主张的某物。因而有学者认为，近代以来，财产权的客体在不断发展变化，从有形发展到了抽象的无形，知识产权也就形成了。[2]

三、财产本质问题

财产是为了满足人的需要。既然财产是为了满足人类的需要，人就必须占有财产。那么要如何占有财产呢？这就需要人人都遵守一定的规则。最初人占有财产的方式为先占，第一个占有某物的人应当拥有某物。先占理论解释了物如何从自然状态的存在物变为人类的拥有物，即财产如何从无主的自然物中产

---

[1] [德] 黑格尔：《法哲学原理》，范扬、张企泰译，商务印书馆1961年版，第51—52页。

[2] 参见郑成思、黄晖：《法国民法典中的"财产权"概念与我国立法的选择》，载《知识产权》2002年第3期，第10页。

生。洛克就论述了这种财产产生的过程。[1]人类最初生活于一个完全自然和自由的状态之中,在这个状态之中每个人都是平等的,对自然他们具有同样的权利,拥有同样的能力,受自然法约束,自然之物对人类来说是公有的。但是,如果在自然之物上加入了人类的劳动,它也就不再是公有之物了,也不再处于自然的状态,他人对它不能再占有,也不属于与他人共有,因而它就成了某人的财产。[2]这实际上是一种先占,占有物与公有物就区分开了。占有物与公有物的区分意味着占有物对他人有了排斥力,这个物品是我的而不是你的及其他人的。别人占有物品,同样也需要你的承认与尊重。因此,在这个共同体中,需要用契约来维持这种占有物的排斥力,也即承认某人对其先占的控制权,从而避免纷争。承认某人对其先占的控制权,就是承认某物不再属于公有状态,也就是承认了他人的劳动所得,从而"确立了财产权"。[3]在洛克的理论中,人通过劳动并"凝聚"某物,他就取得了该物的权利,[4]该物从而成为他的财产。因此,财产的本质是一种权利。

在功利主义理论看来,财产是为达到一定目的的手段。财产是为了满足人类的需要,否则财产就没有存在的必要。私有财产的存在对社会同样具有积极意义,这是一种双赢的局面,实现了个人与社会的共同利益最大化。在功利主义哲学家边沁

---

[1] 参见[英]约翰·洛克:《政府论》,杨思派译,九州出版社2007年版,第305、335—367页。

[2] 参见[英]约翰·洛克:《政府论》,杨思派译,九州出版社2007年版,第335页。

[3] 参见[英]约翰·洛克:《政府论》,杨思派译,九州出版社2007年版,第337页。

[4] 参见[美]约翰·G.斯普兰克林:《美国财产法精解》(第二版),钟书峰译,北京大学出版社2009年版,第15页。

看来，财产本身就应当是一种权利，法律只不过是对它进行了确认。在法律确认它之前，它早已是一种促进社会功利的约定。[1]法律确认的是财产所体现的权利。因此，尽管财产只是为了满足人类需要的一种手段，但其仍体现为一种权利。财产要满足人类的需要就需要人类控制财产，以便对其使用和处分，并对他人具有排斥力，获得他人的承认与尊重。这就推导出了人应当享有对物的权利，有权占有它、使用它乃至处分它。权利是人类享有财产的保障，财产的本质是权利。

在财产问题上，黑格尔的观点是，财产起初是一个人生存所必需的基本机制。[2]在黑格尔看来，"财产是自由的第一体现，本身也是一个实质性目标"。黑格尔认为，要实现自我，就应当与财产发生关系。实现自我的方式就是在物品中加入自己的意志，从而占有就具有了正当性，达到了人类的目的，该物也具有了相应的用途，绝对占有权得以形成。[3]"在对外事物的关系上，合理的方面乃是我占有财产。"[4]黑格尔所谈论的人格必须在所有权中获得定在，方法就是对财产的占有，这样财产才能作为意志的定在而存在。因此，必须对财产进行所有权的规定。这也就是说，财产的本质是一种权利。

如果把财产放到社会中去考察，马克思则对私有财产的本质问题给出了答案，这主要集中在马克思的著作《1844年经济

---

[1] 参见［美］约翰·G.斯普兰克林：《美国财产法精解》（第二版），钟书峰译，北京大学出版社2009年版，第16页。

[2] 参见［德］黑格尔：《法哲学原理》，范扬、张企泰译，商务印书馆1961年版，第52页。

[3] 参见［德］黑格尔：《法哲学原理》，范扬、张企泰译，商务印书馆1961年版，第52页。

[4] ［德］黑格尔：《法哲学原理》，范扬、张企泰译，商务印书馆1961年版，第57页。

第二章 知识财产本质问题

学哲学手稿》和《神圣家族》中。他批判以私有财产为基础的法律,认为财产是一种异化的形式,是统治阶级用来维护其利益的工具,是一种统治观念,是意识形态的一部分。[1]马克思在《1844年经济学哲学手稿》中论述了私有财产是外化的异化劳动的结果,从而指出了资本主义工人劳动发生异化的本质,认为私有财产是资产阶级统治和榨取劳动价值的秘诀。但是马克思并不否认劳动,甚至还积极鼓励劳动,特别是创造性劳动,故而马克思还对亚当·斯密关于劳动的消极方面的描写进行过批评[2]。马克思所反对的是一种异化了的劳动,这种劳动加速并且促使了社会的不平等,形成了阶级社会。因此,马克思指出,私有财产的本质是异化的劳动,财产是权力的工具。继而其在"感性的活动"与"实践"原则的基础上,通过《关于费尔巴哈的提纲》《德意志意识形态》等著作,建立了社会存在理论与历史唯物主义。马克思指出,社会存在决定社会意识[3],因此,法和权利是从人们的生活中产生的,物质生活的生产方式决定着法权关系。马克思批判了法的形而上学理论。通过以上分析,马克思对资本主义社会进行了批判,认为财产发挥着工具的作用,是资产阶级维护其利益的工具。但是说到底,利益的维护又需要权力,而利益和权力都需要权利来实现。因此,财产的本质是权利也是符合马克思主义的。

---

[1] See Peter Drahos, *A Philosophy of Intellectual Property*, Australian National University (ANU) eText, 2016, p. 113. 也可参见[澳]彼得·德霍斯:《知识财产法哲学》,周林译,商务印书馆2008年版,第109页。

[2] See Peter Drahos, *A Philosophy of Intellectual Property*, Australian National University (ANU) eText, 2016, p. 123. 也可参见[澳]彼得·德霍斯:《知识财产法哲学》,周林译,商务印书馆2008年版,第116页。

[3] 参见中共中央马克思恩格斯列宁斯大林著作编译局译:《马克思恩格斯全集》(第二卷),人民出版社1972年版,第83页。

在德霍斯看来，财产是一种特权机制，[1]是一个依赖于法律的权力机制[2]。显然，德霍斯这种"特权机制"或者"权力机制"就是创设一种关系模式的机制，这是一种把财产看作是人的一种"主权"（sovereignty）模式的分析，即财产具有主权的作用，以财产所有权（dominium）和主权（imperium）之间的关系为基础。当然，在某种意义上，对物的所有权也是对人的主权——这个观点是正确的。在这里所要确认的是，这种"财产具有主权的作用"并没有削弱财产的本质是权利这一论点。因为，"主权"是从公法的角度来说的，任何权利都不是孤立存在的，一个人拥有财产享有权利意味着他也享有"主权"，他人不得侵犯，是排他的。无论如何，这仍然是在谈论权利，并没有脱离权利的范畴。因此，财产的本质仍然是权利。

通过上文分析可以得出财产的本质是权利这一论断。那么能否反过来说权利的本质是财产？事实上，要研究权利的本质，就要研究权利的存在。尽管财产从本质上讲是一种权利，但是必须承认的是，并不是所有的权利都是财产。因为，第一，财产是可以转让和处分的，而并不是所有的权利都能转让和处分。人的人格与身份方面的权利就不可转让与处分，人的一些政治权利也不可以转让与处分。第二，权利意味着对财产的拥有和

---

[1] See Peter Drahos, *A Philosophy of Intellectual Property*, Australian National University（ANU）eText, 2016, p.13. 也可参见［澳］彼得·德霍斯：《知识产权法哲学》，周林译，商务印书馆2008年版，第19页。

[2] See Peter Drahos, *A Philosophy of Intellectual Property*, Australian National University（ANU）eText, 2016, p.176. 也可参见［澳］彼得·德霍斯：《知识产权法哲学》，周林译，商务印书馆2008年版，第161页。需要注意一下，德霍斯原话为：Property for us is a law-dependent mechanism of power. It is a mechanism of power that all individual property holders are, in Foucault's words, simultaneously undergoing and exercising. 周林翻译为：我们认为，财产是一个依赖于法律的动力机制……按照上下文，此处应为"权力机制"，翻译为"动力机制"应为印刷错误。

保护，揭示了财产为什么能够存在，有了财产才会产生财产权。当然财产权往往表现为一定的利益，但这种利益并不必然地产生财产，也可能表现为一种对财产的预期。因此，权利的本质并不是财产。

四、对知识产权"抽象物"再思考

知识财产即智慧劳动成果财产，是由创造性的劳动产生的一种"无形的财产"。对于这种财产设定的权利就是知识产权。前文分析过，财产最初指物或物对人有用的特性，无形财产对应着无形物。知识财产既然是一种无形财产，它也不能不与无形物发生关系，没有无形物也就不会有无形财产，也就不会有知识产权。知识产权与无形物有着重要的关系，然而知识产权并不等同于财产，这就应当进一步研究组成财产的这种"无形物"，这体现在知识产权客体方面。

知识产权作为权利，它的本质在于在"物"（客体）上构建规则。更深层次上就会涉及哲学问题，无法回避物质等哲学范畴。[1]按照一般且传统的理解，这一"物"，即智力劳动成果，是一种无形物或一种无体物。这一理解本身是正确的，但是，仅有这样的理解过于笼统，对知识产权赖以存在的这一"物"到底是什么物并没有很清晰的认识。因此，我们需要对知识产权赖以存在的"物"（客体）进行深入剖析，以认识它的客观规律。在知识产权领域，一个重要的概念是澳大利亚学者

---

〔1〕 学者认为，知识产权的对象、本质、客体之类的问题，若深入思考，就无法回避物质、意识、存在、知识、信息这样一些哲学问题，它既可能触及认识论，也可能涉及本体论。参见胡波：《知识产权法哲学研究》，载《知识产权》2015年第4期，第84页。

德霍斯论述和使用过的"抽象物"（abstract objects）概念。[1]作为客体，民法体系下的"物"应当能够包含知识产权"物"，民法体系下知识产权基本理论问题首先需要对"物"进行研究，也就离不开对"抽象物"这一概念进行研究。因为长久以来这一概念在全世界民法、知识产权法领域都有着非常广泛的传播和运用，民法领域和知识产权领域认为这一概念是理所当然"正确"的。然而德霍斯所构建的"抽象物"概念存在认识上的错误，对于知识产权法体系的构建造成了很大的影响，导致了很多问题，在此有必要进行澄清。经研究，"抽象物"这一概念在知识产权领域使具体的智力劳动成果之物抽象化了，客观的智力劳动成果之物主观化了，实在的智力劳动成果之物虚拟化了，进而得出了错误的结论。因此，本书对"抽象物"这一概念进行批判性研究和再认识，以还原事物的本来面目，指出存在的问题。下文就具体对德霍斯的"抽象物"进行研究。

1. 何谓德霍斯构建的"抽象物"

在德霍斯一部重要的著作《知识财产法哲学》（*A Philosophy of Intellectual Property*，也有的学者译为《知识产权法哲学》）中，他论述并使用了"抽象物"概念。该书是一部重要的著作，它创造了一个新的概念——"抽象物"，为我们在该学科外部认识知识产权法的规律与规则提供了一种新的哲学思路，[2]推动了法学工作者将知识产权的研究提高到了一个更高的层次。[3]该概念

---

[1] 德霍斯，澳大利亚国立大学和伦敦玛丽女王大学（The Australian National University and Queen Mary University of London）教授。

[2] 吴汉东：《法哲学家对知识产权法的哲学解读》，载《法商研究》2003年第5期，第81页。

[3] 冯晓青：《"抽象物"与知识产权的关系——研读〈知识产权哲学〉的体会》，载《知识产权》2001年第2期，第17页。

是研究知识产权的新视角,[1]将知识产品定性为抽象物。[2]该书最早出版于 1996 年,在世界范围内产生了非常大的影响,此后销往世界各地并被译成了多种语言。[3]正如德霍斯本人所讲,在当时,一些印度和中国的学生和研究人员也阅读过这本书,这令他本人非常吃惊[4],可想这部著作的影响之大。在笔者看来,德霍斯所吃惊的可能有两件事情,一是他可能没想到该书影响如此广泛,在澳大利亚出版的书籍影响到了亚洲及世界其他地方;二是他也看到了当时在印度和中国盗版的现状,这对于本身就是研究知识产权的学者德霍斯来说应当尤为震惊。该书的中文版是由中国社会科学院周林教授于 2008 年翻译出版的,由商务印书馆出版发行,2017 年 4 月商务印书馆又重新出版发行最新版并于 2021 年 6 月第 2 次印刷,影响可见之大。

该书在前言与感谢、导论、第二章和第七章中都涉及了抽

---

[1] 参见刘东晓:《论知识产权制度的学理基础》,载《科技资讯》2008 年第 12 期,第 199 页。

[2] 钱小刚、马晓燕:《国家治理技术视阈下的知识产权》,载《求索》2010 年第 8 期,第 168 页。

[3] 2008 年,中国商务印书馆与达特茅斯协商后出版了该著作的中译本,译者为中国社会科学院周林教授。2011 年,山根敬典博士的日译本问世。2013 年德黑兰伊斯兰文化与思想研究院的马哈茂德·赫克马特尼(Mahmoud Hekmatnia)、迈赫迪·莫阿拉(Mahdi Moalla)和阿里·塔吉哈尼(Ali Taqikhani)三位教授又将其译为波斯语版。参见德霍斯《知识财产法哲学》一书电子版的前言(Preface to the ANU eText edition)。Peter Drahos, *A Philosophy of Intellectual Property*, Australian National University (ANU) eText, 2016, p. viii.

[4] "多年来,因这项研究及其他项目,我得以造访中国和印度。令我大为惊讶的是,竟有学生和研究者读过《知识财产法哲学》一书。当然,他们根本无力购买这本著作——此类学术书籍的定价,向来只考虑美国、欧洲和日本图书馆市场的承受能力。"参见德霍斯《知识财产法哲学》一书电子版的前言(Preface to the ANU eText edition)。See Peter Drahos, *A Philosophy of Intellectual Property*, Australian National University (ANU) eText, 2016, p. viii.

象物概念，并在第二章和第七章中对抽象物概念作了详细的论述。德霍斯在该书的前言和感谢部分的第一段中就开宗明义地指出，财产理论所运用的例证大多是有形物，而知识财产法所涉及的是抽象物，抽象物不同于有形物（physical objects）。[1]可见，作者在此处对于"抽象物"的使用实际是作为与有形物相对应的一种物而处理的。不过，作者在此处敏锐地察觉到其在知识财产法中与一般财产法中的不同，它是不同于有形物或者有体物的。在导论中，作者又指出，知识财产在法律关系这一特质上并没有什么不同，它体现的也是人与人之间的关系。[2]但与不动产法律不同的是，有关知识财产的法律把权利设定在抽象物之上。[3]接着作者又举了相关的例子，如计算系统、青霉素及其衍生物的配方，而在网络社会中，人际依赖关系的建立也与这类抽象物有关，由此产生出了许多相关关系，也产生了其他一些问题。[4]可见，作者把诸如计算系统、配方等没有形状没有实质的东西都看作抽象物。在导论中，德霍斯接着论述道，在有关知识财产的法律领域内，有争议的都是抽象物，而

---

[1] See Peter Drahos, *A Philosophy of Intellectual Property*, Australian National University（ANU）eText, 2016, p. Xi. 也可参见［澳］彼得·德霍斯：《知识财产法哲学》，周林译，商务印书馆2017年版，第10页。

[2] 按照马克思主义的观点，人类的价值活动本质上是一种改造客观世界的对象化活动，人的价值的突出特征是人在对象化劳动中的创造性，最终归结为人与人之间的关系。参见张守连、石菲菲：《马克思人学理论及其现实关照》，载《理论界》2008年第12期，第27页。

[3] See Peter Drahos, *A Philosophy of Intellectual Property*, Australian National University（ANU）eText, 2016, p. 1. 也可参见［澳］彼得·德霍斯：《知识财产法哲学》，周林译，商务印书馆2017年版，第13页。

[4] See Peter Drahos, *A Philosophy of Intellectual Property*, Australian National University（ANU）eText, 2016, p. 1. 也可参见［澳］彼得·德霍斯：《知识财产法哲学》，周林译，商务印书馆2017年版，第13页。

抽象物恰恰是不存在的（abstract objects do not exist）[1]，换一种方式理解就是，作者认为抽象物是不存在的。这种抽象之物就应当是人们头脑中的东西，而不是一个真实存在之物，它只能是一种虚拟之物，是一种虚幻的东西。

在德霍斯看来，"抽象物"还是一个哲学概念。他认为，将知识财产归入无形权利的法学分类就会直接引出"抽象物"这一"哲学概念"。[2]德霍斯是通过以下的方式论证的[3]：受斯多葛学派关于无形物划分的影响，罗马法创立了无形物的分类方法，从而将财产法牢牢地建立在形而上学的基础之上，[4]这种分类方法对英国法产生了很大的影响，使得英国法对财产实行了一种更具灵活性的分类方法。由于在罗马法中，无形物都有其对应的有形物，即无形物与有形物具有深刻的联系，各种知识财产的形式就被划归为权利上的动产，权利动产与无形物进行了结合，知识财产就成为权利动产，这种动产应当与其他动产进行区分，这时"抽象物"这一概念就产生了。因此，无形权利与无

---

[1] See Peter Drahos, *A Philosophy of Intellectual Property*, Australian National University（ANU）eText, 2016, p. 6. 也可参见［澳］彼得·德霍斯：《知识财产法哲学》，周林译，商务印书馆2017年版，第18页。

[2] See Peter Drahos, *A Philosophy of Intellectual Property*, Australian National University（ANU）eText, 2016, p. 17. 也可参见［澳］彼得·德霍斯：《知识财产法哲学》，周林译，商务印书馆2017年版，第32页。

[3] See Peter Drahos, *A Philosophy of Intellectual Property*, Australian National University（ANU）eText, 2016, pp. 23-28. 也可参见［澳］彼得·德霍斯：《知识财产法哲学》，周林译，商务印书馆2017年版，第35—41页。

[4] 学者认为，罗马法学家的理论贡献，不仅在于他们建立了简单商品经济条件下的财产权体系，更在于这种理论为近代知识产权制度的构建提供了一些关键的概念性工具。参见吴汉东：《罗马法的"无体物"理论与知识产权制度的学理基础》，载《江西社会科学》2005年第7期，第33页。另，罗马财产法的历史局限和理论贡献也可参见吴汉东：《财产的非物质化革命与革命的非物质财产法》，载《中国社会科学》2003年第4期，第122—125页。

形物或"抽象物"之间的联系问题开始出现在英国的财产法中。由于知识财产权是一种无形物,这种权利指的就是与"抽象物"有关的无形权利。在那时的英国法中,动产可以分为占有动产和权利动产,占有动产指的是通过对有形物或者有体物的占有而获得的动产,而权利动产通常指的是不是通过占有而是通过诉讼取得的动产,它与无形物相连,不能通过实际的"占有"而主张某物。因此,这种将罗马法中无形物的概念与权利动产的概念相结合的办法,使得英国法创造出了一个高度适应的动产概念,同时以实用主义著称的英国普通法深入形而上学的领域中,从而将知识财产的"抽象物"添加到了无形物的名单之中。

德霍斯认为,"抽象物"是一个"可能存在"的概念,对它进行定义是十分困难的,以至于通常只能用它表示出来的特征如无形、不占有空间和时间、不是因果变化的动因来表现,因此通常是用一些实例(如处于某状态的财产、关系及结构)和消极财产的列表来定义。[1]

德霍斯认为,财产具有主权的作用,知识财产与抽象物关联,抽象物是权力的基础或者是权力来源的一种。[2]由此,抽象物本身就是资本产品,可以在法律认可的交易市场中买卖。[3]在

---

[1] See Peter Drahos, *A Philosophy of Intellectual Property*, Australian National University (ANU) eText, 2016, p. 177. 也可参见〔澳〕彼得·德霍斯:《知识财产法哲学》,周林译,商务印书馆2017年版,第215页。

[2] See Peter Drahos, *A Philosophy of Intellectual Property*, Australian National University (ANU) eText, 2016, p. 178. 也可参见〔澳〕彼得·德霍斯:《知识财产法哲学》,周林译,商务印书馆2017年版,第215页。

[3] See Peter Drahos, *A Philosophy of Intellectual Property*, Australian National University (ANU) eText, 2016, p. 185. 也可参见〔澳〕彼得·德霍斯:《知识财产法哲学》,周林译,商务印书馆2017年版,第222页。

《知识财产法哲学》第七章中,德霍斯认为抽象物本身就是资本产品,可以在交易市场中买卖。抽象物是资本的一种形式,不仅对生产资料而且对生产也行使控制权〔1〕。抽象物还以其本身的特性成为资本实体,并可以作为资本被使用和买卖〔2〕。在第八章中,德霍斯论述了抽象物是一种商品。

2. 德霍斯为什么要创设"抽象物"

"抽象物"在德霍斯的论著中是一个重要的概念,德霍斯对知识财产的哲学分析就是建立在抽象物的基础之上的。在德霍斯那里,正如他在其著作《知识财产法哲学》中文版序中所论述的抽象物的重要性那样:"知识财产法的目的是在我(指德霍斯,笔者注)所称的'抽象物'上创设权利。"可以说,没有抽象物,就没有德霍斯的论著及理论。

在构建了"抽象物"控制性规则体系,〔3〕搭建了"抽象物"这个框架之后,德霍斯从简要介绍知识产权法中所谓的"抽象物"出现的历史,即罗马法中关于有形物无形物的区分开始,阐述了英国如何发明了所谓"抽象物"的分类。接着,德霍斯从论述洛克、黑格尔、马克思关于财产的理论开始,论述了一个人对其所发现或者创造的"抽象物"具有自然的财产权、"抽象物"所产生的权利会造成社会矛盾和危害等内容。其中,

---

〔1〕 See Peter Drahos, *A Philosophy of Intellectual Property*, Australian National University (ANU) eText, 2016, p. 185. 也可参见[澳]彼得·德霍斯:《知识财产法哲学》,周林译,商务印书馆2017年版,第222—223页。

〔2〕 See Peter Drahos, *A Philosophy of Intellectual Property*, Australian National University (ANU) eText, 2016, p. 186. 也可参见[澳]彼得·德霍斯:《知识财产法哲学》,周林译,商务印书馆2017年版,第223页。

〔3〕 参见徐珉川:《新技术条件下的"公共领域"——知识产权的自然权利主张》,载《政治法学研究》2015年第2期,第160页。

他根据洛克的理论，[1]将知识财产与自然法学思想家关于财产的理论联系到了一起，认为知识财产也具有合理性，这体现在关于积极共有和消极共有的理念当中；他又根据黑格尔的理论论证财产的起源，体现为他认为知识财产和一般财产一样是一个基本的机制，但是在"抽象物"统领之下的知识财产可以种种不同的方式撕裂社会，特别具有危险性；接着他根据马克思的理论论证了知识财产的任务，[2]认为创造性劳动对于资本主义生存具有重要性，同时认为马克思因重视生产的物质性而忽视了在资本主义商品积累过程中抽象物的重要性。[3]虽然马克思没有分析德霍斯所谓的"抽象物"，[4]但是，我们知道，马克思所处的年代的知识产权与现代知识产权有很大不同，这点我们应该能够理解。

德霍斯接着论述，在知识财产方面个人的利己主义的存在，使得知识财产比其他财产更容易造成社会的分裂。在《知识财

---

〔1〕 关于洛克的理论，学者认为可以解释知识产权制度的正当性问题。参见冯晓青：《知识产权法律制度中的公共领域理论探析（中）》，载《中国知识产权报》2010年6月18日，第8版；肖艺能：《洛克时代的知识共有物与网络时代的知识共享》，载《科技与法律》2016年第3期，第470—487页。

〔2〕 学者认为，马克思在其关于价值规律和商品劳动属性的有关论述中也间接论述了知识产权、技术进步与社会发展的关系，体现了知识产权对社会经济发展存在促进作用。参见陈燕、孙玮、孙全亮：《知识产权促进产业创新发展的机理浅析》，载《科技促进发展》2017年第10期，第788页。

〔3〕 对马克思的知识产权观的论述，可参见谈萧：《评马克思的知识产权观》，载《云南大学学报（法学版）》2011年第6期，第65—70页。

〔4〕 学者认为，在马克思的理论中有两个方面对分析知识产权不是很有利，第一，马克思没有对财产权进行法理分析，也没有对知识产权的性质作法理上的透视；第二，马克思更多地集中在物质对象上，而没有真正地分析在生产方式上抽象物的作用。对部分马克思的经济理论而言，抽象物可能会引起严重问题。参见曲三强：《马克思主义视角下的知识产权》，载《思想战线》2007年第1期，第27页。

产法哲学》第七章中他指出，抽象物是一种重要的资本，"发生了由保护创造到保护投资的转变"。[1]现代经济体制下权力的基础在于对抽象物的控制，[2]因此，在德霍斯那里，"抽象物"就有了"特权"的功效。此外，德霍斯还论述了"抽象物"还是一种基本的商品，可以进行买卖。

在德霍斯看来，尽管"抽象物"是虚构的，但它确是非常有用的。它的有用性在于，在法律的范围内，它构成了同一性判断的基础，而这种判断将最终决定谁能拥有关键的资本资源，这些判断本身是实用主义的，是依惯例作出的。[3]

综合以上分析，在德霍斯看来，知识产权中许多真实的权力和权利都是建立在抽象物之上的。但是，抽象物是"假设"存在的，是一种在法律上对其进行的"虚构"。[4]德霍斯接着论述，在知识财产的范围内使用抽象物一词，并不意味着实体上承认这种抽象物的存在，[5]因此，各种知识财产权拥有着共

---

[1] 冯晓青：《马克思理论与知识产权——研读〈知识产权哲学〉之体会》，载《电子知识产权》2003年第12期，第56页。冯晓青教授所指的《知识产权哲学》一书正是本书所研究的《知识财产法哲学》一书，只是学者们对它翻译的名字不同。

[2] See Peter Drahos, *A Philosophy of Intellectual Property*, Australian National University (ANU) eText, 2016, p. 17. 也可参见［澳］彼得·德霍斯：《知识财产法哲学》，周林译，商务印书馆2017年版，第32页。

[3] See Peter Drahos, *A Philosophy of Intellectual Property*, Australian National University (ANU) eText, 2016, p. 180. 也可参见［澳］彼得·德霍斯：《知识财产法哲学》，周林译，商务印书馆2017年版，第218页。

[4] See Peter Drahos, *A Philosophy of Intellectual Property*, Australian National University (ANU) eText, 2016, p. 178. 也可参见［澳］彼得·德霍斯：《知识财产法哲学》，周林译，商务印书馆2017年版，第215页。

[5] See Peter Drahos, *A Philosophy of Intellectual Property*, Australian National University (ANU) eText, 2016, p. 180. 也可参见［澳］彼得·德霍斯：《知识财产法哲学》，周林译，商务印书馆2017年版，第217页。

同的特征,即都是关于抽象物的权利。[1]

由此,"抽象物"构成了德霍斯理论的"骨架",是其论著中最根本和重要的概念,他的论著中的其他论断都是从"抽象物"这个概念和论述中衍生出来的。可以说,没有"抽象物"这个概念,就没有德霍斯的论著和理论,离开了"抽象物",德霍斯的理论及论断就不可能构建。

3. 对"抽象物"产生之商榷

德霍斯创造了"抽象物"概念。那么,德霍斯在其论著中为什么要虚构一个"抽象物"?在他看来,之所以要虚构这一虚拟之物,是因为:第一,许多人需要并正在使用或依赖于这类抽象物[2];第二,在现代网络社会中,许多标志着生活与工作之时代特色的人际依赖关系,就与这种抽象物有关联[3];第三,它是法官审判知识产权侵权案件所需要的[4];第四,"知识财产法中的抽象物采取了一种方便叙述的法律拟制形式"[5]。因为把权力设置在财产上,权力才会具有意义,掌握工具的人

---

[1] See Peter Drahos, *A Philosophy of Intellectual Property*, Australian National University (ANU) eText, 2016, p. 9. 也可参见 [澳] 彼得·德霍斯:《知识财产法哲学》,周林译,商务印书馆2017年版,第20页。

[2] See Peter Drahos, *A Philosophy of Intellectual Property*, Australian National University (ANU) eText, 2016, p. 1. 也可参见 [澳] 彼得·德霍斯:《知识财产法哲学》,周林译,商务印书馆2017年版,第13页。

[3] See Peter Drahos, *A Philosophy of Intellectual Property*, Australian National University (ANU) eText, 2016, p. 1. 也可参见 [澳] 彼得·德霍斯:《知识财产法哲学》,周林译,商务印书馆2017年版,第13页。

[4] See Peter Drahos, *A Philosophy of Intellectual Property*, Australian National University (ANU) eText, 2016, pp. 181-183. 也可参见 [澳] 彼得·德霍斯:《知识财产法哲学》,周林译,商务印书馆2017年版,第217—221页。

[5] See Peter Drahos, *A Philosophy of Intellectual Property*, Australian National University (ANU) eText, 2016, p. 6. 也可参见 [澳] 彼得·德霍斯:《知识财产法哲学》,周林译,商务印书馆2017年版,第18页。

第二章　知识财产本质问题

会用法律来保护他们的经济利益，并进一步控制权力。[1]因此，它是一个"有用"的工具。[2]那么，"抽象物"是如何产生的？德霍斯认为，第一，将知识财产归入无形权利的法学分类方法会直接引出抽象物这一哲学概念[3]；第二，法官在对案件进行同一性判断时创设了抽象物[4]；第三，基于历史，英国法将知识财产的抽象物添加到了无形物的名单中[5]。

　　首先，从历史的角度看，英国法中知识财产的产生受罗马法有关有形物与无形物区分的影响，再结合英国法的实用主义，无形物与权利动产进行了相互融合。但是，值得注意的是，认为英国法将知识财产的抽象物添加到了无形物的名单中是不符合事实的。其一，英国法中并没有所谓"抽象物"的概念，无从添加；其二，德霍斯那里所谓的"知识财产抽象物"本身就是一种无形物（财产），也即，所谓的"知识财产抽象物"指的就是智慧劳动成果这种无形物，只不过是智慧劳动成果扩充了无形物的空间、因智慧劳动成果而产生的财产扩充了无形财产的空间而已。智慧劳动成果本身就是一种无形物。由此，英

---

[1]　冯晓青：《马克思理论与知识产权——研读〈知识产权哲学〉之体会》，载《电子知识产权》2003年第12期，第56页。

[2]　对德霍斯"抽象物"工具论的论述，可参见张平：《市场主导下的知识产权制度正当性再思考》，载《中国法律评论》2019年第3期，第118—119页。

[3]　See Peter Drahos, *A Philosophy of Intellectual Property*, Australian National University (ANU) eText, 2016, p.17. 也可参见［澳］彼得·德霍斯：《知识财产法哲学》，周林译，商务印书馆2017年版，第32页。

[4]　See Peter Drahos, *A Philosophy of Intellectual Property*, Australian National University (ANU) eText, 2016, p.181. 也可参见［澳］彼得·德霍斯：《知识财产法哲学》，周林译，商务印书馆2017年版，第219页。

[5]　See Peter Drahos, *A Philosophy of Intellectual Property*, Australian National University (ANU) eText, 2016, p.28. 也可参见［澳］彼得·德霍斯：《知识财产法哲学》，周林译，商务印书馆2017年版，第41页。

国法将知识财产的抽象物添加到无形物的名单中就是不符合事实的，至少这样的表述是不正确的，很容易引起误导和混淆。[1]

其次，对于法官在知识产权侵权案件的审判中，对于同一性的判断是否产生抽象物，着实存在问题。笔者认为，法官在侵权案件中对于同一性的判断确实需要抽象这一过程和活动，但是，对事物的抽象的过程和行为不是要创设所谓的"抽象物"，而是要得出事物的同质性。这种同质不是"抽象物"，而是事物的共同性，它是客观实在的，虽然它是经过抽象而来的，但它不是漫无边际主观任意想象的。德霍斯在这里混淆了对事物的抽象过程和由此而得出的结论（成果）之间的不同，把两者当作是一回事了。因而，法官在进行抽象的过程中根本不会创设"抽象物"，而只能得出事物的同质性这一客观实在之结果，它是客观存在的而不是虚构的。这反映出了德霍斯在概念使用上的混乱。

最后，将知识财产归入无形权利的法学分类方法是否会直接引出抽象物这一哲学概念呢？答案是否定的。将知识财产归入无形财产是必然的也是符合逻辑的，因为知识本身就是无形的，由它而形成的财产本身也就是一种无形财产，这不能得出一种虚构的"抽象物"。要想得出"抽象物"这一概念也只有一种方法，就是对它进行虚构。但是，对客观实在之物进行虚构，本身就失去了它的哲学意义。哲学是符合逻辑的，存在就是存在的，不存在就是不存在的，不能随意进行虚构。

4."抽象物"概念存在的问题

笔者仔细研读德霍斯的论著《知识财产法哲学》，发现"抽

---

[1] 有学者也认为，英美法系具体物和抽象物的划分，在物与财产的关系上产生了混乱现象。参见邓社民：《知识产权的权利体系略论——从财产权的视角分析》，载《科技进步与对策》2005年第12期，第46页。

象物"这一概念在知识产权领域使得客观的智力劳动成果被主观化了,具体的智力劳动成果被抽象化了,实在的智力劳动成果被虚构化了,还存在逻辑上的错误。具体分析如下。

(1) 客观的智力劳动成果被主观化

众所周知,知识产权即知识财产权,是以智力劳动的创新性成果为基础的。但是"抽象物"这一概念,即使是德霍斯也认为它是模糊不清、不能确定的[1]。在笔者看来,所谓的"抽象物"之所以模糊不清、不能确定,主要的原因在于它把客观的智力劳动成果主观化了。知识财产属于无形财产,属于以"物"为基础的财产。尽管知识财产是无形的,但不表示它是虚无缥缈的、不可捉摸的。构成知识财产的基础是无形物,尽管这种物是无形的,但它也是实实在在客观存在的。知识产权保护的是智慧财产,也即保护的是智慧劳动成果。智慧劳动成果尽管是经过人们的头脑思考而得来的,但它本身不等同于思考,它也不是一种纯粹的思想,而是一种思想形成的成果。这种成果是客观的、实在的,而不是主观的,尽管它是主观见之于客观的产物。德霍斯说,抽象物"就是恰当的智力思考"[2]。但是,如果其仅仅是一种智力的思考,显然无需用任何权利去保护它或者对它构建什么权利。因为,智力思考是人类的一种本能,是一个自然的过程,只有对智力思考所得之物(结果)——智力劳动的创造性成果,才有去保护它的需要和意义。纯粹的思想能否被

---

[1] See Peter Drahos, *A Philosophy of Intellectual Property*, Australian National University (ANU) eText, 2016, p. 186. 也可参见 [澳] 彼得·德霍斯:《知识财产法哲学》,周林译,商务印书馆 2017 年版,第 224 页。

[2] See Peter Drahos, *A Philosophy of Intellectual Property*, Australian National University (ANU) eText, 2016, p. 178. 也可参见 [澳] 彼得·德霍斯:《知识财产法哲学》,周林译,商务印书馆 2017 年版,第 215 页。

知识产权保护是有疑问的。[1]因此,德霍斯在其论著中就将客观的智力劳动成果主观化了。这一主观化,就使得客观的智力劳动成果不再客观,成了纯主观的东西——智力思考。显然智力思考是自由的,甚至可以说是无边无际的,因此就是非常模糊的、捉摸不定的。这一主观化,使得唯物的东西成了唯心的东西。

如前文所述,智力劳动的成果是一种无形物,但是,尽管它是无形的,它也是客观存在的,我们不能以任何看不见摸不着的理由去主观化它。因此,必须区分智力思考与智力思考所得之物,不能用智力思考代替智力思考所得之物。任何智力思考所得之物都是有界限和有范围的,这区别于"抽象物"的模糊不清、捉摸不定。德霍斯曾经举例,计算系统、青霉素及其衍生物的配方就是抽象物。[2]很显然,计算系统属于计算机软件类,无论它是用著作权保护还是用专利权来保护,它都是智力劳动的创造性成果,与纯粹的智力思考不同。然而德霍斯把它当作一种纯粹抽象化之物,显然是把客观的事物主观化了。青霉素及其衍生物的配方也是如此,尽管它并非实体,看不见摸不着,但它是一种客观的配方,是一种智力劳动的创造性成果,把它当作纯粹的人头脑中的"抽象物"就是把它主观化了,排除和否认了其客观性。同样的道理,德霍斯用"抽象物"作为智力劳动成果的抽象,否认了其客观性,进行了主观化。

---

[1] 冯晓青:《知识共有物、洛克劳动学说与知识产权制度的正当性》,载《金陵法律评论》2003年第1期,第67页。

[2] See Peter Drahos, *A Philosophy of Intellectual Property*, Australian National University (ANU) eText, 2016, p.1. 也可参见[澳]彼得·德霍斯:《知识财产法哲学》,周林译,商务印书馆2017年版,第13页。

(2) 具体的智力劳动成果被抽象化

无论如何，智力劳动的创造性成果是一种经过主观思考而见之于客观的东西，这一客观化，也是一个具体化的过程。任何虚无缥缈的想法，一旦有了最终的成果，就被具体化，即使它再宏伟再宽广也都是具体的。"抽象物"却把具体的创造性的智力劳动成果抽象化了，否认了事物的具体性。仔细研读德霍斯的论著，笔者发现他所谓的"抽象物"所指的无非还是创造性智力劳动成果。笔者并不否认根据需要可以对不同个体的事物进行抽象，以产生相应的类概念。但是，一旦类概念要指称具体的个体时，这个类概念就要能够进行还原，即它还是客观的，而一经抽象化，无论是具体的个体还是类指都不再具有客观性从而不能再还原。比如人这一概念，它既可以指具体的个人也可指抽象化了的人类，但无论如何它都是客观的。而"抽象物"这一概念，把创造性智力劳动成果抽象化后，再也不能还原到原来的具体物了，从而否认了智力劳动成果的具体性。由于"抽象物"不能再还原到具体的智力劳动成果，在德霍斯的论著中就发生了逻辑上的问题，在其文章中他又不得已地只能把"抽象物"等同于智力劳动成果来论述。在笔者看来，德霍斯所构建的"抽象物"概念不可能也绝对没有脱离创造性智力劳动成果的范畴，这倒不是说德霍斯不想脱离智力劳动成果，而是他实在无法脱离。因为"抽象物"是主观虚构的，而智力劳动成果是客观实在的，是具体的。这就是辩证唯物主义观点，德霍斯也不可能脱离唯物主义辩证法。

所以，将具体的事物抽象化是有限度的，一旦超越了这个限度而变成虚无缥缈的东西，就不再符合规律了。此时不是会发生逻辑上的问题，就是会返回原来的位置。德霍斯在其论著中将智力劳动成果和"抽象物"互相替代使用，就是不得已而为之的表现，不得不返回原来的位置，因为他超越了这个抽象应有的限度。结果是，虽然他创立了"抽象物"这个概念，但是在实际运用中没有发挥作用，只是同义指代而已。

(3) 实在的智力劳动成果被虚构化

实在的事物，无论它是有形的还是无形的，无论它是有体的还是无体的，它都是客观存在着的，而不是一种主观虚拟化的产物。对于实在的事物，我们也无需把它虚拟化、虚构化。无形物，即便它再无形，它也是实在的。而"抽象物"这一概念，就把实在的事物虚构化了。德霍斯也承认，在有关知识财产的法律领域内，有争议的都是抽象物，而抽象物恰恰是不存在的[1]。换一种方式理解就是，德霍斯也认为抽象物是不存在的。那么，这种抽象之物就应当是人们头脑中的东西而不是一个真实存在之物，它只能是一种虚拟之物。"抽象物"如果不存在，那如何在"抽象物"上建立权利呢？再有，按照德霍斯的论述，抽象物是一种商品，可以进行买卖，是一种资本[2]，可以用于投资。不存在的东西如何是一种商品？又如何是一种资本？按照事物的客观实在性，德霍斯是没有办法回答这个问题的。因为知识产品要有一定的物质载体。[3]那么德霍斯是如何回答和处理这个问题的呢？他还是把创造性智力劳动成果与"抽象物"进行了同义替代，将"抽象物"这一虚构化的东西

---

〔1〕"抽象对象并不存在。"See Peter Drahos, *A Philosophy of Intellectual Property*, Australian National University（ANU）eText, 2016, p.6. 也可参见［澳］彼得·德霍斯：《知识财产法哲学》，周林译，商务印书馆2017年版，第18页。

〔2〕See Peter Drahos, *A Philosophy of Intellectual Property*, Australian National University（ANU）eText, 2016, p.185. 也可参见［澳］彼得·德霍斯：《知识财产法哲学》，周林译，商务印书馆2017年版，第222页。

〔3〕冯晓青：《"抽象物"与知识产权的关系——研读〈知识产权哲学〉的体会》，载《知识产权》2001年第2期，第18页。

替代了实在的事物。因此,离开了"物",即便是像无形物或者无体物这些实在之"物","抽象物"就成了"虚无缥缈之物","抽象物"把实在之物虚构化了。

在德霍斯的论著中是如何将实在的事物虚构化的?德霍斯说,通过假设抽象物的存在,法律即可简单地利用这样一种法律上的虚构,使这一虚构成为许多真实权力存在的依据。[1]对此,笔者认为,其一,抽象物就是一种假定存在之物而非真实存在之物;其二,真实的权利应当存在于真实之物之上,即便有一个权利的权利存在,本质上它也应当建立于真实之物之上。因此,建立在一个虚构物之上的权利就把实在之物虚构化了,也就否认了事物的实在性。事实上,对于实在之物完全用不着虚构,实在的事物就是实在的事物,对实在之物设定权利本身就是理所应当之事,完全不需要将其"抽象"为"抽象物",再在"抽象物"上创设权利。不过,虽然德霍斯创设了"抽象物"这一概念,但是在其论著中,无论是谈到权力还是谈到权利,一切又都以创造性智力劳动成果为基础,而不是以他所创设的"抽象物"为基础,这着实是很有意思的一件事。这充分说明,不但抽象物是虚构的,在抽象物上创设的权利和权力等也是无源之水、无本之木。否认事物的实在性又不得不回到事物的实在性,这是德霍斯及他所创立的"抽象物"所逃不开的"魔咒"。根据德霍斯的论述,抽象物就是恰当的智力思考。[2]事实上,在德霍斯的论著中,所谓的"抽象物"在根本上就是

---

[1] See Peter Drahos, *A Philosophy of Intellectual Property*, Australian National University (ANU) eText, 2016, p. 178. 也可参见 [澳] 彼得·德霍斯:《知识财产法哲学》,周林译,商务印书馆2017年版,第215页。

[2] See Peter Drahos, *A Philosophy of Intellectual Property*, Australian National University (ANU) eText, 2016, p. 178. 也可参见 [澳] 彼得·德霍斯:《知识财产法哲学》,周林译,商务印书馆2017年版,第215页。

智力劳动所产生的结果,即智力劳动成果,它是客观存在的而非虚构的,是实在的,也不等同于智力思考本身。在笔者看来,这倒不是德霍斯不想逃开这一"魔咒",他费尽全力创设"抽象物"这一概念,就是想构建他的理论体系,至少他想构建一种新的思想方法和法学思维模式。但是,把实在的事物虚构化,就使他失去了建立正确理论的根基,因为实在的事物只能从它的实在性出发。否认事物的实在性而进行虚构、不以事物的实在性为基础而进行虚构,最终也逃不出实在性的手掌心。

(4) 逻辑上存在的问题

逻辑上的问题具体表现为德霍斯对"抽象物"概念论述中的逻辑错误和因"抽象物"概念而造成的逻辑问题。

第一,德霍斯对其"抽象物"概念论述中的逻辑错误。

根据德霍斯的论述,抽象物就是恰当的智力思考。[1]但实际上,在德霍斯的论著中,所谓的"抽象物"却又指智力劳动所产生的结果,即智力劳动成果,所以它本身应当是客观存在的而非虚构的,也不等同于智力思考本身。正如上文所分析的,将客观的事物主观化的后果之一就是造成概念间的混乱,就不会符合逻辑。德霍斯将智力劳动成果论述为智力思考就是一个例证,显然这两个概念是有区别的,也是不能互相替代的。

德霍斯在其论著中论述道,尽管差异非常明显,但各种知识财产权都拥有着共同的特征,即它们都是有关抽象物的权利。[2]事实上,德霍斯所论述的仍然是无形财产权利这一

---

[1] See Peter Drahos, *A Philosophy of Intellectual Property*, Australian National University (ANU) eText, 2016, p. 178. 也可参见 [澳] 彼得·德霍斯:《知识财产法哲学》,周林译,商务印书馆2017年版,第215页。

[2] See Peter Drahos, *A Philosophy of Intellectual Property*, Australian National University (ANU) eText, 2016, p. 9. 也可参见 [澳] 彼得·德霍斯:《知识财产法哲学》,周林译,商务印书馆2017年版,第20页。

问题,而无形财产权利是建立在智力劳动成果这一实在之物之上而非虚幻的"抽象物"之上的。因此,经过这一"抽象"就凭空产生出了一个不存在之物,显然这在逻辑上是推导不出来的。

德霍斯在其论著中,时而认为抽象物是虚构的、是不存在的[1],时而认为抽象物是固有的独立存在物[2]。这是"抽象物"这一概念逻辑关系混乱的表现。

在其论著《知识财产法哲学》的第七章中,德霍斯认为抽象物本身就是资本产品,可以在交易市场中买卖,抽象物是资本的一种形式,不仅对生产资料而且对生产也行使控制权。[3] 在第八章中,德霍斯论述了抽象物是一种商品。但是,无论是商品还是资本,它都应当是一种实在的东西,最起码是一种存在的东西。"抽象物"的不存在性、无法确定性、虚构性和主观性使其无法实在化、具体化、客观化。因此,将"抽象物"论述为商品或是资本,在逻辑上是存在问题的。假如真要如此论述,事实的真相是什么?这正如我们前文所论述的,德霍斯也无法逃出客观实在性事物的手掌心,不能破除实在性事物的"魔咒",因此德霍斯必定向客观存在的事物回归。事实上,德霍斯也是这样做的,他所论述的"抽象物"是商品、是资本,

---

[1] See Peter Drahos, *A Philosophy of Intellectual Property*, Australian National University (ANU) eText, 2016, p. 6. 也可参见 [澳] 彼得·德霍斯:《知识财产法哲学》,周林译,商务印书馆2017年版,第18页。

[2] See Peter Drahos, *A Philosophy of Intellectual Property*, Australian National University (ANU) eText, 2016, p. 178. 也可参见 [澳] 彼得·德霍斯:《知识财产法哲学》,周林译,商务印书馆2017年版,第215页。

[3] See Peter Drahos, *A Philosophy of Intellectual Property*, Australian National University (ANU) eText, 2016, p. 185. 也可参见 [澳] 彼得·德霍斯:《知识财产法哲学》,周林译,商务印书馆2017年版,第222—223页。

无非还是将创新性的智力劳动成果商品化和资本化。[1]但是这一虚构化、主观化、抽象过度化而形成的"抽象物",逻辑上就存在问题了。

德霍斯认为,"抽象物"是一个可能的存在,对它进行定义是十分困难的,以至于通常只能用它表示出来的特征如无形、不占有空间和时间、不是因果变化的动因来表现,因此经常是用一些实例(比如处于某状态的财产、关系及结构)和消极财产的列表来定义。[2]在笔者看来,"抽象物"之所以不能被定义就在于它本身是不存在的,是被虚构的。对于一个存在之物,我们可以定义它,最起码能够去认识和了解它,但是对于一个不存在之物,着实不能去定义它。这倒不是说德霍斯不想去定义它,而是它根本就不能被定义。这就正如"上帝"等概念,它不能被定义的原因在于它根本不能被定义,也即根本不存在去定义一说。

德霍斯又引用了菲尔德在《没有数的科学》一文中所说过的话来证明抽象物的抽象性:像数字、功能和数学中的集这种所谓的实在物都是抽象的——就是说,如果它们是存在的,它们就是抽象的。[3]在笔者看来,"抽象物"之所以抽象,并不

---

[1] 正如马俊驹教授和梅夏英教授指出的:当现代市场经济动态交易中的价值形态与实物形态并存,且以前者为主时,价值形态的财产或无形财产便成为权利客体……传统物权通常不能反映以价值形式存在而又非属债权的利益,从而无形中留下了一片真空。参见马俊驹、梅夏英:《财产权制度的历史评析和现实思考》,载《中国社会科学》1999年第1期,第101页。

[2] See Peter Drahos, *A Philosophy of Intellectual Property*, Australian National University (ANU) eText, 2016, p. 178. 也可参见 [澳] 彼得·德霍斯:《知识财产法哲学》,周林译,商务印书馆2017年版,第215页。

[3] See Peter Drahos, *A Philosophy of Intellectual Property*, Australian National University (ANU) eText, 2016, p. 178. 也可参见 [澳] 彼得·德霍斯:《知识财产法哲学》,周林译,商务印书馆2017年版,第216页。

是因其他的原因，而是因德霍斯在主观思想中把具体的事物抽象化了。这些事物本身本来真实而客观地存在，它们之所以"抽象"是因为把它们想象得抽象了，而它们本身无所谓抽象不抽象。比如数字，它是具体事物的指代，当说某个数字时，我们应当意识到的是它到底指代什么，否则，仅一个数字并不能对应到实际指代物，必须与它的单位结合起来才有意义。比如5，"5"并没有什么意义，必须与单位结合起来，如5个人、5头牛等，这个数字才有意义。其实数字5并不抽象，因为单纯的5并没有什么意义，无所谓抽象不抽象。加上单位之后，比如"5个人"，也不抽象，因为它就指那5个人。所谓的"抽象物"从根本上说也并不是抽象的，只不过是德霍斯人为地主观地把它抽象化了。因为一旦为"物"，它就不抽象，它可以无形，甚至我们也可能看不见它，如空气，但它的确是客观存在的。德霍斯所谓的"抽象物"，是因为这个"物"并不存在，所以它就"抽象"了。

德霍斯指出，否认抽象物的存在将导致某种形式的唯名主义，如果没有抽象物，将不能去描述诸如数学真理这样的事实，而唯实主义则承认抽象物的存在。[1]其实，这里并不涉及唯名主义或唯实主义，也不涉及唯名主义与唯实主义之争。笔者并不否认对不同的事物进行抽象从而得到它们的共性，这些共性就是它们的相同性质。但是这些性质并非"抽象物"，这些共性不是虚构的事物而是实在的事物，因此，得出事物共性的过程并不否认需要抽象和概括这些活动，但所得事物本身并不是"抽象物"，因为"抽象物"是虚构的，而所得之物是该类事物所客观共有的。因此，德霍斯混淆了"抽象这一行为及活动的

---

[1] See Peter Drahos, *A Philosophy of Intellectual Property*, Australian National University (ANU) eText, 2016, p.178. 也可参见［澳］彼得·德霍斯：《知识财产法哲学》，周林译，商务印书馆2017年版，第216页。

过程"与所得之共性的客观性，认为"共性"就是"抽象物"，从而错误地认为"抽象物"构成了同一性判断的基础[1]。这也是一个逻辑性的问题。

德霍斯认为，知识财产是受规则制约的特许权，这些特许权规范着在人类许多活动领域内对抽象物的拥有和使用。[2]这说明，德霍斯也认同这种"物"是存在的，否则人们就无法"拥有和使用"。因此，德霍斯本身在逻辑上就存在矛盾，因为对一个虚构的东西的"使用和拥有"是做不到的。

在德霍斯的论著中，他时而把抽象物等同于权利，时而又认为抽象物是智慧劳动成果。他在《知识财产法哲学》第七章论述"抽象物"的权力时曾经论述道："抽象物，例如商标，引导这种印象的形成……"[3]这是把"抽象物"等同于智力劳动成果的例证。他还论述道："每一次法律设定新的抽象物，例如，扩大可授予专利权主体的范围，或者通过立法确认抽象物的新形式，如植物新品种权……"这是把"抽象物"混同于权利的例证。他又论述道，"抽象物还以其本身的特性成为资本实体，并可以作为资本被使用和买卖"[4]，这是把"抽象物"论

---

[1] See Peter Drahos, *A Philosophy of Intellectual Property*, Australian National University (ANU) eText, 2016, p. 180. 也可参见［澳］彼得·德霍斯：《知识财产法哲学》，周林译，商务印书馆2017年版，第219页。

[2] See Peter Drahos, *A Philosophy of Intellectual Property*, Australian National University (ANU) eText, 2016, p. 7. 也可参见［澳］彼得·德霍斯：《知识财产法哲学》，周林译，商务印书馆2017年版，第18页。

[3] See Peter Drahos, *A Philosophy of Intellectual Property*, Australian National University (ANU) eText, 2016, p. 188. 也可参见［澳］彼得·德霍斯：《知识财产法哲学》，周林译，商务印书馆2017年版，第223页。

[4] See Peter Drahos, *A Philosophy of Intellectual Property*, Australian National University (ANU) eText, 2016, p. 186. 也可参见［澳］彼得·德霍斯：《知识财产法哲学》，周林译，商务印书馆2017年版，第223页。

述为实体的例证。德霍斯还把"抽象物"论述为知识财产关系的客体。[1]所以在德霍斯的论述中,"抽象物"确实是一个含义模糊的概念。这样的论述显然在逻辑上是存在问题的,我们不能把"抽象物"当作一个无所不能、无所不包的概念,因为知识产权保护有一定范围。[2]

第二,因"抽象物"概念而引发的逻辑问题。

按照有无形状这一标准,物可以分为有形物和无形物。"抽象物"这一概念在逻辑上应当归于何处,这着实是一个问题。因为无论有形物还是无形物,它都是实实在在存在之物,"抽象物"却是虚构的,是不存在之物。我们显然不能把物分为存在之物和不存在之物,如果这样划分,逻辑上会存在问题。因为一旦是物,它就是存在的,这是物的应有之义,无论它是有形的还是无形的。但是经过虚构的所谓"抽象物"怎能称为物?所以"抽象物"不是"物",也就不可能在"物"当中进行归类。但是在德霍斯的论著中,他时常用智力劳动成果来替代他所创建的"抽象物",换句话说,他在用无形物来替代"抽象物",这在逻辑上就不成立了。如果按照德霍斯的理论进行分类,将物以有形和无形的标准来划分,就分成了有形物、无形物、抽象物。这就如同把人分为男人、女人、虚构人。这在逻辑上当然是不成立的。因为虚构人无法归入男人或女人,"抽象物"也无法归入有形物或无形物。只有"虚构人"事实上是一个真实的人时,它才能够归入男人或者女人之列。同样,只有

---

[1] See Peter Drahos, *A Philosophy of Intellectual Property*, Australian National University (ANU) eText, 2016, p.183. 也可参见[澳]彼得·德霍斯:《知识财产法哲学》,周林译,商务印书馆2017年版,第220页。

[2] 冯晓青:《马克思理论与知识产权——研读〈知识产权哲学〉之体会》,载《电子知识产权》2003年第12期,第57页。

所谓的"抽象物"事实上是一个实在之物时，它才能归入有形物或者无形物之中。德霍斯在其论著中用无形物或者智力劳动成果来代替"抽象物"并不是赋予了一个虚构物以实体意义，而是无形物或者智力劳动成果本身就是实在的。我们不能把实在的东西虚构化，更没有能力将虚构的东西实体化。这说明，"抽象物"这一概念不但在逻辑上存在问题，而且在逻辑上对它进行虚构也并无实质性的意义，还引起了概念的混乱。

5. 对"抽象物"作用之商榷

第一，德霍斯认为，"抽象物"这一概念作为一种方便叙述的法律拟制，可以用来确定行为者之间的关系。[1]事实上，行为者之间关系的确定并不是因为有了"抽象物"。我们知道，知识产权是一种权利，这种权利是设立在智力劳动成果之上的，调整的就是人与人之间的关系，这当然涉及人与人之间的行为。一旦权利形成了，它就可以对人与人之间关系进行调整，此时与所谓的"抽象物"根本没有关系，因为人与人之间的行为及关系根本就不是"抽象物"所确定的。

第二，德霍斯认为，尽管"抽象物"是虚构的，但它非常有用，社会需要承认它的存在。[2]它的有用性在于，在法律的范围内，它构成了同一性判断的基础，[3]也是为了同一性而建

---

[1] See Peter Drahos, *A Philosophy of Intellectual Property*, Australian National University (ANU) eText, 2016, p. 180. 也可参见［澳］彼得·德霍斯：《知识财产法哲学》，周林译，商务印书馆 2017 年版，第 218 页。

[2] 吴汉东：《法哲学家对知识产权法的哲学解读》，载《法商研究》2003 年第 5 期，第 81 页。

[3] 同一性是判断知识产权侵权是否成立的一个准则，有助于正确判定侵权的对比对象。参见张泽吾：《等同原则的法哲学思考——基于抽象物的分析进路》，载《电子知识产权》2004 年第 2 期，第 11—12 页。

立的。[1]而这种判断将最终决定谁能拥有关键的资本资源，这些判断本身是实用主义的，是依惯例作出的。[2]笔者认为这种论述也是不正确的，因为在知识财产领域，或在知识产权领域，智慧劳动成果已经被分为专利、著作、商标等，其间的同一性已经非常清楚，而发明创造、作品、商标等的创新性和由谁进行了这样的创新也是客观而清楚的，没有也不必再通过一个虚构的"抽象物"来进行同一性判断，这是把因果关系弄颠倒了。而专利权、著作权、商标权等知识产权也是法律为这些智慧劳动成果构建的规则，与所谓的"抽象物"更是没有关系。而且，这些同一性的判断本身就是对智慧劳动成果的判断，确实也应当是实用主义的，但这种实用主义的取舍也不在于所谓的"抽象物"。至于惯例，它有一个发展的历史过程，之所以能形成被我们称为知识财产或者知识产权的东西，也与虚构的所谓的"抽象物"无关。

第三，德霍斯认为，"抽象物"可以在相关法律判断中起到相应的作用，特别是在知识产权财产权侵权案件中，[3]因此，该"抽象物"是具体有形物的核心结构，是评价物体"相同"的标准，是司法者在决定不同的有形物是否相同、相似的过程中所使用的核心结构。[4]德霍斯在此混淆了对于不同的事物进

---

[1] 参见付继存：《著作权绝对主义之反思》，载《河北法学》2017年第7期，第47页。

[2] See Peter Drahos, *A Philosophy of Intellectual Property*, Australian National University（ANU）eText, 2016, p. 180. 也可参见［澳］彼得·德霍斯：《知识财产法哲学》，周林译，商务印书馆2017年版，第218页。

[3] See Peter Drahos, *A Philosophy of Intellectual Property*, Australian National University（ANU）eText, 2016, p. 183. 也可参见［澳］彼得·德霍斯：《知识财产法哲学》，周林译，商务印书馆2017年版，第219页。

[4] See Peter Drahos, *A Philosophy of Intellectual Property*, Australian National University（ANU）eText, 2016, p. 181. 也可参见［澳］彼得·德霍斯：《知识财产法哲学》，周林译，商务印书馆2017年版，第219页。

行"抽象这一行为及活动的过程"与所得结果之共性的客观性，认为"共性"就是"抽象物"，从而错误地认为"抽象物"构成了同一性判断的基础。因为，对于不同的事物可以经过抽象而得到它们的共性，这些共性就是它们的相同性质。但是这些性质并非"抽象物"，不是虚构的东西而是实在的东西，因此，得出事物共性的过程并不否认需要抽象和概括这些活动，但所得之事物本身并不是"抽象物"。因为，"抽象物"是虚构的，而所得之物是不同的事物所客观共有的。所以，法官在进行知识产权案件审判时，进行抽象和概括而获得事物共性的过程并不是创立"抽象物"的过程，更不是在创立了"抽象物"之后再根据该"抽象物"来判断是否存在侵权行为的过程。因此，所谓的"抽象物"就是被硬生生造出来的。法官并不会先提炼一个"抽象物"再根据它来判案，而是有一个抽象和概括的活动和过程，目的是直接对比两件事物以判断其是否存在相同性。假如存在共性，它也是客观实在的，并不是"抽象物"。所以，智力劳动成果之"物"是否构成了相似或者"方法专利中的方法"是否构成了相似，根本不是在"抽象物"的基础上进行的。比如发明专利，如果存在侵权行为，对比的是侵权行为与专利技术权利要求的异同，这个过程中是不存在"抽象物"的。再比如计算机软件的侵权问题，对它的同一性的判断尽管有些复杂，但也是与"抽象物"无关的。对于计算机软件，可以用不同的方式对它进行保护，如果用著作权进行保护，保护的就是它的表达而不是它的思想；如果用专利权进行保护，保护的就是它的方法和功能。但这是一个保护类型上的取舍问题，与"抽象物"无关。通过著作权保护时，如果侵权行为也产生了相同或者大致相同的表达，那可以判断为侵权；通过专利权保护时，如果侵权行为产生了与已获专

第二章 知识财产本质问题

利相同的方法和功能，也可以判断为侵权。但无论如何，它的表达或者它的方法与功能，是在权利成就时就已经客观存在的，是实实在在的，而不是虚构的抽象物。

经过上文这样的分析之后，我们得出结论，同一性的判断尽管是知识财产侵权争议的核心问题，但是这个过程并没有"抽象物"的存在。

第四，在德霍斯看来，"抽象物"概念一旦产生，就需要获得法律的承认，而在这种承认之下，[1] 它为控制实物提供了方便[2]。这听起来很有道理。但是，一个事实是，所谓的"抽象物"只不过是德霍斯头脑中的一种假象物，它本身是不存在的，存在的只是智力劳动的成果。人们所控制的只不过是智力劳动成果这种无形物，通过对智力劳动成果的控制就可直接对其产生的实物——也即德霍斯所说的有形之物进行控制，不需要中间再多出一个所谓的"抽象物"。而这种实际存在的、虽然是无形的智力劳动成果如果非要用"抽象物"这一名词来替代，它指的也仍然是智力劳动成果这一实在之物。因此"抽象物"这一概念除了增加理解上的困难别无他用，它所指代的无非还是原来的那种无形物。

第五，德霍斯认为，知识财产是受规则制约的特许权，这些特许权规范着人类在许多活动领域内对抽象物的拥有和使用。[3]

---

[1] See Peter Drahos, *A Philosophy of Intellectual Property*, Australian National University (ANU) eText, 2016, p. 28. 也可参见［澳］彼得·德霍斯：《知识财产法哲学》，周林译，商务印书馆2017年版，第41页。

[2] See Peter Drahos, *A Philosophy of Intellectual Property*, Australian National University (ANU) eText, 2016, p. 28. 也可参见［澳］彼得·德霍斯：《知识财产法哲学》，周林译，商务印书馆2017年版，第41页。

[3] See Peter Drahos, *A Philosophy of Intellectual Property*, Australian National University (ANU) eText, 2016, p. 7. 也可参见［澳］彼得·德霍斯：《知识财产法哲学》，周林译，商务印书馆2017年版，第32页。

这说明，德霍斯也认同这种"物"应当是存在的，否则人们怎能"拥有和使用"？因此，德霍斯本身在逻辑上是存在矛盾的，因为对一个并不存在的虚构的事物的"使用和拥有"是没有意义的，除非承认这个"物"的物质性。而一旦承认它的物质性，它也就不再是"抽象物"了。

第六，德霍斯在《知识财产法哲学》的第七章中指出，抽象物是一种重要的资本，现代经济体制下权力的基础在于对抽象物的控制。[1]但正如德霍斯所说，"抽象物恰恰是不存在的"，[2]如果抽象物是不存在的，德霍斯的上述观点就是不正确的。对于抽象物究竟是不是一种商品或者一种资本，上文对此进行过分析，并指出，将所谓的"抽象物"视为商品和资本，不但逻辑上存在问题，而且最终必然向实在之物即智力劳动成果回归，因为一旦赋予抽象物客观化、具体化、实在化的意义，"抽象物"就不再是抽象物了。当然，这本身也并不是赋予"抽象物"以客观化、具体化、实在化的意义，而是智力劳动成果本身就是客观化、具体化、实在化的，只不过德霍斯给它起了一个新的名字——"抽象物"而已。

第七，在德霍斯看来，知识产权中许多真实的权力和权利都是建立在抽象物之上的[3]。这也是一个不正确的论断，最起

---

[1] See Peter Drahos, *A Philosophy of Intellectual Property*, Australian National University (ANU) eText, 2016, p. 17. 也可参见［澳］彼得·德霍斯：《知识财产法哲学》，周林译，商务印书馆2017年版，第32页。

[2] See Peter Drahos, *A Philosophy of Intellectual Property*, Australian National University (ANU) eText, 2016, p. 6. 也可参见［澳］彼得·德霍斯：《知识财产法哲学》，周林译，商务印书馆2017年版，第18页。

[3] See Peter Drahos, *A Philosophy of Intellectual Property*, Australian National University (ANU) eText, 2016, p. 178. 也可参见［澳］彼得·德霍斯：《知识财产法哲学》，周林译，商务印书馆2017年版，第215页。

码是一个不符合事实的论断。因为德霍斯也承认,抽象物是假设存在的,是一种法律上的虚构。在知识财产的范围内使用抽象物一词,并不意味着实体上承认这种抽象物的存在,[1]"抽象物是虚构的存在物"。[2]而正如德霍斯所说,"抽象物"恰恰是不存在的[3]。在笔者看来,不但它本身不存在,而且它也应当是不存在的。另外,基于上述理由,"知识财产法中的抽象物是以一种方便叙述的法律拟制形式"出现的,[4]这种论断也是牵强的。事实上,法律并没有拟制这种抽象"物"。法律之所以没有拟制这种"物",一方面是法律不需要拟制这种抽象"物",另一方面是在德霍斯的语境里(德霍斯也不得不在这种语境里,对此上文已有分析)所谓的"抽象物"就是智力劳动成果,而智力劳动成果本身就是真实存在的,并不需要在法律上重新拟制它。因此,如果抽象物是不存在的,那么对抽象物的假设就是没有必要的,法律对其进行虚构也是没有必要的,故德霍斯所建立的一整套"抽象物"理论也将坍塌。

本章小结

"抽象物"概念因其脱离了实在之物的客观性、具体性和实

---

[1] See Peter Drahos, *A Philosophy of Intellectual Property*, Australian National University (ANU) eText, 2016, p. 180. 也可参见 [澳] 彼得·德霍斯:《知识财产法哲学》,周林译,商务印书馆2017年版,第217页。

[2] See Peter Drahos, *A Philosophy of Intellectual Property*, Australian National University (ANU) eText, 2016, p. 181. 也可参见 [澳] 彼得·德霍斯:《知识财产法哲学》,周林译,商务印书馆2017年版,第218页。

[3] See Peter Drahos, *A Philosophy of Intellectual Property*, Australian National University (ANU) eText, 2016, p. 6. 也可参见 [澳] 彼得·德霍斯:《知识财产法哲学》,周林译,商务印书馆2017年版,第18页。

[4] See Peter Drahos, *A Philosophy of Intellectual Property*, Australian National University (ANU) eText, 2016, p. 6. 也可参见 [澳] 彼得·德霍斯:《知识财产法哲学》,周林译,商务印书馆2017年版,第18页。

在性而仅仅具有主观性、抽象性和虚构性,使得它无论在逻辑上还是在事实上都是不存在的,也是不可能存在的,在法律上对它进行所谓的拟制也就失去了基础,对"抽象物"所预设的作用和效果也就脱离了实际。"抽象物"还造成了概念上的矛盾和混乱。尽管德霍斯想构建一种对于知识财产的新的认知和知识产权的新的思维方法,但他使人们对知识财产和知识产权的认识陷入了更加模糊的境地。这体现在,第一,一方面德霍斯引入"抽象物"概念,并对它进行虚构以独立于财产法上的其他任何概念,使它成为构建权利的基础和具体有形物的核心结构,但另一方面在使用上又不得不将其等同于智力劳动成果这样的实在之物,造成了逻辑上的混乱。第二,德霍斯将对事物进行抽象概括以得出事物共性的过程和行为等同于"抽象物",将过程和结果混淆。第三,德霍斯还将对事物抽象概括所得之共性等同于"抽象物",将实在之物等同于虚拟之物,凭空创造了"抽象物"。但事实上这是不可能的,所以其不得不返回客观、具体、实在之物的范畴。德霍斯一方面认为"抽象物"是实际存在的,另一方面又认为它是不存在的,这着实难以理解。

塑造财产法体系是一个在理论上和技术上都相当复杂的问题,[1]但对知识财产和知识产权的哲学探索不是建立在空想主义上的,它是建立在客观实在性基础之上的。任何脱离了实在之物而虚构"抽象物"的努力到头来必然返回对实在之物探讨的道路上。这就是为什么德霍斯虽然创立了"抽象物"这一概念,但它的所指和含义以及德霍斯在使用这一概念时从来没有逃脱智力劳动成果,不得不用实在之物即智力劳动成果来代替

---

[1] 马俊驹、梅夏英:《财产权制度的历史评析和现实思考》,载《中国社会科学》1999年第1期,第102页。

"抽象物"。

最后,笔者对"抽象物"这一概念进行商榷并不是形式上的。它的意义在于,第一,可以对知识财产和知识产权有进一步的认识,以找出它们的规律性;第二,可以对相关概念作进一步的澄清;第三,可以为研究知识产权的本质扫清障碍;第四,也可为构建知识产权这一权利找出规律和奠定基础;第五,我国知识产权的研究应当走向国际化,指出国际已有文章的问题不仅能够正本清源,还能够为提升我国知识产权在国际上的话语权贡献力量。

第三章
民法体系下知识产权客体问题

分析知识产权客体理论，首先需要对知识产权进行再认识。权利的概念既是哲学的也是历史的，知识产权的正当性和知识产权的形成史说明了知识产权的前世今生，知识产权的存在不仅是历史的，而且是现实的，是经济、社会发展的产物，知识产权的存在具有合理性。

但是，要研究知识产权客体问题，就要研究知识产权存在的根本即其依据是什么，这是一个对知识产权本质问题的回答，即知识产权是什么、知识产权怎样才能是其所是。这涉及知识产权的本质论。知识产权的本质论又涉及对三个问题的回答：知识产权本质论要研究什么问题、知识产权与财产和无形财产的关系、知识产权的本质是什么。

知识产权本质理论的研究起点为知识产权的"存在"，是一个关于知识产权"是"什么的问题。传统上对知识产权的研究认为，知识产权的本质在于其智力性或无形性，知识产权的本质是私权但也有公权属性，还没有上升到哲学层面进行考察。对知识产权本质的回答，需要研究知识产权"存在的存在"这一更深层次的本体问题。财产的本质是权利，构成知识产权客体的智力劳动成果属于"物"，是构成权利客体的"物"的一种。知识产权的本质就是在智力劳动成果这个"物"上设定和构建规则。

一、知识产权客体问题研究起点

知识产权客体理论要研究什么问题本身就是一个问题,还得从哲学上的"存在"和"本质"说起。

对存在这一问题来说,所有的存在,无论它是以何种方式来呈现的,只要它存在,那么它便必然都要有着自己的"质"的存在。[1]存在是可能以不同的方式或者形式存在的,其质也就是不同的。虽然研究存在就得研究现象与本质,但是质是存在的规定性,质本身也是存在自身。因此,质本身就是一种存在。虽然质本身是一种存在,但这个质总应当有一个存在的东西以支撑它的存在,否则,质也就不会存在。同时,凡是存在的都应当是有范围的,有一个自己最初存在的本原,有一个自己存在的原因。本原就是它最初、最底部的存在。因此,探讨知识产权本质这一问题就是一个形而上学[2]问题,也是一个本体论[3]问题。本体论关注的是存在这一问题而不是意识这

---

[1] 参见信一忱:《存在论》,黑龙江人民出版社2003年版,第2页。

[2] "形而上学"这一概念有两种含义:一是在近似于"哲学"或"世界观"的意义上使用的;二是在与"辩证法"相对立的意义上使用的,指的是一种以否认矛盾的观点对待世界的理论思维形式。从通常意义上来说,形而上学是对存在的本质、基础及其结构问题的哲学探索。本书正是在这一意义上使用"形而上学"这一词的。"形而上学"两种含义的首先使用者为德国哲学家黑格尔,他区分了以往的"形而上学"理论与他的理论,指出以往的"形而上学"总是把形而上学所寻找的"本体"当作某种永恒不变的东西,而他的理论是一种具有辩证思维的理论,他把形而上学作为一种与辩证法相对立的思维方式。参见魏志明、胡敏、韦克难主编:《哲学引论》,四川人民出版社2005年版,第22页。

[3] 学界对"本体论"这一概念的定义、所指代的含义以及外延还有不同的看法,本书中的"本体论"是在探究事物的本原、本质这一意义上使用的。参见俞宣孟:《本体论研究》(第三版),上海人民出版社2012年版,第2—23页。

一问题，它是一种立足于存在之上的哲学。但本体论所研究的问题远深于存在，它还研究存在的存在，即存在的质的规定性。

因此，知识产权本质这个问题就应当上升到法哲学乃至哲学的高度去研究。正如阿图尔·考夫曼所说，"我将去探求为何存在者存在，这就是本体论要探讨的问题"。[1]秩序和建构的本身可以体现在它的存在当中，但秩序和建构本身意味着事物的本质内容，因为这种"自然秩序"就在那里。[2]知识产权的权利构建，也应当研究问题的本质。因此，接下来就必须回答知识产权本质这一问题。

本质是由"本"和"质"组成的，"本"指的是事物的根本，"质"指的是事物的性质，它们的组合就是事物的根本性质。一个事物的性质可能是多方面的，但总有一种东西规定着它的质。虽然从广义上说事物的性质也是事物的特性，但在这里还是应当区别事物的性质与事物的特性。人们经常说事物有多方面的性质，这实际上说的是事物的特性，而不特指事物的性质。特性可以表现出事物的特点，但不一定是事物的根本属性。虽然事物本身是性质的集合，但性质有根本性质与非根本性质之分。事物的根本属性是内在的，而特性可以表现在外在方面。根本属性是该事物所具有而其他事物所没有的东西，是该事物之所以是该事物的最根本的东西。属性是在任何条件下都具有的性质，而特性是事物在一定条件下才具有的性质。比如，任何一个实物都具有质量，它不以其他条件为依据，不受

---

[1] [德] 阿图尔·考夫曼、温弗里德·哈斯默尔主编：《当代法哲学和法律理论导论》，郑永流译，法律出版社2013年版，第14—15页。

[2] 参见[德] 阿图尔·考夫曼、温弗里德·哈斯默尔主编：《当代法哲学和法律理论导论》，郑永流译，法律出版社2013年版，第14页。

第三章　民法体系下知识产权客体问题

温度、高低、形状、状态等影响。惯性也是物体的属性，它也不随其他条件改变。而沸点是液体的特性，它随着液体表面的气压而变化。特性可以用来区别不同的事物，可以是事物特有的性质，但它是事物表现出来的一种性质；而根本属性，没有它则事物根本不会存在。

从以上的分析可以看出，本质是事物的性质，而且是事物最基础、最核心的性质，它事关事物的产生、起源和根据，是事物存在的存在。本质是从属于事物的，任何事物都有其本质。如果事物是存在的，事物的本质就是必然的，即本质具有必然性。一个事物可能不仅仅只具有一个本质，也可能具有多个本质，即本质具有多样性，这就要看是从什么角度和什么层面来研究本质这一问题了。本质还具有同一性，只要是同一事物，从同一个角度来研究本质，它就应当是同一的，否则就会变成不同的事物。当然，不同的对象也可能有同一个性质，这与相同对象应当具有同一个性质并不矛盾。这里还应当对事物的本质与事物的共性进行区分。当研究事物的"根本性质"这一根本的问题时，它就成了哲学研究的对象，属于哲学研究的范畴；当不从根本的角度去研究事物时或在另外的意义上研究所谓的本质时，这时的本质其实是一种共性。比如苹果有形状，它是苹果的一种共性，而不是苹果的本质。再比如爬行动物，会爬行显然不是爬行动物的本质。会爬行只是对这类动物作了一个生物上的归类，显然不是哲学意义上的，因此会爬行只是这类动物的共性而不是它们的本质。

"本质"是一个哲学问题。要探求本质就应当明白哲学的基本问题。哲学的基本问题可以归结为，它是关于"是"的问题。[1]哲学基本问题都是从"是"这一基本问题展开的。在西方哲学中,它是一个关于"Being"的问题。对于 Being 的翻译,在我国基本上有三种译法,即"有""在""是",也有人将其翻译为"实体""本质""本体"等。[2]总体来看,可以将"有""存在""本质""实体""本体"等这些含义看成从系词"是"中派生出来的,[3]因此,归根结底,这是一个关于"是"的问题。本体论(ontology)是以 on（on 为希腊文,相当于英语的 being）为研究对象的,是一门关于"是"和一切"是者"的学问,其实应当称为"是论"[4]。西方意义的哲学(philosophy)开始于 Being 的思考[5]。"Being"有三个方面的意思,第一个是作为系动词用,如 X 是 P,是把两个概念联系起来的中介。第二个是作为名词用,如是者,这时指的就是"存在",也即"存在的东西"。第三个是作为存在动词用,"Being"就是"是起来",即把两个概念联系起来构成一个判断,"是"在里面起到动词的作用。一个东西要"是起来"它才是"是",如果不"是起来"它就不是"是",所以有能动性在里面。[6]这也好理解,因为中文的"存在"一词里,"存"是和时间相联系的,而"在"是和空间相联系的,时空的演变本身就是一个

---

[1] 我国已有很多学者对"是"的问题进行了研究。参见王路:《"是"的逻辑研究》,载《哲学研究》1992 年第 3 期;陈波:《"是"的逻辑哲学分析》,载《中国社会科学》1993 年第 1 期;汪子嵩、王太庆:《关于"存在"和"是"》,载《复旦学报(社会科学版)》2000 年第 1 期;萧诗美:《是的哲学研究》,武汉大学出版社 2003 年版;等等。

[2] 参见萧诗美:《是的哲学研究》,武汉大学出版社 2003 年版,第 6 页。

[3] 参见萧诗美:《是的哲学研究》,武汉大学出版社 2003 年版,第 62 页。

[4] 参见俞宣孟:《本体论研究》(第三版),上海人民出版社 2012 年版,第 12 页。

[5] 参见萧诗美:《是的哲学研究》,武汉大学出版社 2003 年版,第 2 页。

[6] 邓晓芒:《邓晓芒讲黑格尔》,北京大学出版社 2006 年版,第 17 页。

发展、能动的过程。在德文里面，与"Being/to be"相对应的是"Sein"，而拉丁文与之相对应的是"*ens/esse*"，哲学的故乡希腊与之相对应的是"*on/einai*"。所有西方哲学的原初含义都是从希腊哲学发展来的，因此，最根本的研究要从希腊文"*on/einai*"开始。当然，Being的这三个方面的含义在西方国家中有一个演变的过程，例如，把"X是"等同于"X存在"就是在希腊哲学拉丁化的过程中发生和完成的[1]。亚里士多德的哲学也有一个从希腊文到拉丁文再到德文的创造性的发展过程。按照这样的逻辑，"X存在"与"X是"是相当的，但"X是"并不完全等于"X存在"。因为此处"存在"是动词，而前一句中的"是"是动作动词，与"存在"含义相同，但后一句中的"是"可能是一个单纯的"系动词"，具体还要看"是"后面的宾语。

弄清了知识产权本质问题所涉及的几个基本概念之后，接下来的问题是，应当怎样分析事物的本质？[2]这里有一个逻辑的关系。存在与逻辑是紧密相连的。黑格尔的《逻辑学》的第一部分讲的就是存在论，可见存在与逻辑的关系之重要。而"是"是逻辑学的根基与起点。黑格尔就认为逻辑学只能以"是"为开端，从"存在"开始。[3]海德格尔也认为所谓的"存在"实际上是一个动作，是"存在起来"，或译成"在起来"。[4]一个事物放在那里仅仅是这个事物，它并没有与其他事物发生关系。而要与其他事物发生关系，就得有一种判断或者一个动作，这时逻辑就发挥作用了。而表明所发生关系的，就

---

[1] 参见萧诗美：《是的哲学研究》，武汉大学出版社2003年版，第71页。
[2] 参见文聘元：《对世界的基础性分析》，上海社会科学院出版社2010年版，第37页。
[3] 参见邓晓芒：《邓晓芒讲黑格尔》，北京大学出版社2006年版，第16页。
[4] 参见邓晓芒：《邓晓芒讲黑格尔》，北京大学出版社2006年版，第17页。

是这个"是"。例如,"苹果"就不是一个完整的陈述,也不是一个完整的判断,仅仅是一个概念,单独一个概念不对其进行陈述或者判断并没有什么意义。研究这个"苹果"要干什么?这个"苹果"是什么?它就得"是"起来。所以,单独一个概念没有意义,必须说它"是"什么,或至少应该说它"是"还是"不是",这样才有意义,才能符合语言规律,也符合现实。因此,概念必须与"是"连接起来。但是,只有一个概念是例外的,它就是"是"。它是一个动词,一个本源的行动,可以把它理解为一个命令:去"是"啊!它不符合语法,这恰好说明它不在语法中,而处在语法的开端,是发起一个句子的第一个概念。[1]亚里士多德曾经把"是"的意义和方式归纳为十个范畴,分别是:本体(某物是,所是,当前之是,希腊文 ousia)、数量、本质、关系、时间、地点、姿势、状态、主动(活动)、被动(遭受)。[2]亚里士多德的十个范畴,可以说都是表示事物"是什么"的,但是,居于首位的当然是 ousia 这一范畴。

当然,在研究存在和本质时,还应当看到中西方的差异性。"存在"在中文里也指"有"的意思,"存在什么"就是"有什么"。把西方的"存在什么"翻译成中文后当然也可以指"有什么"。但是,东西方在"存在"起源问题上是有差异的。在东方哲学里,是"无"中生"有"。在中国古代老庄哲学里,"有"是由"无"产生的,老子就认为"万物生于有,有生于无"。印度佛教哲学也是从"无"开始的。但是在西方哲学里,"无"是由"有"带出来的,是寄托在"有"上面的,所以它

---

[1] 参见邓晓芒:《邓晓芒讲黑格尔》,北京大学出版社2006年版,第19页。
[2] 参见[古希腊]亚里士多德:《范畴篇 解释篇》,方书春译,上海三联书店2011年版。

只能是第二个范畴，而不能是第一个范畴。[1]这似乎看起来很矛盾，但是从辩证的角度来看，它们事实上具有一致性。[2]

因此，可以这样陈述：X 是 P，即"……是什么"和"什么是……"，逻辑上也可表示为"X 有 P"，即"……有什么"和"什么有……"，还可以转化为"……存在"和"存在……"。

弄清了"是"是逻辑的开端和界限及其转化这个逻辑关系后，可以再来分析本质这一问题。

当询问某个事物的本质时，可以这样说：X 的本质是什么？但是这也有一个问题，那就是，这个"X"可以指一个个体，也可以指一个类，比如"人"，即可以指一个单纯的"个人"，也可以指"人类"。前文分析过，本质从不同的角度来看，可以有不同的答案。比如，人的本质是什么？答案可能有多种。人是会说话的动物，人是会制造东西的动物，人是有生命的都可以看成人的本质。但是，它们是从人是否会说话、是否会制造东西、有无生命的角度来看的。说到底，是要限定人的"类"。

---

〔1〕 参见邓晓芒：《邓晓芒讲黑格尔》，北京大学出版社2006年版，第20页。

〔2〕 西方哲学家所说的Being若以"有"来论是指涵盖一切东西但又不指任何具体东西的"纯有"（pure being）。这种"有"从它毫无规定和所指来说，也可以说它是"无"。但这种"无"不是"有"的阙如，而是"有本身"的一种规定。而这正是"是"的特点。从"是"出发更容易理解凡"是"所表述的，即"是者"，都是"有的"；括出表语"什么"以后的"是本身"，则是什么也不是的"无"。在西方人看来，或轻或重或大或小的东西并不享有那仅仅"是"（is）的东西所具有的"纯有"（pure being）。可是这种"纯有"即"是本身"从中国人的观点来看恰恰应该是"无"。西方人所说的"无"（nonbeing）在一个重要意义上（如巴门尼德那里）是指不能用同一性逻辑说出它是什么的东西，即处于运动流变中的感性杂多现象。这种"无"在中国人看来恰恰应该是"有"，而且正是"万有"。这意味着如果用中国哲学中的"有"来翻译西方哲学中的Being，刚好把意思搞反了：把西方观念的"无"说成了"有"，西方的"有"说成了"无"。参见萧诗美：《是的哲学研究》，武汉大学出版社2003年版，第69页。

因此，就应该确认从什么方面来问一个事物的本质，即要限定范围。这样，问一个事物的本质时，就过渡成了如下问法：X作为Y时的本质是什么？有时候，尽管Y不会明确地表示出来，但是它仍然有一种大家都知道的限定作用。相应地，对"X作为Y时的本质是什么"的回答就是"X作为Y时的本质是Z"。因此，"本质"就是"是什么"，也就是"是其为是"。

"是其为是"当然是在找一种根据。那么如何找这个根据呢？当然这里有一种辩证的关系。前文分析过，由"是"开始，可以转化为"有"与"无"的问题、"存在"与"非存在"的问题。"是其所是"就是一个"为什么有""为什么存在"的问题。按照辩证法，"有"是要转化为"无"的，"无"也是要转化为"有"的，这有一个转化的过程，"有"也是"无"，"无"也是"有"。当然"无"不是什么也没有，而是原来的事物不存在了，转化成了其他的事物，"无"也就成了"有"。这一转化，就是一个"质"变的过程，当然，这个过程是由"量"变开始的。反过来分析也是正确的。"变"就是或产生或消灭。然而，经过这一"变"，事物就不再抽象和不再无内容了，而是有了其进一步的规定，有了自己的所指和定在。"定在"在德文里是Dasein，海德格尔将其译作"此在"，在黑格尔的法哲学里指"确定的存在"[1]。这样，"变"就成为一个具体的概念，它有了"质"，可以进行定性分析。[2]而变多少、怎样变是一个度的问题。这就是质、量、变的辩证关系。度是一种规律，找到了事物的规律也就找到了事物的本质。

因此，本质论就是要找到事物的根据，要知道它如何存在、

---

[1] 邓晓芒：《邓晓芒讲黑格尔》，北京大学出版社2006年版，第21页。
[2] 参见邓晓芒：《邓晓芒讲黑格尔》，北京大学出版社2006年版，第22页。

何以存在、存在的前提是什么。

在黑格尔看来,这个根据就在存在里面,本质要到存在中去寻找。[1]但是,由存在向内才能找到它的本质,这时的存在就是一个"过去的存在",是存在的存在,也就是最原始状态。在德语里,"本质"这个词就是从"存在"的过去式中引申出来的。[2]因此"本质"就是存在的"过去式",是过去了的存在。要了解事物何以存在,它的本质是什么,就要了解它曾经是怎样存在的。只有找到事物曾经是如何存在的,才能找到事物的本质,才能"是其所是"。

应用上述哲学方法与辩证法能否揭示事物的本质还有待检验。因为如果方法是错误的,就得不到正确的结论。在反本质主义者当中,以存在主义为代表的为尼采(德国)、海德格尔(德国)、萨特(法国)等,以解构主义为代表的为福柯(法国)、德里达(法国)等,以新实用主义为代表的为罗蒂(美国)等,以家族相似主义为代表的哲学家为路德维希·维特根斯坦(Ludwig Wittgenstein,奥地利)。当然他们理论的立足点有所不同。

在反本质主义思潮中,维特根斯坦无疑起着重要的推动作用,他的哲学思想,特别是他的"家族相似理论"(尽管他本人反对理论构建,但这样称呼它是合适的),成为后现代反本质主义最直接、最丰富的思想源泉之一。维特根斯坦在《哲学研究》中试图通过揭示人类语言的本质来揭示人类的行为哲学。他指

---

[1] 参见邓晓芒:《邓晓芒讲黑格尔》,北京大学出版社2006年版,第26页。
[2] 在德语里,与中文"本质"相对应的就是Wesen(Wesen可以表示过去了的"存在"或过去了的"是",Sein的过去式),而与"存在"或"是"相对应的是Sein,Sein的过去式就是Gewesen(曾经是),Wesen是由Gewesen引申来的。参见[德]黑格尔:《小逻辑》,贺麟译,商务印书馆1980年版,第242—243页。

出人类的语言游戏是各式各样的,并在此基础上展开了论述。对于哲学家们所关注的世界的现象的本质,比如"什么是时间""什么是生命的意义"等问题,维特根斯坦认为,不应当提出诸如生命的意义是什么这样的问题并展开追问。一旦哲学家们提出这样的问题,就会被引诱以一种错误的态度和方式去揭示和研究它,而这事实上根本做不到,会进入一种让人失望的哲学混乱状态。维特根斯坦认为,当人们提出问题并探究事物的本源时会处于一种不知所措的状态(黑暗状态),所以不要以为自己已经掌握了一种好的科学方法从而能够解决任何问题(方法就在眼前)。[1]他还说过,人们不能对一个科学问题提出比如"时间是什么"这类的提问。[2]否则,就会导致当没有人问我们时我们知道它是什么,而当有人问我们时我们反而不知道它是什么,以至于我们像用手去修复一张已经破坏了的蜘蛛网[3]。因此,维特根斯坦认为社会所关注的不应当是解释或理论建构,而应当关注描述。对构建的阐明或模型的关注构成了人们前进的障碍,成了束缚人们手脚的东西,维特根斯坦想改变人们的思想风格或处理问题的方式。[4]维特根斯坦告诉世人,人们进行理解的企图是空洞无物的。因此,"哲学问题应当完全地消

---

[1] Ludwig Wittgenstein, *The Blue and Brown Books*, Basil Blackwell, 1958, p. 18. 转引自[英]M. 麦金:《维特根斯坦与〈哲学研究〉》,李国山译,广西师范大学出版社2007年版,第19页。

[2] 参见[奥]维特根斯坦:《哲学研究》,韩林合译,商务印书馆2013年版,第76—77页。

[3] 参见[奥]维特根斯坦:《哲学研究》,韩林合译,商务印书馆2013年版,第84页。

[4] [英]M. 麦金:《维特根斯坦与〈哲学研究〉》,李国山译,广西师范大学出版社2007年版,第26页。

失""不存在一种哲学的方法"。[1]维特根斯坦想告诉人们的是,应当逐步放弃人们视为当然的那一套方式方法,即讲理论的方式方法,因为人们的考察不可能是科学的考察,人们也不可能建立起任何形式的理论,而应当通过对人们早已了解的东西进行组织、编排而达到目的。[2]

维特根斯坦将这种将科学的方法和目标的观念相关联的讲理论的态度视为一种主要的障碍:当我们问诸如"什么是意义""什么是思想""我们对我们语言的理解在于什么"之类的问题时,它会妨碍人们获得所寻求的那种理解。

作为具体反本质的分析,维特根斯坦在《哲学研究》中讨论了他所提出的"家族相似"问题。[3]他是将语言其实就是一种游戏作为比喻并进行研究的。虽然事物有各种各样的相似性,但无论是总体上的还是细节上的相似都没有一个共同的特征,最多是事物之间具有重叠性而把它们粘合在一起。事物相似但无共性是他研究的结果,因此人们没有办法把事物整合成一个完美的东西,它们具有分散性。维特根斯坦认为事物之间不可能有本质的东西,因此他的理论是反本质的。

基于维特根斯坦的哲学思想和理论,有学者认为知识产权没有共同的本质,没有确实性的第一原理,只有"具体的用法"和"家族相似"。[4]

---

[1] 参见[奥]维特根斯坦:《哲学研究》,韩林合译,商务印书馆2013年版,第94页。
[2] 参见[奥]维特根斯坦:《哲学研究》,韩林合译,商务印书馆2013年版,第86页。
[3] 参见[奥]维特根斯坦:《哲学研究》,韩林合译,商务印书馆2013年版,第59页。
[4] 参见刘文献:《知识产权本质主义的哲学问题与出路——基于维特根斯坦后期哲学理论视角》,载《河北法学》2015年第7期,第156—169页。

对此，正当的回应和想法是，尽管不同的家族成员是不同的，但是毕竟他们是一个家族的，一个家族能找到一些相同的甚至根本相同的地方。人们认可事物之间的差异性、多元性和复杂性，但人们也应当承认经过概括和抽象甚至不经过概括和抽象，事物之间也存在根本的同一特性。这正如知识产权，各类知识产权不尽相同，有的甚至看似完全不相关和杂乱无章，但是，真正需要的就是要研究它的本质和特征，以使其体系化。同时，也需要承认，反本质主义也为科学研究提供了新的思路，也就是要重视事物之间的差异性和不同性。通过研究事物的差异性和不同性，更能准确把握事物的本质，以便对不同的事物不同对待。认真研究不同的知识产权之间的差异，要明白在构建时其内容就有所不同，而不是进行一刀切。

当明白了"本质"研究什么内容、应当怎样研究之后，进而来研究知识产权的客体本质理论要研究什么基本问题就比较容易了。

二、关于知识产权客体本质的观点与讨论

对于知识产权客体的本质，郑成思先生和朱谢群等学者提出了信息说，认为智力创造成果本质上是优化的信息，因此知识产权构成信息产权的核心部分，[1]知识产权客体的本质是信息。[2]刘春田教授提出了形式说，他认为所谓创造等知识，也就是一种形式。[3]研究知识产权就是研究"形式"。张俊浩提

---

[1] 郑成思、朱谢群：《信息与知识产权》，载《西南科技大学学报（哲学社会科学版）》2006年第1期，第1页。

[2] 郑成思：《信息、知识产权与中国知识产权战略若干问题》，载《环球法律评论》2006年第3期，第304—317页。

[3] 刘春田：《知识财产权解析》，载《中国社会科学》2003年第4期，第109页。

出了信号说。[1]李琛提出了符号说，认为知识产权的符号说可以解释知识产权的本质。[2]熊文聪也持这样的观点。[3]

吴汉东教授提出了知识产品说，并以知识产品为基础对知识产权的本质进行了多维度解读。[4]吴汉东教授在《知识产权本质的多维度解读》一文中对知识产权本质进行了不同角度的思考，这是从价值目标和制度功能的多维角度出发而进行的，分为私人层面、国家层面、国际层面三个层面。私人层面涉及的是权利形态的问题，国家层面涉及了政策问题，国际层面涉及了国际规则问题。他认为通过这样的方式可以构建我国知识产权制度。

通过对相关文献进行研究，一般认为，在传统上对知识产权本质的研究当中，学界达成了以下共识：知识产权的本质在于其智力性或无形性，知识产权的本质是私权但也有公权属性。学者们还认为知识产权有人权属性，如吴汉东等学者在著作《知识产权基本问题研究》中就采用了这样的观点。[5]学者任平对知识产权的私权属性进行了研究，他在《知识产权的本质》一文中指出了智力创造性在知识产权研究中的重要意义，它既可以鼓励社会公众的创造活动，又能够为社会整体利益服务，并可以将两者结合起来；知识产权有私权属性同时也有人权特

---

[1] 参见张俊浩主编：《民法学原理》（修订第三版，上下册），中国政法大学出版社 2000 年版。

[2] 参见李琛：《论知识产权法的体系化》，北京大学出版社 2005 年版，第 124—139 页。

[3] 参见熊文聪：《知识产权权利冲突：命题的反思与检讨》，载《法制与社会发展》2013 年第 3 期。

[4] 参见吴汉东：《知识产权本质的多维度解读》，载《中国法学》2006 年第 5 期，第 97—106 页。

[5] 参见吴汉东等：《知识产权基本问题研究》，中国人民大学出版社 2005 年版，第 11—15 页。

征，它还在很大程度上附属于人权。[1]周俊强教授和胡坚学者的《知识产权的本质及属性探析》一文中也表达了相同的观点。该文也认为知识产权在很大程度上依附于公权，除了私权属性，知识产权也具有人权方面的属性。[2]

上述学者关于知识产权本质的讨论，其中知识产权的公权或者私权属性是从公法和私法的角度来认识的，知识产权的智力性是从脑力活动的角度来认识的，知识产权的无形性是从智力财产的角度来认识的，信息说是把智力成果看作一种信息的角度来认识的，符号说是从语言学的角度来认识的，利益说是从权利保护的角度来认识的，法律说或法力说是从法律的效用角度来认识的，关系说是从权利主体之间的关系来认识的。以上学者虽然都对知识产权的本质进行了不同维度的解读和探讨，有非常重要的意义，但是在本书的视野下，仍然没有回答知识产权作为权利时的本质是什么这一问题，没有揭示知识产权的固有属性，且有些认识也仅在一定的范围内或者一定的条件下才是正确的。有的观点与其说是一种知识产权的本质，不如说是一种知识产权的特征。因此，必须突破传统上对知识产权本质研究的范围，从更深层次上对知识产权的本质进行探讨。

三、哲学层面知识产权客体本质问题

知识产权的客体本质应当在更深入的层次上进行探讨。我们平时所称的知识产权，事实上是一种知识产权现象，这还没有涉及知识产权客体的本质。

---

〔1〕 参见任平：《知识产权的本质》，载《合作经济与科技》2006年第15期，第76—77页。

〔2〕 参见周俊强、胡坚：《知识产权的本质及属性探析》，载《知识产权》2005年第2期，第49—51页。

如前文所述，本质论就是要找到事物的根据，要知道它如何存在、何以存在、存在的前提，要找它存在的原因，而不是讨论它已经存在后能表现出什么样的特征。

虽然从辩证的角度来看，研究知识产权的本质也是在研究知识产权的存在，即知识产权"有""本质"，但是，对知识产权本质的回答，研究的是知识产权"存在的存在"这一更深层次的本体问题，也即知识产权的存在的根本性问题——知识产权之所以是知识产权，其根本在于什么。第一，"存在的存在"也即知识产权过去式上的存在，它不特指一个时间。它不特指去年或者前年，也不特指上一世纪或者中世纪等具体时间，它指的是知识产权权利在构成前即存在。只有找到知识产权存在的原因和根据，才能找到知识产权的本质。第二，结合上文的分析，还需要对知识产权什么层面的本质、哪一类本质进行界定。因此，本书视野下这一基本问题就应当表述为：知识产权作为权利时的本质是什么。

虽然，知识产权除了有作为权利时的本质还有其他本质，但它作为权利时的本质是最重要的。因此本书研究知识产权本质的基本问题时，应当紧紧围绕权利的客体展开。

1. 知识产权客体之"物"

接下来，对知识产权客体本质的研究应当转化为对"无形物"的研究，通过研究"无形物"对知识产权的本质进行更进一步的认识。"物"的研究对揭示知识产权本质具有重要意义。

任何权利的产生存在都有它的社会历史和经济条件，知识产权也不例外。权利是一种利益维护和保护的机制。那么权利在维护和保护什么？权利在维护一种秩序，保护一种利益。这种利益往往体现为一种财产的获得或者财产获得的预期。对财产的拥有和控制体现为对物的拥有和控制。因此，研究权利的本质和构建一定要研究"物"。一方面,物是财产存在的基础,没有物就没有财产;另一方面,财产是设定财产权利的基础,没有财产就没有财产权利。因此,没有"物"的存在,就没有财产权利的产生,研究财产权利的本质实际上就是对"物"的研究。知识财产权也一样,对它的研究也必须着眼于对"物"的研究。知识产权是一种知识财产权或者智慧财产权,对它的研究过程也是这样。即必须通过研究知识财产,更进一步研究构成知识产权的物,通过这样的步骤和方法一步步地揭示知识产权的本质。

2. 智力劳动成果与物

根据前文的研究,物可分为有形物与无形物,即有一定形状和无一定形状的物。有形物通常为有体物,有体物也有一定的形状,但有体物不一定为有形物,比如水,它有一定的体但无一定的形。在古罗马的法律中,查士丁尼在《法学总论》中以及盖尤斯在《法学阶梯》中就提及无形物是看不见摸不着的物,[1]这种无形物主要指的是某种权利。罗马法之所以这样规定,是因为其对权利进行了拟制,将具有一定财产内容的权利(所有权除外)称为无体物[2]。通过这样一种拟制,使得无形的权利如债权、继承权等也可以像有体物一样。在古罗马的法律中,还没有产生保护精神财产的法律内容,也就不会产生近代或者现代意义上的知识产权。但是,古罗马的这种对物的分类,尤其是关于"无体物"的理论,对研究现代的知识产权有

---

[1] 参见[古罗马]查士丁尼:《法学总论》,张企泰译,商务印书馆1989年版,第59页;黄右昌:《罗马法与现代》,中国方正出版社2006年版,第155页;[澳]彼得·德霍斯:《知识财产法哲学》,周林译,商务印书馆2008年版,第27页;[澳]彼得·德霍斯:《知识财产法哲学》,周林译,商务印书馆2017年版,第34页。

[2] 参见吴汉东主编:《知识产权制度基础理论研究》,知识产权出版社2009年版,第24页。

很重要的理论意义。古罗马的法律使我们认识到，对于权利的客体，不应限制也不会仅仅限制在有形物或者有体物中，无体物也可以成为权利的客体。虽然古罗马的法律认为，无形物只存在于法律之中，且是如继承权、用益权、各种债权等的权利，也就是说古罗马的法律对于物的完整特性尚没有完全理解清楚，体现为物权与债权是不分的，但是关于有形物与无形物的分类也为我们的研究指明了方向。在一个物权与债权不分的时代，债权是从属于物权的，它的内容和含义都包含在物权之中，因此诸如债权的这些权利就都是"无形物"。后来物权法与债法进行了区分，物权与债权也就进行了区分。因此，以为或不为一定行为为内容的这些债权就不再属于物权了，为或不为一定的行为就从物中分离出来，成为权利的独立客体。通过这一分离，"物"保持了其纯洁性，无论是有体的还是无体的，无论是有形的还是无形的。

智力劳动古已有之，它所产生的成果也古已有之，由智力劳动成果产生的产品更是古已有之，但智力劳动成果作为一种财产则是近现代的事情，发展成为一种权利也是近现代的事情，它的出现有社会、历史、经济条件的原因和限制，是社会发展到一定阶段的产物。基于知识的无形性，人们一般称知识财产为无形财产。但是无形财产的范围远大于知识产权财产，前面所述的古罗马无形物中的继承权、用益权、各种债权实际上就是现代的无形财产。

知识财产是一种无形财产，智力劳动成果就应当是一种无形物。因此，智力劳动成果属于"物"的范畴，只不过它是无形的，本身并没有独立于"物"之外而存在。

通过以上的研究，可以认识到智力劳动成果属于"物"，无形性不影响其物的特性。当然，也不能否认，由于它的无形性，可能会产生出一些其他的特性。比如对无形物的复制总是非常容易的，但这也不影响它物的特性。智力劳动成果是客观的，尽管它通常是主观思考的产物，但一旦"智力劳动"成为"成果"，它就是客观存在的，这个"成果"就不以人的主观意志为转移。你可以对它进行改进，或者利用它再产生出其他的智力成果，但它就是它，客观地存在。因此，它就是"物"，这也正如有形物和有体物。"物"的特性就是这样，一个物一旦成为"物"，它就是客观存在的，不以人的主观意志为转移，你可以把它消灭或者把它改进。把它消灭会导致物的灭失，对它进行改进可以使其成为其他的物，但其他的物也是物，是客观的，是不以主观意志为转移的存在。因此智力劳动成果是"物"而非其他，尽管其无形、无体。

四、知识产权客体的本质

知识产权是一种权利，对知识产权本质的揭示是通过对权利客体本质的揭示而进行的。前文中分析，研究财产权利的本质必须研究"物"，财产权利和物之间通过财产进行关联。因此，财产是财产权利和物之间的桥梁。研究财产权利的本质时已经研究过财产方面的问题，现在已经而且必须过渡到对"物"的研究了。

权利按不同的划分方法可以分成不同的类型。以财产为标准来划分，可以划分为财产权和非财产权。这里研究的是一种财产权利，不研究非财产权利。任何权利都要体现为一种利益，但不是任何权利都可以体现为财产或者以财产来度量。因而在本书中并不研究政治权利、人格与身份权利等。当然这并不排除一些与人格相关的财产权利，但说到底也是研究它的财产性，对人格与身份的研究是其次的。例如，随着知识产权的扩张，其也有与人格权和身份权相互重叠的地方，如著作人身权、商品化权等。权利如果以主体能否支配来划分，又可分为支配权和请求权。支配权是一种不需他人配合就能自己直接行使的权利，他人仅仅是消极地不打扰主体行使这种权利，因而是一种对世权，如物权；请求权是一种请求他人为一定的行为的权利，这种权利中权利主体并不能直接进行支配，而必须得到他人的积极配合，否则权利就没办法行使，如债权。支配权与请求权权利客体不同，支配权的权利客体是物，而请求权的权利客体是行为。这里在研究知识产权的本质时所研究的是一种支配性的权利，而不是请求性的权利。所谓知识产权，即知识财产权，与财产相关，其权利客体是物而不是行为。

权利必须至少有一个行使的主体，但无论这个行使的主体是什么人都不会影响到权利的性质，当然更不会影响到权利的本质。因此，权利的主体具有一般性，对权利的构成和本质来说并没有什么特殊意义。权利的客体则与权利的类型、本质相关。因此权利具有"客体决定性"这一特点，即什么样的客体决定了什么样的权利。前面分析过，物是权利的客体，行为也是权利的客体，它们的不同决定了权利的不同。即便对于同一种都被称为"物"的客体，"物"的不同也会影响权利的构成和本质。同时，即便是对于同一种类的客体，比如"物"和"行为"，当对它们设定不同的规则时，它们所构成的权利也不同。

还应当区分客体与对象的不同。客体是权利的三要素之一，其他两个要素是主体和权利的内容。对象则是权利具体的指向。同样的权利，其客体是相同的，而权利的对象可能不同。同样的对象，由于权利的客体不同，权利也可能不同。许多教科书中对权利的客体和权利的对象不作区分，混同使用，这着实引起了不少误会，甚至是一些误导。

权利的对象与物也是不同的。物具有客观实在性，不以人的主观意志为转移。如果物灭失或者对物进行了改造、创造，可能使其变成其他物，但它仍然是物，仍然具有客观实在性而不以人的意志为转移。权利的对象则是一种指代。这种指代必须通过人的思维进行推理，物可以成为它所指代的东西，但物本身与对象不同。可以说权利的具体的指代对象为某物。因此，对象已经加入了人的主观思想。

知识产权就是在智力劳动成果上设定权利，这种权利可以保障智力劳动成果的产品成为权利人的财产，权利人由此可以相应地获得一定的利益。因此，没有智力劳动成果这个"物"就不会有知识财产，也就不会有知识财产权即知识产权。因此，研究知识产权本质的关键问题就在于智力劳动成果这个"物"，权利就是在这个"物"上设定的。权利是一种规则，规则确定了什么人在什么情况下可以获得和享有什么样的权利。因此知识产权的本质就是在智力劳动成果这个"物"上设定和构建规则。

知识产权的本质就是在智力劳动成果这个"物"上设定和构建规则，这一论断符合前文论述过的揭示事物本质的方法。寻找事物的本质就是研究事物"存在的存在"。知识产权本身是存在的，即使我们再去构建它，也需要我们认为它是有存在的必要的，构建它需要我们认识存在的存在。前文也分析过它存在的合理性和历史必然性，并从法哲学乃至哲学层面对它进行了分析。研究知识产权"存在的存在"就是研究知识产权的过去式。这个过去式不是它的过去时，不特指知识产权的去年或是前年，也不特指知识产权的上个世纪或者中世纪，而是指知识产权之所以能够存在，构成它的最根本的东西是什么。经过分析可以得出结论,知识产权存在的存在——它的过去式——在于智力劳动成果这一"物",有这一"物"且只有在这一"物"上构建规则,知识产权才能获得它的定在,才能有它的规定性。因此,说知识产权在于维护和保护一定的利益也好,说权利也是一种财产也好,说财产的本质是权利也好,归根结底在于如何在智力劳动成果这一"物"上构建规则,这是知识产权的本质所在。

总之,长久以来,人们对知识产权客体的本质并没有更清晰的认识,特别是在哲学层面没有更深层次的认识。对知识产权客体本质的研究不但要研究其"存在",还需要研究其"存在的存在"。对于知识产权客体的本质,需要研究知识产权客体"存在的存在"这一更深层次的本体问题。财产的本质是权利,构成知识产权客体的智力劳动成果属于"物",是构成权利客体的"物"的一种,而不能与"物"并列,知识产权就是在智力劳动成果这个"物"上设定和构建规则。对知识产权客体本质进行揭示的意义在于,可以对知识产权有更清晰的认识,可以对知识产权法进行新的理论拓展。

五、知识产权客体本质的其他问题分析

从知识产权设立上来说,保护知识产权的目的可以分为两大类:道德和经济。知识产权的道德基础强调劳动的重要性,以及一个人在创造过程中的智力和经验的重要性。它突出了在社会成员之间的交往中个人的概念。在经济学上则是鼓励人们在创新过程中进行投资。它奖励那些将投资成果提供给公众的创新者。

我国《民法典》第 123 条规定了知识产权是一项民事权利,以法典的形式来发展和优化我国的知识产权制度。罗马法学家

乌尔比安在《学说汇纂》中阐述："它们有的造福于公共利益，有的则造福于私人。"[1]知识产权作为一项民事权利，可以为权利人带来财产利益和人身利益；知识产权于社会，作为一项公共财富，为社会成员使用知识成果提供了技术上的可能。由此看出，知识产权一方面有益于权利人，另一方面也能为社会带来技术价值。但是作为一项民事权利，其根本内容和指导原则以民法为基础和蓝本，尽管服务的目标涉及公共利益与社会财富，但本质上还是以保护权利人即私主体的利益为出发点。

知识产权的私权属性符合当今对其的理解，符合国际发展方向，但其也有很强的公权属性。《与贸易有关的知识产权协定》在引言中强调，承认知识产权为私权。但是根据我国知识产权历史研究来看，随着宋朝印刷术的进一步发展和市井文化的繁荣，出现了一些作品的印刷，但是印刷作品必须事先得到官方的承认与认可，否则就会面临处罚。再如，世界上第一部具有现代意义的版权法——《安妮法令》。通过中外历史比较分析，在现代法律的影响下，知识产权是一项私权，但是回溯到500多年前，知识产权的雏形是公权力许可下的产物。从知识产权的本质属性来说，尽管它有公权属性，但为了鼓励创新和发展，应当从根本上强调知识产权是一项私权。

从法律发展的视角出发，当今世界的法律体系呈现出相互融合的趋势，大陆法系与英美法系的交融，法律移植与法律继承的不断发展以及公法与私法的汇合，并不是所谓的"零和博弈"的发展，而是法律制度的"互利共赢"，在此背景下，出现了"公法的私法化""私法的公法化"等现象。但是判断某法

---

[1] [意] 彼德罗·彭梵得：《罗马法教科书》，黄风译，中国政法大学出版社1992年版，第9页。

律制度是公法还是私法，是以该法律制度所体现的主体是平等主体还是不平等主体，行使权利的方式是单方强制行使还是双方协商行使为标准的。知识产权本质上属于私法，是私主体行使的私权利。

具体来说，我国《著作权法》第 1 条所体现的"根据宪法制定本法"，也并不是说《著作权法》是调整公共领域的知识产权。该法律制度所体现的是《宪法》所应当体现的法律精神和基本原则，即《宪法》第 47 条中"中华人民共和国公民有进行科学研究、文学艺术创作和其他文化活动的自由"。著作权恰好体现了公民可以进行科学研究、文学艺术创造的自由。由此看出，在民法体系下的知识产权的本质是私权自治。

当今传统理论和教科书中有一个认识误区，就是在区分客体——"物"时，通常将其分为三类：物、行为、智力成果。这实际上是不符合逻辑且错误的。这是把"智力劳动成果"独立于"物"之外了，好像智力成果不属于物似的。这实际上已经引起了严重的后果，比如这种分法严重地影响了知识产权的体系化以及知识产权的法典化。应当承认智力劳动成果有许多特殊性，但智力劳动成果在本质上就是"物"，在物的规定性上并没有多少特殊性，与一个有形有体的物是一样的。传统理论分类方法逻辑上的错误就如同将教室里的学生分为男学生、女学生，然后又将戴眼镜的男学生与男学生和女学生并列一样，其实戴眼镜的男学生只是男学生的一个子类，不能与它并列。

在此还应该明确的是种类物。种类物是具有相同特性标准、相同品质的物，可以互相替代，如水、小米、酱油。智力劳动成果虽然都是无形的，却不一定是可以相互替代的。即便是同一个发明，它的发明方法也有可能是不同的，同样意思的两篇作文，它的写作方式和文字的排列顺序也不会是完全一样的。

第四章
民法体系下知识产权法体系化问题

上一部分分析了民法体系下知识产权客体问题，要使知识产权法体系化，还应当研究分析知识产权的客体范围问题、高新科学技术对其带来的影响以及这个体系中以往鲜少涉及的少数民族传统文化知识产权保护方面的问题。下文将具体分析。

一、知识产权客体范围分析

按照通说观点，知识产权通常分为两类：版权和工业产权。世界知识产权组织（WIPO）是促进知识产权保护和创造的全球引领者，《建立世界知识产权组织公约》于1967年在斯德哥尔摩签署，其起源可以追溯到19世纪80年代。1883年《保护工业产权巴黎公约》（简称《巴黎公约》）和1886年《保护文学和艺术作品伯尔尼公约》（简称《伯尔尼公约》）都涉及版权和工业产权。工业产权是指专利权、商标权、商号权、植物新品种权和其他合法利益，其中以专利权和商标权为核心。版权涵盖了从艺术和文学到科学作品和软件的众多领域，以及扩充的相关权。

知识产权的客体是一种知识产权产品，即智力成果和识别性标记。此时的知识是与智力相联系的，其身份相对于所有权而言，除特殊情况外不能变更和改变。产权不同于以往的财产权，而是具有人身权和财产权双重属性。[1]根据《民法典》第123条，权利人依法享有作品、发明、实用新型、外观设计、商标、地理标志、商业秘密、集成电路布图设计、植物新品种以及法律规定的其他客体的专有权利。我国《民法典》以列举的方式对知识产权的客体加以规定，可以使权利人清晰地了解自己的权利种类，并以法律的形式加以兜底，为未来新兴的权利类型提供扩充保障。知识产权几乎每天都在变化，因为旧的权利被扩展到一些新的领域，全新的权利被创造出来。

知识产权客体范围呈现出扩张的趋势，与此相对应，《区域全面经济伙伴关系协定》（RCEP）对传统知识和民间文学艺术的保护就呈现出新兴化的特点，在中国特色社会主义的文化保护下可以通过《著作权法》对传统知识和民间文学艺术进行保护。传统知识和民间文学艺术在我国传统文化中占据着重要地位，是中国重要的对外名片，例如，我国《著作权法》中就对杂技艺术作品进行保护。随着民族和地区的融合，传统知识和民间文学艺术逐渐趋同，知识产权对于这些不同民族的艺术文化的传承将起到推动作用。

而其中的遗传资源的保护也是 RCEP 强调的另一个重要的领域。由于技术保护手段的不足和法律制度的缺位，我国遗传资源面临保护困境，权利主体的合法权益难以得到有效保障，进而导致我国遗传资源在国际层面遭受不当利用和生物剽窃问题。而知识产权具有地域性特征，维权困难，因此应当在我国专利法中加大对遗传资源的保护力度并规定相应的执法措施，

---

[1] 参见魏纪林、程淼成、王建平：《知识产权及其客体范围的再认识》，载《科协论坛》1997年第2期，第40页。

通过《专利法》落实遗传资源的传承与保护。

关于中医药的保护与传承，我国知识产权虽然没有规定中医药的保护制度，但是通过现行的规定是可以对其进行大致保护的。关于中医药的文物典籍可以通过文字作品进行保护，有关配方可以通过商业秘密和方法专利进行规定，但是其中难免存在一些不能进行完全保护的空白，如对于治疗方法、诊断方法在专利法中是不会进行保护的，所以就会存在中医药临床应用过程中秩序的混乱。因此，在知识产权客体的范围中加入中医药临床应用，推进保护细则的实施，借鉴《植物新品种保护条例》的做法，制定一部单行法，也能体现出我国的特色，在医学方面建立自己的中成药和中医药制度。

另一个重要问题即少数民族传统文化保护问题将在下文第三部分重点分析。

二、高新科技对知识产权客体范围的影响

1. 基因技术对知识产权客体范围的影响

在法律的规定方面，对于基因技术中的基因诊断和基因治疗方法而言，我国《专利法》第25条规定了对疾病的诊断和治疗方法以及动物和植物品种不授予专利权。原因主要是出于人道主义和社会伦理方面的考虑，且这类方法无法在产业上做到不受限制地重复利用，因此不符合专利法所规定的实用性要求。再者，这种方法直接以有生命的人体或动物为对象，也超出了授权范围。同时，基因技术也存在社会风险。[1]

但是，分离出来的基因序列可以成为知识产权（专利权）

---

[1] 吴汉东：《知识产权的制度风险与法律控制》，载《法学研究》2012年第4期，第66页。

的客体。分离出来的基因序列为什么能够成为知识产权（专利权）的客体呢？可以作这样的分析：第一，20世纪80年代美国联邦最高法院在戴蒙德诉查克拉巴蒂一案中有一句广为流传的话，那就是：专利法所保护的对象可以是太阳底下人为的任何事情（Anything under the sun that is made by man）[1]。自此，不再处于原来的自然状态而经过人加工处理的东西是可专利的。因此，分离出来的基因序列可以被认为是一种发明，从而应当受到保护。也就是说，人类的创造性劳动加入进来了[2]。经过这一创造性劳动，基因就不再是一种自然状态了。第二，退一步讲，即使这一分离行为是一种发现，然而发现在某些情况下也是可能授予专利权的。因为在这种情况下，发明与发现的区别正在变得模糊，所以在专利法上对发明和发现的区别对待也在变得模糊。现在各国对自然物的提取物、自然生物的纯化物、生物基因序列等授予专利权，无疑是对传统基本原则"发现不得授予专利"的"背离"和挑战。无论怎样分析，都能得到一个结论：基因在某些情况下也可成为专利权客体。这在我国《专利审查指南》中也有体现。在2010年之前的版本中，指南不承认基因的可专利性，但是在2014年修正后的版本中，指南有限度地承认了基因的可专利性。如在《专利审查指南》关于"基因或者DNA片段"中就有相关规定，已经拓展到了基因专利[3]。

2. 克隆技术对知识产权客体范围的影响

克隆技术指回避正常的繁殖过程，使用来自单个亲代个体

---

[1] 武志孝、王希发：《专利权客体范围影响因素探讨》，载《中山大学学报论丛》2006年第7期，第93页。

[2] 崔国斌：《基因技术的专利保护与利益分享》，载《法律文摘》编委会编：《透视专利权》，吉林人民出版社2001年版，第27页。

[3] 胡凯、吴清、胡毓敏：《知识产权保护的技术创新效应——基于技术交易市场视角和省级面板数据的实证分析》，载《财经研究》2012年第8期，第24页。

的遗传物质进行无性繁殖，进而创造各种生物材料（如分子、细胞、组织、器官、植物和动物等）的过程。植物克隆很早就取得了成功。动物克隆开始于1960年。1970年，克隆青蛙诞生。1996年，苏格兰罗斯林研究所克隆出了一只名叫多利的羊，该技术主要是生殖性克隆技术。多利羊诞生的消息公布不久后，治疗性克隆技术也取得了重大突破。2001年11月，美国马萨诸塞州沃塞斯特的先进细胞技术公司宣布，首次成功克隆出了处于早期阶段的人类胚胎。克隆技术到现在为止已经实现长足发展。

在我国，《专利法》第5条及《专利审查指南》都涉及了克隆问题，即违反国家法律、社会公德的发明或者创造是被排除的。根据新的《专利审查指南》，凡是涉及生物技术的发明，如果它违反了我国《专利法》及《专利审查指南》的规定，它将被认为是属于《专利法》第5条所规定的不得授予专利的发明。

克隆技术对知识产权客体也构成了挑战。世界卫生大会的报告中曾指出，非人类生物体的遗传修饰技术在改善公共卫生状况和提升人类福祉方面已产生显著效益。DNA、基因及细胞的克隆技术曾用于研究、移植和生产疫苗、药品和诊断制品，但没有对医学或伦理方面造成负面影响。[1]"目前，人类的克隆技术事实上并没有被排除在专利法适用范围之外。"[2]

在治疗性克隆方面，细胞克隆和基因克隆对疾病的诊断和治疗有很重要的临床价值。对于疾病的治疗、治愈或对疾病的

---

［1］ 参见"两种克隆在伦理与社会方面的影响"，载张乃根、［法］米雷埃·德尔玛斯-玛尔蒂主编：《克隆人：法律与社会》（第二卷 比较），复旦大学出版社2004年版，第15页。

［2］ "生殖性克隆技术与专利法"，载张乃根、［法］米雷埃·德尔玛斯-玛尔蒂主编：《克隆人：法律与社会》（第二卷 比较），复旦大学出版社2004年版，第99页。

预防来说，改变人类或动物的基因表现型是一种新的技术手段。对于为了医学目的而进行的体细胞基因治疗与其他治疗应该在伦理上是一致的。世界卫生组织前总干事布伦特兰博士在1998年第51届世界卫生大会的报告中指出："遗传学的知识可让全世界获得更好的健康，并可在预防和治疗疾病方面提供很大帮助。"因此可以断定，这一议题应当是开放的。

无论是传统的伦理道德还是法律对基因生殖技术产生的影响，人类操作生命的历程都不会改变，生物技术都将义无反顾地前进。迄今所见到的只有1998年欧盟《关于生物技术发明的法律保护指令》明确规定把生殖性克隆技术排除出专利法保护范围，其他的法律文件要么没有涉及治疗性克隆的专门规定，要么逐步对其进行了承认。没有专门的禁令就等于具有一种原则上的专利权。因此，在专利法没有专门规定的地方，应当说获得专利权还是有机会的。所以说克隆技术也经历了从一个不承认到承认具有可专利性的过程。比如我国在2014年修正后的《专利审查指南》中就承认了单克隆抗体的可专利性。随着社会的发展，其他类别的克隆技术也有可能具有可专利性。

3. 人工智能对知识产权客体范围的影响

谁拥有人工智能，谁将拥有未来。习近平总书记强调，"加快发展新一代人工智能是事关我国能否抓住新一轮科技革命和产业变革机遇的战略问题"。因此，人工智能是引领未来的战略性技术，是维护国家安全的重大战略问题。随着科学技术的进步，人类社会越来越向智能化的方向发展。人工智能作为高新科技的产物，正在使人类社会发生令人惊叹的变革。进入21世纪以来，人工智能进入新的发展阶段，成为新一轮科技革命和产业变革的重要驱动力，并上升为国家战略。人工智能应用场景不断拓展，已渗透进人类社会方方面面，但也产生了许多新问题。现阶段人工智能已经能够深度学习并能进行相当程度的"创作"和"创新",以至于使人类无法分辨这些"创作"是智能机器创造的还是人类自己创造的。在这种情形下,在法律上如何对人工智能本身和人工智能创作物、生成物进行定性以及如何用法律规制就是一个非常现实和必须解决的问题,也是实现我国人工智能国家战略的重要法律保障。

当前学者对人工智能问题的研究主要体现在人工智能生成物能否产生著作权方面,可见人工智能对知识产权客体也产生了影响。研究这类课题的代表性论著主要有曹源、王迁、易继明、熊琦、宋红松、刘文献、杨利华等的著作。代表性的观点认为人工智能生成物可以构成著作权中的"作品",以熊琦教授、杨利华教授等的观点为代表。熊琦教授认为,人工智能创作物可以归属于作品,并且该作品所有权归于人工智能所有者享有。杨利华教授认为,人工智能生成物可以构成著作权法意义上的作品,在著作权归属问题上,人工智能本身无法成为权利主体,符合作品特征的人工智能生成物的著作权原则上应当归属于人工智能的使用者,但同时也要兼顾对投资者利益的保护。另外一种观点认为应当具体问题具体判断,以易继明教授、曹源等的观点为代表。易继明教授认为,人工智能创作物是否应当归于一个作品,应当看知识产权法律是否规定作品必须由自然人来完成,并对该人工智能生成物的独创性进行判断。曹源认为,人工智能创作物在本质属性上是否应当归于作品,应当由各国根据自身的具体国情来决定。总体上来看,人工智能将对知识产权客体范围产生重要影响。

我国已经明确人工智能参与的发明创造可以申请专利保护。国家知识产权局于2024年12月31日发布了《人工智能相关发明专利申请指引(试行)》及其说明,完善了这类发明创造性的标准。[1]

从以上的讨论中可以看出，在高新科技的影响下，基因技术、克隆技术、人工智能等都对知识产权客体范围产生了影响。由于高新科技是不断向前发展的，我国也应相应地调整知识产权客体范围，使知识产权法适应新时代的需要，更好地保护高新科学技术的发展成果。在调整时应当坚持合法性原则、科学性原则、创新性原则、实用性原则，总结国内经验，借鉴国外经验原则。

三、少数民族传统文化知识产权保护问题

在知识产权客体范围中需要引起注意的一个问题是少数民族传统文化知识产权保护问题。少数民族传统文化与知识产权的交集在于文化的一般性，用知识产权的方法研究少数民族传统文化是因为少数民族传统文化的特殊性。将少数民族传统文化遗产进行知识产权方面的研究需要理论方面的支持，劳动性和无形性是联系少数民族传统文化遗产和知识产权关系的纽带。对少数民族传统文化遗产进行知识产权化的研究是解决少数民族传统文化遗产保护问题的出路。

我国少数民族居住状况呈现为大杂居、小聚居，有的少数民族与其他少数民族杂居或聚居在一起，有的少数民族则与汉族杂居或聚居在一起，还有的少数民族散居在汉族地区或其他民族自治地区。如松桃苗族自治县有 26 个民族，包括壮族、傣族、彝族、苗族、白族、回族等；彭水苗族土家族自治县有 12 个民族，包括蒙古族、土家族、苗族、侗族、汉族等。在少数

---

[1] 参见国家知识产权局网站，https://www.cuipa.gov.cn/art/2024/12/31/art-66-196988.html，最后访问日期：2025 年 4 月 20 日。

民族发展过程中，少数民族如此复杂的居住状况必然为少数民族传统文化遗产的继承和保护带来一定的影响，民族融合的过程中外来文化也对少数民族传统文化进行了侵蚀，再加上我国现阶段正在进行的城镇化建设，都对少数民族传统文化及其遗产的保护、传承和发扬光大带来不利影响。在这种情况下，要处理好相关的传统文化建设和传统文化遗产保护等问题，必然要求处理好本民族与其他民族传统文化，特别是与其他少数民族传统文化建设和保护的关系，因此用知识产权制度对少数民族传统文化进行保护就成为一个重要的课题，应当做好这方面的研究工作。故此涉及的主要理论问题是，少数民族传统文化遗产在知识产权及知识产权体系研究中处于什么样的位置、有什么样的定位；现阶段关于少数民族传统文化遗产方面的法律环境是否已经健全、有什么样的不足和改进意见；当前民族融合过程中及城镇化进程中如何用知识产权制度保护少数民族传统文化遗产等。而要进行这些研究，首先必须从研究文化的基本理论、少数民族传统文化及其遗产的特性和特征开始。下文就进行具体分析。

1. 少数民族传统文化及其遗产的一般性与特殊性

（1）少数民族传统文化及其遗产的一般性

少数民族传统文化属于民族传统文化的一部分。"文化"（Culture）这一词汇在英语中源于拉丁文 Cultura，它在本义上指的是进行农耕或从事园艺类活动的物质生产，也就是进行土地耕种或者作物培育之事。之后这一词汇才有了升华意义上的使用，指包括精神生活在内的人类生活的全部活动。这种情况下，"文化"一词已经涉及人类自身的智慧、情操、心灵、风尚和德行方面的培养教育。对于"文化"这一概念，法国一位专门研究文化概念的学者维克多·埃尔曾经考证过，文化一词作为专门的术语始于19世纪50年代左右，在那时，文化这一概念出现在了人类学家的研究著作中。[1]而英国著名的人类学家马林诺夫斯基（Malinowski）认为，文化既包括物质设备方面，也包括精神文化方面，还包括语言和社会组织方面，而归根结底，社会制度才是构成文化的真正要素。[2]显然，马林诺夫斯基将文化的范围进行了扩充，他把物质设备、社会制度也纳入文化的概念里。英国文化人类学家爱德华·泰勒（Edward Tylor）于1871年在其著作《原始文化：神话、哲学、宗教、语言、艺术和习俗发展之研究》中对文化下过这样的定义："所谓文化或文明乃是包括知识、信仰、艺术、道德、法律、风俗以及其他人类作为社会成员而习得的种种能力、习惯在内的一种复合整体。"[3]如果按照泰勒的观点来理解，少数民族传统文化应当是经过长期积累而在特定历史条件下形成的由知识信仰、艺术、道德、法律等方面组成的复合整体。按照马克思主义的观点，文化是人改造自然的劳动对象化中产生的，是以人化为基础，以人的本质或本质力量的对象化为实质的，它包括物质文化、精神文化、制度文化等因素，是一个广义的文化概念。[4]综合以上的观点，应当说文化的研究范畴主要包括但不限于理念文化、制度文化、组织文化、物质（设施）文化、行为文化、语

---

[1] 参见［法］维克多·埃尔：《文化概念》，康新文、晓文译，上海人民出版社1988年版，第5页。

[2] 参见［英］马林诺夫斯基：《文化论》，费孝通等译，中国民间文艺出版社1987年版，第2—17页。

[3] ［英］爱德华·泰勒：《原始文化：神话、哲学、宗教、语言、艺术和习俗发展之研究》，连树声译，上海文艺出版社1992年版，第1页；另参见梁治平对此的解释，梁治平编：《法律的文化解释》，生活·读书·新知三联书店1994年版，第6页。

[4] 王仲士：《马克思的文化概念》，载《清华大学学报（哲学社会科学版）》1997年第1期，第26页。

言与字体文化等。因此，文化这一概念可以归结为：它是由人类在生产生活中逐步创造和创建的，包括物质实体和精神生活在内的，具有一定制度因素的综合体。既然文化是人类创造和创建的，且都具有物质、精神和制度因素，那么，任何文化遗产，包括少数民族传统文化遗产，就其本质来说，都具有一般性。从哲学的角度来思考，任何文化都具有物质层面的内容、精神层面的内容和制度层面的内容。

（2）少数民族传统文化及其遗产的特殊性

尽管少数民族传统文化与其他任何民族传统文化一样具有一般性，但是少数民族传统文化及其遗产也具有不同于其他民族文化的特殊性。

首先，我国地大物博，在各个民族几千年的发展过程中，逐渐形成了具有各自特色的文化内容和文化体系，具有多样性和差异性。这种差异既有物质方面的也有非物质方面即精神方面的，不同地域体现出了不同的地域文化，比如不同的少数民族具有不同的语言文化、宗教文化、民俗风情、人文地理等，也即总体来说是相互不同的。从物质层面来讲，少数民族传统文化遗产有其特有的饮食文化、服饰文化、建筑特色、器物文化、语言文化等；从精神层面来讲，少数民族传统文化遗产有其特有的风俗习惯、礼仪规范、制度规则、法律内容、宗教信仰、艺术特色等；从哲学层面来讲，少数民族传统文化遗产有其特有的价值取向、审美情趣、群体人格等。因此，少数民族传统文化及其遗产是由特定的民族群体在一定的历史阶段内形成的，有自己民族的特色。因此，少数民族传统文化在内容上具有稳定性、特定性和特色性。

其次，少数民族传统文化及其遗产在地域上也具有特定性。除了一些杂居的情况，少数民族一般生活在特定的地域范围内。

独特的地理环境和具有特色的人文因素使其形成了具有民族特色的文化，在自己的范围内具有传承性和相对稳定性，但也容易受到外界文化影响。

最后，少数民族群体是特定区域内的群体，对其自身的文化具有传承方面的独特性，有的还具有神秘性。

可见，不同的少数民族有不同的特色文化，形态上具有多样性；我国少数民族有55个之多，居住状态主要是大杂居和小聚居的格局，分布上极具广泛性；有些少数民族的文化具有神秘的宗教色彩，具有神秘性；我国少数民族虽然分布在我国70%左右的疆土上，但主要是分布在我国的边远地区，分布地区具有偏远性特点。

2. 少数民族传统文化遗产与知识产权研究体系之关系及其理论基础

（1）民族传统文化与知识产权研究体系关联的可能性

虽然现阶段我国的教科书基本都已将非物质文化遗产的内容纳入其中，但是，这些教科书并没有回答或者说明为什么要将这种非物质文化遗产的研究和保护纳入知识产权法的研究范畴这一理论问题，因此就成了一种当然的过程和结果。但是，要从知识产权的角度对少数民族传统文化及其遗产进行研究，就必须回答一个问题，少数民族传统文化及其遗产与知识产权研究体系是一种什么样的关系？文化及文化遗产本身与知识产权看似并无多大联系，少数民族传统文化与知识产权研究体系之间的关系是什么更是一个非常难回答的问题。知识产权是一种无形的财产权利，它本身并非一个非常确定的权利个体，而是一束权利的总称，是一个集合体。知识产权首先源于知识，是一种人类智慧性质的财产权利。这类权利的一个重要特性就是它的无形性。相对于有形物而言，它是在无形物上设立的权利。如果从无形性这一特性出发，我们可以找到知识产权与文化的相同特性。文化也是一种无形的存在，即使有时实体存在的物质也体现为一种文化，但也不能因此否定它的无形性。在法律制度的历史上，知识产权是罗马法以来财产非物质化革命的制度创新成果，也是西方国家三百多年来不断发展成长的制度文明典范。[1]因此文化与知识产权也就有了交集，有了将文化进行知识产权化研究或者用知识产权作为工具对文化进行研究的可能，将少数民族传统文化及其遗产从知识产权角度进行研究也成为可能。

（2）民族传统文化与知识产权研究体系关联的必要性

当文化成为知识产权研究的对象时，并不是说我们拿起知识产权这一工具或武器就能对文化进行知识产权方面的研究，我们仍需回答一个问题，有进行这种研究的必要吗？知识产权它是一束权利的总称，具体包括专利权、商标权、著作权、地理标志以及与此相关的一系列权利。从知识产权这一角度对文化及文化遗产进行研究，其实就是从具体单个权利如专利权、商标权、著作权的角度对其进行研究。那么，有没有这种研究的必要呢？我们知道，我国少数民族传统文化及其遗产的损毁、损坏、灭失情况非常严重，有必要进行非常严格的保护。如果能对文化进行知识产权方面的赋权，那么对于少数民族传统文化及其遗产的保护是有利的。正是在这样的背景下，用知识产权的方法或者工具对文化进行研究，特别是对少数民族传统文化及其遗产进行研究不但很有必要，而且具有紧迫性。

（3）民族传统文化与知识产权研究体系关联的正当性及其

---

〔1〕 吴汉东：《知识产权法律构造与移植的文化解释》，载《中国法学》2007年第6期，第54页。

第四章　民法体系下知识产权法体系化问题

理论基础

知识产权之所以能成为一种权利，是因为它是一种智力劳动成果。按照洛克的理论，付出劳动者应当享有其劳动成果，对无形财产来说也是如此。民族传统文化的形成也是该族群特定历史时期智慧劳动的结晶，因此，在理论上少数民族传统文化及其遗产可以享有知识产权相关权利。再有，知识产权是一种私权，这在《与贸易有关的知识产权协定》（简称《TRIPS协定》）里已经开宗明义地提出来了。少数民族传统文化及其遗产，无论是集体性质的还是个体所拥有的，或是整个族群所拥有的，都应当是一私主体，在权利的主体方面符合知识产权是私权的设置要求。而且，少数民族传统文化及其遗产是具有多样性的文化，应当得到保护，这样各个民族才能友好共存。2001年11月2日，《世界文化多样性宣言》（Universal Declaration on Cultural Diversity）在联合国教科文组织第31届大会上通过，第4条中明确规定了"捍卫文化多样性是伦理方面的迫切需要，与尊重人的尊严是密不可分的，它要求人们必须尊重人权和基本自由，特别是尊重少数人群体和土著人民的各种权利"；[1]第5条"文化权利——文化多样性的有利条件"中指出，"文化权利是人权的一个组成部分，它们是一致的、不可分割和相互依存的"。[2]知识产权从广义上说，也是为保障人权所设置的。因此，民族传统文化与知识产权研究体系进行关联也就具有了正当性，其理论基础也非常充分。

---

[1]《世界文化多样性宣言》（Universal Declaration on Cultural Diversity）第4条。

[2]《世界文化多样性宣言》（Universal Declaration on Cultural Diversity）第5条。

(4) 少数民族传统文化遗产与知识产权研究体系之关系

那么,少数民族传统文化及其文化遗产与知识产权研究体系是一种什么样的关系呢?前文已经述及,少数民族传统文化与传统主流文化相比,既有其相同的一般性,又有其独有的特性。少数民族文化与传统文化是一种种属关系,因此少数民族传统文化及其遗产与知识产权研究体系之间的关系其实就是传统文化与知识产权研究体系之间的关系。少数民族传统文化及其遗产的独特性不影响传统文化与知识产权研究体系之间的关系,只不过在进行研究时会有差别而已。上文已经述及,用知识产权的方法对文化进行研究不但有其可能性,而且具有必要性、现实性和紧迫性,那么,传统文化及其遗产就成为知识产权研究的对象,对传统文化的研究也就成为知识产权研究体系内容的一部分。因此,少数民族传统文化及其遗产与知识产权研究体系之间的关系就是一种被研究的对象和内容与研究工具的关系。

3. 少数民族传统文化遗产知识产权保护的法律环境问题

民族传统文化遗产保护离不开促进其生长的环境,少数民族传统文化遗产更是如此。民族传统文化遗产遭受破坏的首要因素是其赖以生存的生态环境的变迁。因此,我们应当以保护传统文化环境为首要目标和目的,以此来保护少数民族传统文化遗产。少数民族传统文化环境包括内部环境和外部环境。内部环境主要是少数民族传统文化发展的本体部分,即自我传承和自我发展的环境。内部环境又包括少数民族语言环境、文字环境、服饰文化环境、民俗文化环境、传统手工艺环境、民间文学和艺术环境等。外部环境就是要造就一个良好的保护少数民族传统文化遗产的氛围,这包括法律环境、政策环境、与外界恰当的交流环境等。

第四章 民法体系下知识产权法体系化问题

少数民族传统文化遗产保护的法律环境问题主要是相关知识产权法律方面的问题。以下从国际、国内层面进行分析。

为了加强国际文化合作与交往，以使各国共同保护全人类的传统文化遗产和资源，国际上有许多已经生效的关于保护世界传统文化遗产的国际公约。在保护民族文化遗产方面，从国际层面上看，《联合国宪章》《联合国原住民权利宣言》《世界文化多样性宣言》《保护和促进文化表现形式多样性公约》《保护世界文化和自然遗产公约》《保护非物质文化遗产公约》《经济、社会及文化权利国际公约》《国际统一私法协会关于被盗或者非法出口文物的公约》《关于禁止和防止非法进出口文化财产和非法转让其所有权的方法的公约》等均有相应规定。

综合起来，这些国际公约突出了对民族文化及其遗产的保护，确认了各个民族享有各自的文化权利。但是，这些公约中规定的所谓的"文化权利"是一个概称，是非常不确定和不具体的。而且，这里的"权利"是一种"应当"享有的权利，也就是一种应然的权利，它的具体表现形式是什么是非常模糊的，离法律规定的具体"权利"还有很远的距离，最终还得由各国作出具体的规定。因此，这些国际公约虽然指出了保护各个民族文化及其遗产的方向，但离具体落实还有很长的一段路要走。

在国家层面，我国从《宪法》到《民族区域自治法》《义务教育法》《著作权法》，再到专门规定民族文化方面的法律如《非物质文化遗产法》《文物保护法》等，都相应地对少数民族文化遗产作出了规定。

在地方层面，我国一些地区发布了相关的法律文件，如云南省于2000年5月发布了《云南省民族民间传统文化保护条例》，它是我国第一部非物质文化遗产保护方面的地方性法规；2002年7月，贵州省通过了《贵州省民族民间文化保护条例》；

2004年9月，福建省通过了《福建省民族民间文化保护条例》；2005年4月，广西壮族自治区通过了《广西壮族自治区民族民间传统文化保护条例》。另外，我国一些少数民族自治地方的自治州、自治县也通过了相应的文化保护条例。如《景宁畲族自治县民族民间文化保护条例》就是于2010年7月30日由景宁畲族自治县人大常委会通过的。

统观以上这些国家层面和地方层面关于传统文化保护方面的规定，应当说关于少数民族传统文化及其遗产保护方面的法律环境已经逐步建立起来了，而且也处于不断的完善过程中。但是，要对少数民族传统文化及其遗产进行完善有效的保护，仍然要使这些规定中所体现出来的"文化权利"变为真正的权利。然而到现在为止，除了对一些明显可用知识产权来保护的传统文化资源进行了著作权保护，还没有具体的知识产权保护方面的规定。而要对传统文化进行有效的保护，一个关键的措施仍然是赋予其知识产权方面的权利。因此，有必要对少数民族传统文化进行知识产权化方面的研究。

4. 少数民族传统文化的知识产权化研究问题

我国签署的关于文化传统方面的国际公约或条约需要被遵守，以体现有约必守原则。但是国际公约的原则性和指导性太强，在具体操作过程中实用性较差，也不能在我国直接适用。我国《宪法》《民族区域自治法》《义务教育法》对传统文化的规定也不可能非常具体，更多地体现为一种鼓励和促进，并非授权。《著作权法》则赋权国务院对民间文学艺术作品的著作权保护办法另行规定。《非物质文化遗产法》《文物保护法》也没有对传统文化进行具体的知识产权方面的赋权。那么，如何对"文化"进行赋权？下文将具体分析。

(1) 传统文化可否进行专利赋权

前文已经述及,无形性和劳动智慧的结晶是文化与知识产权相互连接的纽带,使文化的知识产权化有了可能。如果从这点来看,似乎对文化可以赋予专利权。但是专利权的赋权条件是非常严格的。从实质性授予专利权的条件来说,新颖性、创造性和实用性在被授予发明和实用新型专利权时是必备的。其中新颖性要求在申请日以前未公开、创造性要求同申请日以前已有的技术有鲜明对比,而传统文化之所以有价值,恰恰在于它的传统性。虽然传统文化也有可能经过改造,从而体现出一定程度上的"新",但是仅从这两点来说,传统文化就达不到赋予专利权的要求。当然,这并不排除某些传统手工艺经过革新和改造以后而具有专利的可能性。再有,"文化"可以授予外观设计专利权吗?同样,外观设计也应当具有新颖性。而且,外观设计也应当"适于工业应用"。授予专利权的这些"技术特性"也将"文化"阻挡在了门外。另外,传统文化常常体现为一种"思想"和"理念",而不是一种具体的技术方案,因此,要对文化赋予专利权几乎不可能。

(2) 传统文化的著作权保护

某些传统文化是可以进行著作权保护的,比如传统曲艺的创作等。但是,正如前文所述,传统文化有其特殊性,其保护也有特殊性,因此,《著作权法》才会赋权于国务院对民间文学艺术作品的著作权保护办法另行规定。但是,传统文化及其遗产多种多样,有些根本不能进行著作权方面的保护,因为著作权仅仅保护的是创作,而大量的传统文化及其遗产是以非创作的形式体现的,这需要有其他相应的知识产权的保护形式。

(3) 传统文化的商标赋权及地理标志

注册商标包括商品商标、服务商标、集体商标、证明商标。

在各种注册商标形式中，能将某种"文化"赋予商标权的恐怕只有集体商标和证明商标了。因此，对于不同的文化形式或者产物，可以根据具体情况设计相应的商业标记。虽然最终不一定能够成为注册商标，但是只要作为商标进行使用，也可以保护传统文化相对应的商标权利。

地理标志指辨认某一产品来源于某一区域或地方的标志。少数民族传统文化本身具有独特的地域色彩，这符合地理标志产物产自特定地域的相关规定，因为其所具有的质量、声誉或其他特征在本质上取决于该产地的自然成分和人文成分，因此可根据需要经审核批准以地理名称对相关取得物进行命名。

以上只是分析了几种重要的知识产权的类型，由于少数民族传统文化及其遗产的复杂性，这远远不足以保护少数民族传统文化遗产的全部。那么，当用以上几种方式还不足以保护少数民族传统文化遗产时，就不得不用其他的赋权方式来解决问题了，即应当创设新的知识产权类型来进行保护。

5. 对少数民族传统文化创设新的知识产权类型

通过上文分析可知，在某些情况下可以赋予相应的传统文化以商标权、著作权以及地理标志的名称进行保护，而对其进行专利赋权则几乎不可能。但是这几种方式又不足以保护少数民族传统文化遗产，那么，应当如何对传统文化创设新的知识产权类型，以及应当赋予其什么样的权利呢？

首先，根据不同传统文化及遗产的特色进行类型化的划分，也即在客体上对少数民族传统文化进行分类，以确定所设权利的客体类型。在排除属于著作权、地理标志等的客体类型之后，剩下的就是我们所要创设的新的权利的客体了。当然，这种客体还可以进行细分。

其次，确定权利的主体，这是一个难点。如商标权、专利权、著作权都需要有明确的权利主体。而对于传统文化及其遗产来讲，虽然其总体上属于该少数民族，但往往没有明确的主体，而没有主体的权利无异于没有权利。这正是我们要创设新的知识产权权利类型的原因和初衷。所以，在主体这一问题上我们所要创设的权利类型是一种类似于著作权、商标权乃至专利权的权利，但本身该权利又不具备著作权、商标权、专利权的全部条件，是一种准知识产权的权利类型。将其设立为这种准知识产权的权利类型本质上是由文化及其遗产的特殊性决定的。这种主体是一种集合体，本质上该少数民族的成员都可以成为该权利的享有者。因此在主体这一问题上我们不必拘泥于非常"确定"，而只需在需要时"特定"即可。这样主体问题就解决了。当然，这种主体是一种"准主体"，只有在主张权利时才是具体"确定"的。理论上全体该少数民族的成员都是该权利利益的享有者，但只有主张者才应当获得相应的利益，因为该主张者才是对少数民族传统文化的传承、发展和保护的贡献者，至于由此而产生的剩余利益，则应当归属于整个少数民族。

最后，对于所创设的这种准知识产权权利的条件，原则上应当有利于少数民族传统文化及其遗产的传承、发展和保护。因此它不必像发明专利权一样必须要求有突出的特点和显著性进步；也不必像实用新型专利权一样要求具有实质性特点和进步；也不必像申请商标权的主体一样那么要求严格，只要能够代表该少数民族的利益即可。出于利益平衡的考虑，无论专利权、商标权还是著作权都有时间的限制。但是这种准知识产权在权利的时间限制上，不应当像专利权一样有严格的时间限制，也不应当像商标权一样需要续展，还不应当像著作权一样有相应的时间限制，这是由传承、发展和保护少数民族传统文化的要求决定的，也是由少数民族传统文化及其遗产的特性决定的。至于这种准专利权、准商标权、准著作权的名称，可以根据该权利的特征来命名，比如称为专享权（准专利权）、标记权（准商标权）、作品权（准著作权）等，总之这是一个可以讨论的问题。

创设这种新权利的目的，在于更好地传承、发展和保护少数民族的传统文化及其遗产，其他民族乃至全社会应当理解和尊重它。不得不提醒的是，法律也不是万能的，之所以这样做，本意是提供一个可以更好地传承、发展和保护少数民族的传统文化及其遗产的思路。

少数民族传统文化及其遗产的保护和传承是一个非常重大的问题，它关系到该少数民族传统文化的存亡。在各民族不断融合的过程中，特别是在现阶段城镇化过程中，少数民族传统文化及其遗产不断受到侵袭和破坏，少数民族传统文化多样性和文化权利的享有状况堪忧，这就有必要对"文化权利"进行具体化。除了现阶段已有的知识产权保护，有必要赋予少数民族群体新的知识产权权利。有了这些权利，人们——无论是少数民族人群还是他人，才会珍爱少数民族的传统文化和遗产。当然，法律也不是万能的，在保护少数民族传统文化及其遗产的过程中，良好的保护氛围是非常重要的，这就需要政策、文化意识、自觉的行动等共同发挥作用。

四、知识产权法体系化基础理论与体系化方法

通过上文分析可知，可成为知识产权之客体者非常多，那么如何使它们体系化呢？

体系化是指将相关内容按照一定的规则和方法排列组合并糅合在一起形成统一集合体。体系化对于法学来说是十分重要

的。在民法体系中研究知识产权法体系化，应当对知识产权的基础理论进行抽象与高度概括，对知识产权基本理论进行充分的总结。由于基础理论具有抽象性，对基本思想的把握和概括需要从"发现问题，提出问题，解决问题"的视角出发，这样才能构建一个在民法体系下的专属于知识产权的法学体系。

在民法体系下，我国的知识产权法尚处于"各自为政"的单行法的状态，有《著作权法》《专利法》《商标法》《反不正当竞争法》《集成电路布图设计保护条例》以及《植物新品种保护条例》等法律法规。由此可以看出，我国知识产权法没有统一的、总括性的规范。但知识产权的无形性的特点以及高科技的快速发展使得我国知识产权立法不能止步于单行法，还应制定体系化的、抽象化的知识产权法，比如可以先制定知识产权基本法（总则），以实现对知识产权单行法的指导和补充，以期逐步实现知识产权法典化。

从体系状态来看，知识产权法已独立于科学技术进步法形成了专门的法律部门，并拥有独特的调整对象。其在国内外法律体系中均发挥着重要作用，并在保护路径上构建了以知识产权法为主导，以反不正当竞争法为补充的权利保护体系，总体上实现了知识产权的体系化。但是知识产权是一种开放性的权利，随着经济的发展和战略的调整与实施，对传统的权利类型发出了挑战，所以知识产权体系要想形成就应当制定抽象的、概括的知识产权基本法，才能在符合知识产权法定原则的前提下补充现有知识产权单行法的漏洞，并实现对新增知识财产或传统知识财产的有效保护。[1]为避免对传统的知识产权造成侵害，

---

〔1〕 参见李军政：《知识产权法的体系化》，载《经济导刊》2011年第1期，第84页。

应当将知识产权法体系化并丰富其内涵，可以对新兴知识产权和传统知识产权进行分类，这样一方面可以保障既有的知识产权权利类型不会因新兴权利的冲击而受损，另一方面也可以很好地回应时代的发展，为创作者提供激励机制，更好地服务社会。

知识产权概念上的体系化是不断发展的，知识产权的概念也是缓慢形成的。工业产权的出现整合了专利和商标等权利，使其可以在一个框架内不断完善与优化，《巴黎公约》也使用了该概念。为了整合工业产权与著作权，鉴于其客体的非物质性特征，"无形财产权"应运而生，对二者进行了囊括，此时就形成了三大知识产权的整合。人们对此的关注没有就此结束，而是对著作权与专利权进行归纳，从而产生了智慧财产权。但是首次正式使用"知识产权"的概念是在国际文件《建立世界知识产权组织公约》中。

知识财产权利体系的扩展，不仅仅局限于传统的物质化的财产，也慢慢延伸至无形财产。因其具有权利的专属性和无形性特点，符合民法的权利性质，所以有必要在知识产权单行法之外制定总括性的知识产权基本法，即总则的法律构造，以实现知识产权法既能前瞻性地适应现代科学技术发展对保护创新型知识的需要，又能溯及性地适应保护传承型知识、实现文化多样性的需要。[1]

关于知识产权法体系化的方法，应当注意以下问题。

1. 运用比较分析法并注重总结国内经验和借鉴国外经验

比较分析法是通过分析各国对于知识产权法体系化的法律

---

〔1〕 参见李军政：《知识产权法的体系化》，载《经济导刊》2011年第1期，第85页。

规定并借鉴来整合我国知识产权体系的一种方法。《TRIPS协定》将知识产权界定为一项私权，为将其纳入民法体系创造了法律基础。1992年法国通过的《法国知识产权法典》开创了知识产权法典化的立法先例。日本的《知识产权基本法》虽然也以"知识产权"命名，但是其内容与本质还是以公法为主，是政府主导的。《俄罗斯民法典》直接规定了"知识产权编"，将其公法的内容也纳入其中，使得民法的体系有些混杂。而我国的知识产权法体系化不仅要整合各个概念之间的逻辑关系，还要在民法的体系下确认知识产权是一项私权，在我国《民法典》中作一般性的规定，使得知识产权与民法对接。另外可以参考《伯尔尼公约》和《巴黎公约》，它们在一定程度上也为知识产权法体系化的运行提供了蓝本。

认真总结国内外关于知识产权法体系化的实践经验，吸取教训，是我们少走弯路、沿着正确轨道前进的重要保障。知识产权法体系化的过程，也是一个总结经验的过程。我国知识产权法体系化之路是对自身经验的直接总结，也是对国外关于知识产权法体系化实践经验的间接总结。因为我们没有可能，也没有必要事事都要亲自经历一番。我们要借鉴国外的经验，尽量避免走别人走过的弯路。

对于外国的经验我们要借鉴和吸收，但是，必须在分析的基础上有选择地进行，绝不是照抄照搬。构建我国知识产权法体系化理论，只能以我国的实际情况为基础。例如，我国国家知识产权局发布的《专利审查指南》规定，对克隆人的方法以及克隆的人等不授予专利权。这些内容基本是从1998年欧盟《关于生物技术发明的法律保护指令》引入的。而由于我国《专利审查指南》属于部门规章，具有法律效力，相关主体得遵照它执行，这与指南中规定的只有违反狭义的法律（不包括规章）

才不授予专利权相矛盾。因此，经验引入也不能是盲目的。另外，我国要不要把动物和植物品种列入知识产权客体范围，要结合我国的实际情况并研究国外的经验，综合分析后确定。

2. 利益分析法及平衡各方利益

从横向来看，知识产权的保护要始终衡量知识产权创作者、使用者和社会三者之间的利益关系，三者的矛盾就是利益的协调与解决。这在著作权和专利权方面表现得尤为明显。作为一项智力成果，对其保护的法律必须对这些利益进行衡量，然后对利益冲突进行裁决，以便更好地维护三者之间的利益平衡，维护社会正义与公平。其中以报酬给予创作者，以创造成果给予社会，以社会文明给予使用者。通过知识产权类型化的方法，对各种利益进行平衡和总结分析，才能构建符合社会主义的知识产权体系。

从纵向来看，知识产权产生之初是作为一项公权力运行的，由政府和国家机关进行把控，带有强烈的行政主义色彩。利益只不过是行政机关给予的"报酬"，而不是创造性劳动产生的，难免带有国家垄断的色彩。然而以此构建知识产权体系是不合时宜的，也不符合知识产权创造时的立法目的。

在知识产权制度中，应当实现以下四个维度的平衡：①知识产权权利人的专有权与社会公众对知识产品的合法需求；知识产权中的个人利益与社会公共利益；知识产权保护的效率与公平；知识产权管理的秩序与自由。总的来说，知识产权法中的利益平衡是指通过法律制度安排，使围绕知识产品产生的各种相互冲突的利益关系达到协调统一的和谐状态。[1]

---

〔1〕参见冯晓青主编：《知识产权法前沿问题研究》，中国人民公安大学出版社2004年版，第10页。

知识产权法与利益存在着"天然"的联系。确实，在知识产权法中，存在着不同的利益。从国外几百年的知识产权立法来看，一方面知识产权的客体随着科学技术进步和社会发展而不断扩张，另一方面公众信息自由的范围也在逐渐扩大。其背后有一个利益平衡机制，这种制度设计特别体现为协调和平衡知识产权权利人的专有利益与社会公众使用和传播知识产品的社会利益。

（1）权利人利益与社会公共利益的平衡

利益是人类社会中一个十分重要的主题，对利益的追求是人类社会活动的动因。它根源于人们的需要，是人们为了生存和发展所形成的具有一定性质的社会关系的形式。[1]平衡则涉及对某一事物的价值判断。法律是以规定人们的权利和义务来调整社会关系的。法律具有重要的利益调控作用，这种作用表现为利益调整、利益选择、利益协调和利益平衡。就知识产权法而言，这种利益既涉及权利人的私权利益，也涉及国家通过知识产权立法实现的社会公共利益。在科学技术迅猛发展的当代，知识产权法需要对技术革命所导致的利益分配作出新的调整。

知识产权制度在发展中也一直在谋求权利人和社会公共利益的平衡。许多传统规则中的禁忌已被突破，例如现行专利制度对通常被视为科学发现的基因技术也授予专利权，这一做法与传统专利法中的"科学发现不可专利"原则存在冲突，但这体现出一种利益调整。

在知识产权法律框架形成的初期，人类的创新活动处于一种无序状态，激励创新者的积极性显得尤为重要。这种状态下，知识产权法倾向于保护权利人。近年来，许多国家的立法和一

---

[1] 参见王伟光：《利益论》，人民出版社2001年版，第74页。

些国际条约也都不断加大对有关知识产权的保护力度。公共利益作为法的普遍的要求,对于维护法的正义性具有特别重要的意义。美国法学家博登海默认为,虽然个人权利对于实现个人的人格具有重要的意义,但为了实现公共利益,对个人的限制也是必要的。[1]

(2)公共利益目标的实现与保障

公共利益的存在要求作为社会成员的个人在追求自己的个人利益时应当受到一定的限制,私法上的诚实信用原则和禁止权利滥用原则就是确保公共利益、建构个人权利和公共利益的平衡状态的表现。公共利益作为法的普遍追求,对于维护法的正义性具有特别重要的意义。

知识产权是一种私权,私权保护是其基本考量。但是,知识产权也是一种具有很强的公共利益性质的私权,其应具有公共利益目标。为此,需要在知识产权法中的专有人利益和社会整体利益之间维持平衡和协调:第一,对教育、科学甚至贸易的合理使用预留适当的空间。第二,对基本人权的优先尊重。人权是人不可或缺的自由生存与发展的基础,应当具有优越的地位,是具有优先性的法的价值。[2]知识产权与健康权、环境权、宗教信仰权的冲突就是一个表现。在协调这些冲突时,知识产权立法既要关注权利所有人的权利,也要充分尊重基本人权。第三,对知识产权的时间性作出新的规定,以规制权利人的"垄断"和尽早使其研究的科技成果成为社会成果而为广大公众所应用。

---

[1] 参见苏喆、尉德翠:《动漫产业发展需要政策和新型法律机制的双重推动》,载《天津法学》2010年第2期,第43页。

[2] 参见张文显:《法治与国家治理现代化》,载《中国法学》2014年第4期,第10页。

公共利益与私权利益一样，都是知识产权法中的重要利益。实现公共利益也是知识产权法的一个十分重要的政策目标。知识产权法公共利益目标的实现要求在权利人利益和公共利益之间达成平衡。在这个意义上，对公共利益的确保体现了知识产权法的利益平衡。

社会公众在知识产权中不但应该享有一定的合法的权利，而且这些权利应该得到保障。如果使用者的权利得不到保障，从更广泛的意义上说，知识产权享有人的利益也将无法得到保障。

3. 注重科学性

注重科学性是指在构建知识产权体系时要体现出科学性。科学的东西是人类对实践经验的理性总结，是人类逻辑思维、理性思维的结晶。面对高新科技的发展，对知识产权体系构建来说，科学性原则显得格外重要。例如，对知识产权客体范围的界定，与国家、社会及权利人的利益紧密相关。它是对国家、社会及权利人利益关系的一种合理调整。美国法学家博登海默认为，虽然个人权利对于实现个人的人格具有重要的意义，但为了实现公共利益，对个人的限制也是必要的。"因为在这些情况下，正义要求赋予人类的自由、平等和安全应当在最大的程度上与公共福利一致。"[1]这就决定了构建知识产权体系必须建立在科学的基础之上。

第一，构建知识产权体系的科学性，体现在它的理性化方面。知识产权法本身是人类理性化的产物，它所制定的确定的、明确的、普遍的对知识产权进行界定的法律规范，是建立在人们能够鉴别、判断、评价和认识的理性基础上的。对知识产权

---

[1] 参见 [美] E. 博登海默：《法理学——法哲学及其方法》，邓正来、姬敬武译，华夏出版社1987年版，第297页。

体系的构建是一种有目的性的追求，体现了理性化特征。理性化是知识产权法体系化的基础性和根本性的要素，是科学性原则的具体体现。

第二，构建知识产权体系的科学性，体现在它的合理化方面。同理性化相比，合理化则更进一步体现了科学性原则。就人类认识领域来讲，任何科学性的事物同时也应是合理的。合理性要求对知识产权法体系化进行恰当的构建，既不任意扩大其范围，也不随意缩小其范围，做到恰如其分，能适应社会和科学技术的发展。如果对知识产权体系范围界定得太宽，在实际操作中会产生困难；如果对知识产权体系范围界定得太窄，又不能对高新的科学技术进行合理的保护。

第三，构建知识产权体系还体现在主观符合客观上。也就是说，构建知识产权体系带有人们的主观色彩，但是这种主观的色彩又是根据客观情况形成的，是主客观相结合的产物。主观上讲，对知识产权体系构建要符合目的，使人们容易掌握；客观上讲，对知识产权体系构建有利于对知识产权进行保护。

第四，构建知识产权体系还体现在稳定性、连续性和适时性的结合上。知识产权发展的历史表明，要想使知识产权法发挥作用，必须使知识产权制度保持稳定。从某种意义上讲，稳定是法律的生命之源，只有稳定才有效力。然而，社会和科技是不断变化的，为了协调稳定性和社会发展的变动性之间的矛盾，就需要稳定性与适时变化相统一。稳定性和连续性是指知识产权制度一经确定，必须保持其严肃性和权威性，决不能随意中断、废弃。知识产权范围的稳定性与连续性是整个知识产权法律制度稳定的保障，否则会造成社会无所适从。适时性是指知识产权制度必须不断地适应历史发展和社会的变化，及时根据变化调整知识产权的客体范围。

第五章

知识产权法与民法（狭义）相统一问题

我国民法深受德国民法典和潘德克顿体系影响，物权原则上坚持物必有体。然而物本身可以是有体的，也可以是无体的，可以是有形的，也可以是无形的。随着社会的发展，这些无体物、无形物也必然产生法律关系，这就需要法律规制。物权中的"物"必有体——动产和不动产——已不能涵盖这类法律关系，体现在我国《民法典》中就是又规定了"无线电频谱""权利"这类客体。然而这在逻辑上和体系上都存在问题。与此同时，物权与知识产权的割裂在于它们的客体——物没有统一。当"物"突破物必有体而包括无形物和无体物时，物权与知识产权的客体才可以统一。二者都是在"物"上构建规则，物也就可以划分为物理体之物和智力成果之物，前者是构建物权的基础，后者是构建知识产权的基础。"物"包括无形物和无体物时，其所代表的含义与其说是扩大了，不如说是回归了本质。由于传统民法中"物"所代表的含义已经约定俗成，代表的就是物理体之物，就必须归纳出抽象化物理体之物和智力成果之物的上位概念，也就是本书提出的"本质物"概念。这时，物形成统一，物权客体与知识产权客体也形成统一，为民法与知识产权法体系化、一体化奠定了基础。

一、物概念和物含义的演变

在传统民法上,"物"是民事法律关系的重要客体,与此相并列的,还有行为、智力劳动成果、人身利益。其中,"物"与"智力劳动成果"均属于财产性质的客体。

历史上,两大法系由于对待财产权制度的不同,在对待"物"上也不同,即对"物"概念有不同的理解和运用。由于在英美法中奉行实用主义的原则,财产权是一个相当宽泛的概念,在处理问题上比较灵活,在财产权利的客体上也持开放的态度,在这种情况下将无形财产纳入英美法的财产制度并没有什么问题,财产权利的客体也就包括了无形财产,在客体上也接纳了无形物。相对于英美法律制度,大陆法系中以德国民法典为代表的法典中有严格的物权制度,长久以来奉行的就是"物必有体"原则,将无体物排除在外。虽然特定情况下,权利也能成为民事法律的客体,但是从逻辑上来说,如果把物权的客体界定为有体物,权利作为物权的客体将存在逻辑问题。

从权利本质的角度来看,其与客体密切相关,本质上是在特定的客体上建立相应的规则。如在"物"上建立规则,则可以形成物权;在"行为"上建立规则,则可以形成"债权";在"智力劳动成果"上建立规则,则可以形成知识产权。长久以来,人们对这种分类和使用方式没有提出过任何怀疑,这些客体之间的区别与联系似乎也已经很清楚。然而,在这种分类下,无体物、无形物应当归入"物"的范畴还是应当归入"智力劳动成果"的范畴,似乎都不能很好地涵盖所涉范围。

我国也深受德国民法典的影响,基本坚持"物"必有体原

第五章 知识产权法与民法（狭义）相统一问题

则。如我国《民法典》第205条所规定。[1]《民法典》将"物"分为"不动产"和"动产"。[2]在《民法典》物权编第一分编"通则"、第二分编"所有权"中，从第205条到第322条，除第252条外，所规定的都是有体物。[3]根据第240条，[4]《民法典》中对"物"的规定就指动产和不动产。然而，《民法典》又在第252条规定了无线电频谱资源。无线电频谱资源既不属于动产也不属于不动产，这无论从逻辑上还是从内容上都说不通，反映了立法上的无奈和尴尬。从法的体系的角度看，一方面，《民法典》这样的规定虽然将"物"扩展到了无线电频谱，但又不能将无线电频谱归入《民法典》所规定的动产和不动产的类别中，这就是一个很大的问题。另一方面，无线电频谱具有无形性，而智力劳动成果也具有无形性，尽管它们都具有无形性，但显然无线电频谱也不能归入智力劳动成果之中，这就在归类上形成空缺。因而有必要从根本上进行研究，并从根本上解决这个问题，因为它关系到民法"物"的统一，进而关系到民法的体系化。受此影响，《民法典》中无法规定具体知识产权法之内容，这就形成了现今的《民法典》与知识产权法的关系，除了《民法典》规定各主体享有知识产权这一基本内容之规定，就再无其他关系了。

归结起来，以上问题从根本上来讲，都需要对民法"物"进行研究，因为"物"在民法权利构建中具有相当重要的地位。

---

[1]《民法典》第205条规定："本编调整因物的归属和利用产生的民事关系。"

[2]《民法典》第208条规定："不动产物权的设立、变更、转让和消灭，应当依照法律规定登记。动产物权的设立和转让，应当依照法律规定交付。"

[3]《民法典》第252条规定："无线电频谱资源属于国家所有。"

[4]《民法典》第240条规定："所有权人对自己的不动产或者动产，依法享有占有、使用、收益和处分的权利。"

也就是说，研究权利的本质和权利的构建一定要研究"物"。一方面，物是财产存在的基础，没有物就没有财产；另一方面，财产是设定财产权利的基础，没有财产就没有财产权利。因此，没有"物"的存在，就没有财产权利的产生，研究财产权利的本质实质上就是对"物"的研究。但由于现有理论存在上述问题，还需要对"物"之理论进行再思考。

1. 物概念演变

关于什么是"物"，不同的学者有不同的回答。[1]我国《民法典》第114条对"物权"进行了定义，[2]没有对"物"进行定义，但《民法典》规定了"物"包括动产与不动产，权利在有相应规定时也可以成为物权客体[3]。同样，我国《民法典》第115条并没有直接规定权利也可以是一种"物"。不过，我们仍然可以作一些逻辑上的推理：既然"物权"的客体可以是权利，那权利也应当是一种"物"，否则就无法成为一种"物"权。因此物还在一些条件下包含权利。将权利作为物在立法上也是有例可循的，在以《法国民法典》为代表的立法例中，

---

[1] 魏振瀛主编的《民法》里对物的定义为：民法上的物，作为民事权利客体之一，是指存在于人身之外，能够满足人们的社会需要而又能为人所实际控制或支配的物质客体。杨立新、王竹认为：物是具有自然属性的物权客体。王利明认为：物权的客体主要指动产、不动产，是有体物，特殊情况下权利可以作为物权的客体。张双根认为：凡具有有体、空间占据性、范围确定性与可支配性等要件的即为物。参见魏振瀛主编：《民法》，北京大学出版社、高等教育出版社2000年版，第118页；杨立新、王竹：《论物权法规定的物权客体中统一物的概念》，载《法学家》2008年第5期，第71页；王利明：《再论物权的概念》，载《社会科学研究》2006年第5期，第81页；张双根：《物的概念若干问题》，载《华东政法学院学报》2006年第4期，第104页。

[2] 《民法典》第114条规定："民事主体依法享有物权。物权是权利人依法对特定的物享有直接支配和排他的权利，包括所有权、用益物权和担保物权。"

[3] 《民法典》第115条规定："物包括不动产和动产。法律规定权利作为物权客体的，依照其规定。"

第五章 知识产权法与民法（狭义）相统一问题

物既可以是有体物也可以是无体物，权利就是一种无体物。以德国法为代表的传统立法例中，物是有体物，是不包括无形物的，因此，"物必有体"。但是德国法也在发展之中，在《德国民事诉讼法》中就将有体物、无体物、权利纳入物的范围。[1]在日本关于物的立法例中，由于其师承德国法，认为物应当为有体物，《日本民法典》第85条限定了有体物[2]，而无体财产是与有体物相对应的。当然，日本的民法也处于发展之中，在理论界，北川善太郎于1988年首次提出了"知识财产"这一术语，而小岛庸和则系统阐述了"无体财产权"理论。[3]在世界范围内，19世纪末20世纪初"物必有体"学说随着科学技术、社会经济的发展已经被打破了，这体现在经典物理学阶段的末期，随着天然气、电力等无形的东西在物理学上纳入物的范畴后，法学上关于物的概念也发生了变化，也包括了无形之物。[4]

在西方的语言中，用来表达物的词语无论是拉丁文的objectus，法文的objet，西班牙文的objeto，英文的object，还是葡萄牙语的objecto，意大利语的oggetto，都有物的意思，同时还有对象、客体的意义。物与对象、客体有着密切的关系。事实上，所有权表现的就是人对物的一种支配关系，这种物就是权利的对象和权利的客体。至于谁在支配物，这又与主体相关。可见，物是一个与主体和客体都相关的概念。

物概念的发展也有一个历史发展的过程。在古罗马，奴隶

---

[1] 《德国民事诉讼法》第264条。

[2] 参见吴汉东主编：《知识产权制度基础理论研究》，知识产权出版社2009年版，第34页。

[3] 参见吴汉东主编：《知识产权制度基础理论研究》，知识产权出版社2009年版，第35页。

[4] 参见杨立新、王竹：《论物权法规定的物权客体中统一物的概念》，载《法学家》2008年第5期，第74页。

虽然是实在的自然之人，但他们在身份上并不被视为人而被视为物，奴隶被划分在物的种类里。这种状况一直持续到1537年才有改观。[1]但是也是在古罗马时期，物被分为了有体物和无体物。盖尤斯区分了属于财产的物和不属于财产的物，同时在罗马法里也区分了对人之诉和对物之诉。物在罗马法里还分为人法上的物和神法上的物。盖尤斯将人法物分为了公有和私有之物，而有体物和无体物就都属于私有物。在罗马法里，无形物指的是一种与现代法上大约相当的他物权、继承权与债权，而不特指现代意义上的自然产生的"无形之物"。而且，需要说明的是，由于在罗马时期，权利一词的概念尚未形成，有的仅是一些构成权利的观念，用现代的眼光来表示或者描述与现代权利一词所代表的含义相同的罗马时期的与物相关的内容，就显得颇费周折。有的译著中对罗马法所包含的与物相关的可表示为现代权利方面的内容就直接翻译成了"权利"，这是值得商榷的。盖尤斯是基于教学的目的而将物分为有形物和无形物的。[2]他在论著《法学阶梯》的"物"中讨论了有形物与现代法所称的他物权、债权和继承权，而他物权、债权和继承权等则都是无形的。这种分类的方法有利于其构建其法学理论：人法、物法和诉讼，它们都可统一于物法。罗马法在表达与现代权利大约相当的含义时所用的表述为"属于我们财产的物"，显然，这在现代意义上来看就是一种权利了。盖尤斯在其论著中对有形物和无形物的划分直接影响到了查士丁尼，查士丁尼在其论著中沿承了盖尤斯对有形物和无形物的划分。盖尤斯对有形物（有体物）和无形物（无体物）的区分还影响到了后来的

---

[1] 直到1537年，奴隶才被罗马教皇保罗三世宣告为人而不再是物。
[2] 参见方新军：《盖尤斯无体物概念的建构与分解》，载《法学研究》2006年第4期，第89页。

第五章 知识产权法与民法（狭义）相统一问题

法典编纂。对无形物概念的采纳可见于《奥地利民法典》[1]《智利民法典》等[2]。《法国民法典》虽然没有直接使用无形物这一概念，但有无体财产的分类。[3]在《德国民法典》中则没有采纳无体物的概念，坚持物必有体原则。

历史上对物概念的不同态度还体现两大法系上。两大法系由于对待财产权制度的不同，在对待物上也不同。在英美法中，财产权是一个相当宽泛的概念，它与所有权往往没有严格的区分，因而在处理问题上比较灵活，奉行实用主义的原则，在财产权利的客体上也持开放的态度。无形财产纳入英美法的财产制度并没有什么问题，财产权利的客体包括了无形财产，也接纳了无形物。在英美法律制度对"财产"概念内涵和外延相当宽泛的情况下，正如学者所言，按照经验主义建立起来的普通法的财产概念，能够适应无体财产发展的需要[4]。相对于英美制度，大陆法系中以德国法为代表的法典中有严格的物权制度，长久以来奉行的就是物必有体原则，使得它将知识产权隔绝起来，体现在物上就是将无体物排除在外。

一方面，在《德国民法典》制定时期，知识产权制度已初步形成，相关立法也日趋完善。这一历史背景可能为法典编纂提供了一个特殊的立法条件：由于知识产权已形成独立的法律体系，民法典可以专注于构建有体物的权利体系，而无需过多考虑知识产权问题。另一方面，德国在制定民法典时关于权利的理论也已经非常成熟了，这就为其物权的构建提供了理论基

---

[1]《奥地利民法典》第291、292条。
[2]《智利民法典》第575、576条。
[3]《法国民法典》第526、529条。
[4] 王利明：《再论物权的概念》，载《社会科学研究》2006年第5期，第84页。

础。债权与物权的分离〔1〕以及继承权与物权的分离〔2〕都使得物权的客体走向了有体物,特别是所有权中用益物权等他物权也与所有权有了质的分离,〔3〕有体物就更纯粹了。

当然,随着社会的发展,特别是科学技术的发展,法学中物的概念也受到了物理学中物的概念的影响。物理学概念中的物经过发展也包括了无体物,比如电力等物,使得物权的客体——纯粹的有体物也遭受了挑战。因此,现在的民法里,逐渐也接受了这种无体的自然之物。另外,权利在特定的情况下也成了物权的客体。显然,权利是无形的,它所指的含义内容在罗马时期就被当作了物。然而,从逻辑上来说,如果把物权的客体界定为有体物,权利作为物权的客体将存在逻辑问题。针对这一情况,杨立新、王竹等学者提出了抛弃"物必有体"学说。〔4〕但是在现阶段,权利作为物权的客体可以看作现代民法在有体物之外的一种特殊安排,而不是为了符合逻辑体系,这

---

〔1〕 学说史上第一个明确区分了物权和债权的学者被认为是人文主义学派的约内斯·阿倍尔（Johannes Apel,有的著作中也译为约翰内斯·阿佩尔,为了行文需要,本书统一使用阿倍尔这一称呼,但在引用中遵从原作者的翻译）。参见方新军:《盖尤斯无体物概念的建构与分解》,载《法学研究》2006年第4期,第95页。当然,在这一区分过程中,也有评注法学派的贡献,其他人文主义法学家如雨果·多内鲁斯（Hugo Donellus,也翻译为雨果·多诺鲁斯、胡果·多纳鲁斯,本书引用中遵从原作者的翻译,但在行文中为了统一使用雨果·多内鲁斯这一称呼）、康南（Connan）也有相当的贡献。参见杨代雄:《法学阶梯式民法体系的逻辑构造与历史演进》,载《外国法制史研究》2009年,第70页以下。

〔2〕 继承权分离于物权的贡献应该归功于古斯塔夫·胡果（Gustav Hugo）和阿诺德·海泽（Arnold Heise）。参见方新军:《盖尤斯无体物概念的建构与分解》,载《法学研究》2006年第4期,第99页。

〔3〕 多内鲁斯提出了他物权的概念。多内鲁斯、胡果·格劳秀斯（Hugo Grotius）、蒂堡（Thibaut）等对于他物权与所有权的分离有重要贡献。参见方新军:《盖尤斯无体物概念的建构与分解》,载《法学研究》2006年第4期,第96—98页。

〔4〕 参见杨立新、王竹:《论物权法规定的物权客体中统一物的概念》,载《法学家》2008年第5期,第71页。

正如我国《民法典》第115条的规定。

2. 物含义演变

以上论述简单回顾了物概念发展演变的历史，物从似乎无所不包发展到了纯粹的有体物，物概念的内涵和外延都发生了变化。

物在罗马时期就被分为了有形物与无形物，或者说有体物和无体物，这是盖尤斯的贡献。当然，盖尤斯所处时代还没有有形（corporalis）和无形（incorporalis）这两个词，因为它们直到神圣罗马帝国时期才出现。[1]有形与无形的表述是用现代的词语表达了盖尤斯时代的含义。尽管如此，它们所表达的含义也是真实的。在本书中，为了表述上的方便，也直接使用了有形与无形这样的词汇。

在物含义演变的过程中，首先是有体物发生了变化，体现为奴隶人格和身份的变化。奴隶制的存在，使得奴隶在人格上不是人而成为物，具体地说是有体物，奴隶也就不是主体而是客体，尽管他们在自然特性和生物特性上与奴隶主一样都是人。在盖尤斯《法学阶梯》第1卷的人法中，他把人分为自由人和奴隶，[2]由此形成了自权人和他权人，[3]奴隶是从属于支配权的"人"[4]。这种状况一直持续到中世纪晚期，奴隶在反抗奴隶制的基础上获得了自由，成为真正人格和身份意义上的人，也就由原来的客体转化为了主体。因此，"物"主体范围扩大而客体范围缩小了。相应地，奴隶就不再是物了，而是成为可支

---

[1] See Peter Drahos, *A Philosophy of Intellectual Property*, Australian National University (ANU) eText, 2016, p. 20. 也可参见[澳]彼得·德霍斯：《知识财产法哲学》，周林译，商务印书馆2017年版，第34页。

[2] 盖尤斯《法学阶梯》第9题、第10题。

[3] 盖尤斯《法学阶梯》第9题、第48题。

[4] 盖尤斯《法学阶梯》第9题、第49题、51—107题。

配物的人。由此物概念的内涵和外延第一次发生了变化，这个变化就是奴隶从物中解放出来，奴隶得以从有体物中排除，物的概念第一次缩小了。

物含义的内涵和外延的第二次变化体现在无体物上，具体地说，体现在物权与债权的区分上。我们知道，盖尤斯在其《法学阶梯》的第2卷和第3卷这两部分论述了物法，其中从第3卷的第88题开始论述债（权）。他在第2卷的开头部分把物分为神法物和人法物，有体物和无体物的区分是他对物的另外一种分类方法。盖尤斯的无体物，体现为我们现在称为某种权利的东西，比如债权、继承权、用益权等。当然，前文论述过，在盖尤斯时期，权利一词尚未形成，现在学者们在论著中这样称呼纯粹是从方便论述的角度考虑的。将物分为有形物与无形物有利于盖尤斯安排教科书《法学阶梯》人、物、诉讼的体系结构。盖尤斯之后，查士丁尼所著的《法学阶梯》总体上沿用了该体系，但是也有一些区别。因为查士丁尼也将部分物法的内容安排在了第4卷私犯之债的前半部分。据学者考证，这也在一定程度上促成了债法与物法的分离。[1]之后经过注释法学派和评注法学派的努力，特别是法国学者佩特鲁斯·德·拜拉佩提卡（Petrus de Bellapertica）的努力，首先把债从无体物概念的笼罩下解放出来了。[2]之后，阿倍尔作了"对人权"与"对物权"的区分，萨维尼吸收了这一成果，对物权行为与债权

---

[1] 参见杨代雄：《法学阶梯式民法体系的逻辑构造与历史演进》，载《外国法制史研究》2009年，第61页。

[2] 法国学者佩特鲁斯·德·拜拉佩提卡把盖尤斯体系中的"讼"改成了"债"，形成了人—物—债的新体系，由此首先把债从无体物概念的笼罩下解放出来。参见徐国栋：《盖尤斯、其〈法学阶梯〉、优士丁尼〈法学阶梯〉》，载《河北法学》2010年第6期，第43页。

第五章 知识产权法与民法（狭义）相统一问题

行为进行了区分。[1]而另一人文主义法学家多内鲁斯又将法律体系区分为实体法与诉讼法，而实体法上的权利则分为属于我们的权利（包括人格权与物权）以及他人欠我们的权利（债权），[2]他把民法体系改造成了人法、对物权法和对人权法，对人权法也就是债法。[3]康南则把评注法学派的人法、物法、债与诉讼法的模式改革为人法、物法、债法法的模式，因为他认为债所涉及的应当是行为，而非诉讼（权），这样就变为人法、物法和债法了。[4]这样，债权就从物权中分离出来。关于债权从物权中的分离，萨维尼为了构建起自己的理论体系对此进行过详细的论述。[5]由此，债权就脱离了物权，自盖尤斯以来至此债就脱离了无体物，不再是无体物的一种，而成为一个独立的概念。

物含义的内涵和外延的第三次变化体现在继承权脱离于物权方面。在盖尤斯那里，继承权是属于物中的无体物的。盖尤斯的人、物、诉讼体系是靠他的无体物概念支撑起来的，无体

---

〔1〕 参见方新军：《盖尤斯无体物概念的建构与分解》，载《法学研究》2006年第4期，第95页。当然，对此也有不同的意见，有学者认为，债权和对物权是19世纪才创造出来的概念，那时的阿倍尔不可能使用这样的概念。参见金可可：《论人文主义法学中对人权与对物权的区分》，载《西南民族大学学报（人文社科版）》2005年第4期，第49页。

〔2〕 金可可：《论人文主义法学中对人权与对物权的区分》，载《西南民族大学学报（人文社科版）》2005年第4期，第50页。另可参见杨代雄：《法学阶梯式民法体系的逻辑构造与历史演进》，载《外国法制史研究》2009年，第72页。

〔3〕 参见杨代雄：《法学阶梯式民法体系的逻辑构造与历史演进》，载《外国法制史研究》2009年，第73页。

〔4〕 参见杨代雄：《法学阶梯式民法体系的逻辑构造与历史演进》，载《外国法制史研究》2009年，第73页。

〔5〕 参见金可可：《私法体系中的债权物权区分说——萨维尼的理论贡献》，载《中国社会科学》2006年第2期。

物也包括债权和继承权。[1]盖尤斯从其著作《法学阶梯》第2卷的第99题开始一直到第3卷的前半部分都论述了继承权。盖尤斯将债法和继承法包含到物法里深深地影响了后世,以至于不可避免地发生了争论。一种观点认为,继承权可以在对物之诉中存在,也应当在对物诉讼中去寻找。因为在对物之诉中,对占有的继承都应当属于物权的类型。巴尔都斯就认为继承权包含在物权当中,[2]海因里希·哈恩(Heinrich Hahn)也认为继承权包含在物权当中[3]。另一种观点则认为,从物权中不能直接推导出继承权,因为对物诉讼之中也有可能包含债权。这两种争论的本质在对待继承权这一问题上实际上具有一致性,因为它们都没有脱离继承权属于物权这个观点。倒是马伊诺[4]在对物权分类中将继承权排除出了物权外,将物权分为了所有权、地役权和抵押权。[5]后来胡果对盖尤斯的人、物、诉讼体系进行了批判,批判盖尤斯将债权、继承权等也划入了物法。他在其著作《罗马法教学大纲》中认为,像继承权、债权这些权利应当脱离开物法。到海泽时,他认为继承权是一种取得物权或者取得对他人权利的方式,本质上与物权是不同的。经过种种争论和多名法学家的努力,继承权就从物权中分离出来了。

---

[1] 参见徐国栋:《罗马私法要论——文本与分析》,科学出版社2007年版,第162页。

[2] 巴尔都斯认为物权包括四个大的类别:所有权、继承权、地役权和抵押权。参见方新军:《盖尤斯无体物概念的建构与分解》,载《法学研究》2006年第4期,第99页。

[3] 哈恩认为物权分为所有权、质押权、地役权、占有权和继承权。参见方新军:《盖尤斯无体物概念的建构与分解》,载《法学研究》2006年第4期,第99页。

[4] 贾森·德·马伊诺(Jason de Mayno),评注学派的最后一位代表人物。

[5] 参见方新军:《盖尤斯无体物概念的建构与分解》,载《法学研究》2006年第4期,第99页。

第五章 知识产权法与民法（狭义）相统一问题

这反映出人类认识的进步。这样，盖尤斯无体物的概念又一次被限缩了。盖尤斯无体物概念中去掉了债权和继承权后，不以实体物为存在的"物"就剩下他物权（用益物权）了。

至此，经过奴隶从客体（物）上升为主体，债法与物法的区分，继承法与物法的区分，物法似乎已经成为纯粹的物权法了。但是，在盖尤斯的物之中还有一种物，即现在我们称呼为用益物权的物，属于我们现在所称的他物权的一种，包含在所有权当中。用益物权也被盖尤斯划分在无形物之中。按照我们现在的理解，用益物权当然不能与物直接等同。它虽然是无形的，但也应当从无形物中区分出来，因为它不是一种实在的物。

他物权从无体物中的分离也是物概念发生的一次重要的变化，只有他物权也从物中分离出来，物法才能成为纯粹的物权法。

在盖尤斯那里，我们现在称为用益物权的权利原来是从属于所有权的，它并不是独立的。上文论述过，在物权与债权的区分过程中，阿倍尔作出了非常重要的贡献，而物权与债权的区分源于他将物权分为了对物权（ius in re）与向物权（ius ad rem）。其中的向物权在当时相当于我们现在所称的对人权，而对人权发展为后来的债权。后来在巴尔都斯那里，对物权包括了直接所有权、用益所有权等。[1]到了多内鲁斯时，他第一次提出了与后来潘德克顿体系中含义相同的"他物权"这个概念。[2]多内鲁斯在此的贡献是有决定性意义的，学者评价他的

---

[1] 参见方新军：《盖尤斯无体物概念的建构与分解》，载《法学研究》2006年第4期，第96页。

[2] 参见金可可：《论人文主义法学中对人权与对物权的区分》，载《西南民族大学学报（人文社科版）》2005年第4期，第50页。

贡献为确立了一种新的范式，影响深远。[1]多内鲁斯的贡献影响了格劳秀斯和潘德克顿学派的理论。1801年，潘德克顿学派的蒂堡用"他物权"的概念取代了用"用益所有权"的概念。[2]到此，他物权成为一种设立在他人物上的权利，而用益物权是他物权的一种，由此，包括用益物权、地上权、地役权等的他物权就与所有权分离了。

在他物权与所有权进行区分之后，物权法就成为以物权为基础的法律了。在潘德克顿学派理论的影响下，德国产生了新的民法典，采用了潘德克顿体系的立法模式。在这一体系中，物的含义由于排除了原来盖尤斯物概念中的奴隶、债权、继承权以及所有权与他物权的区分，再加上排除了形成知识产权之物的智力劳动成果，物法中的"物"就非常纯粹了，成了一种有体物。

二、"物"之分类再思考

上文分析了物概念和物含义的演变，这对分析和研究权利的形成具有重大意义，使我们对物、权利、客体有了更清晰的认识。一方面，发展到德国民法典时，物中不再包括权利了，也即权利不再是一种物了，物仅仅是权利的客体；另一方面，某种特定的权利虽然不是一种物，但它在我国《民法典》中依然有所规定。[3]对此，应当这样来理解：第一，权利作为物权的客体是一种特别的安排，虽然它在"物"这个概念的逻辑上

---

[1] 参见方新军：《盖尤斯无体物概念的建构与分解》，载《法学研究》2006年第4期，第96—97页。

[2] 1801年，潘德克顿学派的蒂堡发表了一篇名为《论直接所有权和用益所有权》的论文，用"他物权"的概念取代了"用益所有权"的概念。

[3] 比如我国《民法典》第115条规定，权利也可以成为物权的客体。

第五章 知识产权法与民法（狭义）相统一问题

看与物是矛盾的；第二，将权利作为物权的客体是在行事方式上将权利看作是与物相同，但权利本身并不是物。

原初的权利，是我们称为所有权的权利，它的范围比现在我们所使用的"所有权"概念大很多，包括了现在独立使用的其他许多权利。后来随着物概念的发展演变，逐渐形成了债权、物权、用益物权、他物权、继承权、人格权、亲权等概念。故而我们所说的一般意义上的权利，是在物概念的发展演变过程中逐渐形成的。这些权利形成的过程也是一个对其区分和类别化的过程，对此萨维尼有过详细的论述。[1]在物权与债权区分之后，萨维尼根据物权与债权的共性以及它们之间的联系把它们整合在财产权之下。物权与债权的共性就是它们都是对除人外世界的支配。债权支配的是他人的行为。支配他人的行为，与其说是一种支配，不如说是一种请求。[2]

物权的客体——"物"，其有体性[3]与知识产权客体的无体性，使物权与知识产权相互区别。本来，在物权的客体为有体物的情况下，它与知识产权的客体的区别可以用无形性或者无体性来判断，而一旦无形无体的自然之物如电力、无线电频谱等也成为物权的客体，再用无形性或者无体性来区分物权与知识产权显然是无解释能力的。这时就需要建立新的区分方式与方法，进行理论创新。这正是本书的目的，也是下文要讨论的内容。

在物权客体的物包括了无体物或者无形物如电力、无线电

---

[1] 参见金可可：《私法体系中的债权物权区分说——萨维尼的理论贡献》，载《中国社会科学》2006年第2期。

[2] 因为要支配他人的行为，就得请求他人为一定的行为，所以债权是一种请求权。

[3] 当然，随着社会特别是科技的发展，一些无体之物也成了物权的客体，物权的客体有了扩张的趋势，物权客体的有体性也在接受着挑战。

频谱后，如何将其与知识产权相区分？这应当研究物权客体与知识产权客体的不同。物权的客体包含了无形物或者无体物后，它仍然是一种自然之物，也即是一种物理体之物，这点是容易理解的。知识产权的客体是一种什么物？它是一种思维的产物，也就是通常所说的智力劳动成果。这种思维的产物需具有创造性，还必须见之于客观，可以通过某种方式表现出来，也即要经过主观见之于客观这一过程，并且形成相应的成果。因此，知识产权的客体是一种创造性思维见之于客观之物。这样，物权的客体就可以表述为物理体之物，知识产权的客体就可以表述为智力成果物。

并不是所有的思维都是"物"。如前所述，"智力成果物"所代表的含义是"创造性思维见之于客观之物"，它指的就是智力劳动成果，一方面必须是一种创造性思维或者知识，另一方面必须达到了见之于客观的程度，有成果，因而形成了物。没有见之于客观，没有形成成果，那只是一种纯粹的主观思维。"思维之物"中的"物"是客观的，但是它是主观"思维"见之于客观而形成的物，强调的仍然是客观性，强调的是它的"物"性。"思维"是"思维之物"中"物"的修辞语，说明了这个物因何而来。因此，作为思维之物的"智力成果物"不是虚拟之物，更不是虚构之物，是实在之物。

之所以用"智力成果物"而不直接用"思维之物"这一称呼来表述知识产权的客体，一方面是因为思维之物的外延更加宽广，不利于把握知识产权的实质；另一方面，智力劳动成果已经成为一个习惯的用法，我们应遵从习惯性。但是，智力劳动成果确实是思维之物。之所以将"智力劳动成果"中的"成果"二字也称为或改称为"物"，一是因为它本身就是一种物，二是在"智力成果"之后加上"物"字，它就与物权的客体——

上文所论述的"物理体之物"具有逻辑一致性，并且都统一于"物"的概念之下，这样既说明了"物"的内涵，也做到了"物"的周延。

把物分为"物理体之物"和"智力成果之物"是有重要意义的。第一，它解决了在物权的客体扩张到无形物之后，物权与知识产权无法区分的问题；第二，无论是"物理体之物"还是"智力成果物"，它们都是实实在在的物而不是虚拟之物或虚构之物，它们都统一于"物"这个概念之下；第三，它们共同为下文提出和研究的一个概念——"本质物"限定了范围。

三、知识产权法与民法（狭义）相统一理论分析

物权与知识产权也有共性，就是它们都是以物为基础，物就是它们客体的本质，尽管一个是物理体之物，一个是思维见之于客观的智力劳动之物。知识产权和物权由于具有物的本质相同性，这就与债权有了本质的区别。这种区别就是，知识产权和物权是对物的支配，而债权是对他人行为的支配，尽管知识产权的客体智力劳动成果与债权的客体即行为都是无形的。

上述区分有着重要的意义，因为物权与知识产权的本质相同性使得我们能够把物权和知识产权共同进行研究，可以把它们在"物"之下统一起来。而债权由于与知识产权的本质不同（债权客体为行为，知识产权客体为智力劳动成果之物，二者客体在本质上不同），就不能在"物"之下将二者统一起来。

民法调整平等主体的自然人、法人和非法人组织之间的人身关系和财产关系。[1]按照民法所包含的内容可将其划分为广义的民法和狭义的民法，广义的民法包含商法，狭义的民法主

---

[1] 参见《民法典》第2条。

要将商事主体排除在民法的范围之外。而知识产权在民法体系下，属于私权的范畴。[1]我国于1979年之后才承认知识产权的私权属性，它与其他权利不同，是由特权转化而来的。[2]且《民法典》所规定的知识产权类型涉及知识产权专有权、注册商标专有权、商业秘密、专利申请权、职业技术成果等，在权利的利用上有占有、出质、订立合同、转让、委托使用等。

从权利的属性出发，知识产权的私权属性与民法具有异曲同工之妙，在权利的享有上都是平等主体参与到民事行为中，对其财产进行占有、使用、收益和处分。但是与民法所保护的权利不同的是，民法所要规制的对象是财产权，确切意义上来说是有形财产权，而知识产权法保护的是智力成果，即无形财产权，看不见摸不着但能为权利人带来收益，属于财产权的权利范围。尽管在知识产权法中，尤其是专利法与商标法中，在权利的取得上需要国家机关的登记与确权，与物权一样需要公示，在保障权利的同时也带来了公权力机关干预的问题，而专利中的无效宣告与撤销程序也具有行政主义色彩，但是以上行政机关只是作为"守夜人"的角色进入民事领域中，不是作为民事主体的身份参与到法律关系中。《民法典》第2条就规定了民事领域的主体，其中并不包含国家。所以，知识产权法还是作为私权来体现其理论和实践价值的。

对于责任承担问题，现阶段我国各单行知识产权法中的责任承担以民事责任为主，辅之以刑事责任，如侵犯著作权罪等。在民事责任上，有规定的适用各单行知识产权法规定，没有规定或者规定不明确的，适用有关法律的规定，这里的有关法律

---

〔1〕 参见《与贸易有关的知识产权协定》引言。
〔2〕 参见郑成思：《WTO知识产权协议逐条讲解》，中国方正出版社2001年版，第3页。

应当指《民法典》,[1]即直接适用我国《民法典》合同编中的合同的履行和合同的保全条款。

四、知识产权法与民法（狭义）相统一方法

物理体之物与智力成果物是平行的概念，从逻辑和归类来讲，它们应当有一个上位概念，这个概念能够涵盖这两个平行概念的本质和特征。

能不能用"物"这个概念作为它们的共同概念呢？答案是肯定的，而且这也是符合逻辑和归类方法的。但是，这里存在一个问题，那就是在现行民法理论和法律实践中，"物"这个概念已经有了特定的含义，已经约定俗成，指代的就是物理体之物。本来"物"作为上位概念，它是既包括"物理体之物"也包括"智力成果物"的，但在实际使用和实践中只等同于"物理体之物"，"物"所代表的含义已经较"物"所应当代表的含义缩小了。也就是说，当今在使用"物"这个概念且它仅指物理体之物时，逻辑上是存在问题的。这个法律理论和实践使用中的约定俗成和习惯，使得我们不可能把"物"这个概念所应代表的含义恢复到原来的状态，使得本应作为物理体之物与智力成果物上位概念的"物"没办法再使用。

那么怎么解决这个问题？不得已的办法是，仍然保留"物"这个概念约定俗成和使用习惯上的含义，即它仍代表物理体之物，然后再归纳和总结一个物理体之物与智力成果物的上位概念的指代词汇。这就应当从权利的本质上进行思考。

事实上，作为财产权利，物权和知识产权一样，本质上都是在"物"上设立规则，只不过一个是在物理体上，一个是在

---

[1] 参见《著作权法》第61条。

智力成果上，因此物权和知识产权的客体可以统一。物权的本质是在物理体之物上认定规则；知识产权本质是在构成知识产权的"物"——智力劳动成果之物上设定规则。这就区别于债权了。债权支配的是一种行为，因此，它是在"行为"上设定规则的，或者说它是设定他人得为一定行为的规则，不直接以物为基础而设定。

既然物理体之物和智力成果物在本质上都是权利设立的基础，那么不妨把物理体之物和智力成果物的上位概念抽象归结为"本质物"。这样，以支配权而不是像债权一样的请求权为基础的财产权利就是直接在"物"上设定规则，这种揭示权利本质的物本书就把它称为"本质物"。

物权与知识产权的本质相同性使得本书提出"本质物"这一概念成为可能，物权客体与知识产权客体就形成了统一，即，民法中的"物"形成了统一。它的前提是要在"物"上设定规则，由此，它所构建的权利就是以物为基础的权利，凡是不是直接以物为基础而设定的权利都不是本书讨论的内容。因此，债权等请求权类的权利、人身权利等是被排除在外的。

"本质物"是物而不是行为，包括有形物和无形物，也包括有体物和无体物，它们都统一于"物"这一概念。因此，尽管构成知识产权的智力劳动成果具有无形性，但是它与物权的"物"一样都是可统一于"物"之下的，这时它们在本质上并无区别。当然，由于它们物的特性不同，它们构建的规则也是有所不同的。

在以"物"为基础构建的权利之下，"物"是有范围的，它不再是一种无所不包的广义之物（如盖尤斯所称的物），也不

第五章 知识产权法与民法（狭义）相统一问题

是一种虚拟之物（如彼得·德霍斯所称的"抽象物"[1]），而是存在之物，可以无形，可以无体。具体地说，这种"物"的范围有两种，一种为实在的自然之物，也就是前文所称的物理体之物，另一种为实在的智力劳动成果，即创造性思维见之于客观之物，也就是前文简称的智力成果物。可见，物的范围排除了债权、继承权等虚拟之物，也排除了"抽象物"等虚构之物。物的实在性在于，它可以是自然界自然形成之物，可以是人类创造的物，也可以是智力劳动成果，无论如何，它都是实实在在地存在的，不是虚构的，也不是虚拟的。实在之物是物的纯洁性的必要条件，也是构建以物为基础的权利的必要条件。

因此，"本质物"的范围限于上述两种物，一种是物理体之物，一种是智力成果物。它不是在任何情况下都可使用，而是在以物为基础构建权利时才使用这一概念，较好地解决了以往学者们所认为的知识产权是一种"准物权"这一问题。[2]通过上文论证，知识产权就是一种"物"权，是以"智力成果之物"为基础而形成的一种物权，而不是什么"准物权"。

---

[1] 德霍斯在其一部重要的著作《知识财产法哲学》中，创造了一个新的概念——"抽象物"。该书在第二章和在第七章中对抽象物概念作了详细的论述，指出知识财产法所涉及的是"抽象物"。德霍斯认为知识财产法的目的是在"抽象物"上创设权利。参见［澳］彼得·德霍斯：《知识财产法哲学》，周林译，商务印书馆2017年版。

[2] 参见杨涛：《知识产权专有性特质的理论阐释》，载《法制与社会发展》2020年第3期，第152页；王乐兵：《"物权编"与"合同编"体系化视角下的应收账款质押制度重构》，载《法学家》2019年第3期，第102页；张钦昱：《新型权利之检讨与义务之勃兴——群体性权利的视角》，载《思想战线》2021年第1期，第150页；《"四大检察"与民法典的实施》，载《检察日报》2020年8月3日，第3版。

第六章
知识产权法典化问题

在我国《民法典》已经生效实施后,知识产权法律制度应当如何安排就显得非常重要。那么,知识产权法是否应法典化、如何法典化,知识产权法如何与《民法典》相衔接就是需要认真研究的问题。

将知识产权法典化可以规范知识产权单行法之间对同一性质内容的规定标准不同一甚至相矛盾等问题。第一,不同的知识产权单行法对同一性质的内容的规定标准不同一,甚至有矛盾,这个问题完全可以通过法典化来解决。可以提炼一些共性的规则来协调不同的知识产权单行法。第二,知识产权法典化有助于提高我国的立法水平。法典化后通过原则性条款、指引性条款,可以保持知识产权法充分的弹性和开放性。第三,法典化对于我们的学术研究也有价值。对共性原则的提炼、对法律关系的研究有助于促进部门法研究水平的提高。第四,法典化本身是一个国家法治水平提升的标志,我国法律体系构建已经完成,立法水平、司法实践水平、审判水平也在逐步提高,自然而然就有法典化的需求。知识产权的研究者不能置身事外,应当认识到知识产权法典化的积极意义,积极探索法典化过程中纳入知识产权内容的方式。这不但是知识产权法典编纂工作的需要,更是知识产权发展的需要。

一、当今世界主要国家知识产权法典化概况及学界关于知识产权法典化的观点

1. 当今世界主要国家知识产权法典化概况

英美法系国家形成了具有自身特色的区别于大陆法系国家的民事法律传统,有实质而不强调形式,因而在这些国家中知识产权法并不涉及民法典编纂的问题,独立存在是这些国家知识产权法律制度的特征。

在大陆法系国家当中,无论是《法国民法典》《德国民法典》,还是《日本民法典》,其中都未规定知识产权制度,知识产权方面的立法也是独立存在的,体现为单行法,是独立于民法典的。在大陆法系国家,最早的以法典的形式规定知识产权法律制度的是1942年颁布的《意大利民法典》。此外,《越南民法典》设立了知识产权编,可谓有它自己的特色。其涉及的内容有著作权、工业所有权及技术转让等,条目有81条。1992年《荷兰民法典》颁布,总共有十编,其中第九编规定了知识产权。《荷兰民法典》因吸收了最新的研究成果,被认为代表了新民法典编纂的方向。《俄罗斯民法典》编纂先后经历了13年的时间,跨度从1994年直到2006年,其在第四部分规定了知识产权,于2008年1月1日起生效。《俄罗斯民法典》四个部分生效的时间也不相同,其他三个部分生效的时间分别是1994年(一般规定)、1995年(关于债的法律)、2002年(继承方面的法律),这体现了制定民法典的艰辛。《俄罗斯民法典》的特点是将知识产权法作为与物权法、债权法并行的法律。蒙古国也制定了民法典,不过《蒙古国民法典》是将知识产权的内容进行分化,然后糅合进了民法典的不同篇章中。

另外，斯里兰卡、法国、菲律宾等国家则是颁布了知识产权法典。越南在制定民法典之外又制定了知识产权法典。

2. 学界关于知识产权法典化的观点

学者们对于这个问题的观点是有分歧的。[1]有的学者主张知识产权应当法典化，[2]有的学者则持反对意见，还有的学者认为知识产权应当作为民法的特别法。即使在赞成法典化的学者中，其观点也不尽相同。有的学者主张在民法典中可以完整地规定知识产权方面的内容，有的学者则坚持只能部分地规定知识产权的内容。

徐国栋教授主张将知识产权完全纳入民法典，认为完全纳入有重要的意义。一方面，使它和普通物权之间有了联系；另一方面，也可以体现出它们之间的不同。[3]王利明教授的主张与徐国栋教授的主张有些不同，他认为知识产权可以部分地纳入民法典但不是全部纳入民法典，但不论怎样，民法典中至少应当包括知识产权的内容。[4]他认为知识产权在民法典中不应当成为独立的一编，将其完全放入民法典也非常难，会破坏民法典的体系，也就是说，可以作些原则性规定，再将知识产权客体也规定进民法典。[5]除此之外，其他学者还有一些与这种观点基

---

[1] 学界关于知识产权是否应当法典化的学说主要包括民事特别法说、知识产权法典说、民法典组成部分说、时机条件不成熟说、反对纳入民法典说等。

[2] 主张知识产权法典化的学者中观点又分为知识产权制度应当完全民法典化、知识产权主要制度部分地民法典化、知识产权制度应当非民法典化而自身地法典化。

[3] 参见徐国栋：《民法典草案的基本结构——以民法的调整对象理论为中心》，载《法学研究》2000年第1期，第53页。

[4] 参见王利明：《论中国民法典的制订》，载《政法论坛》1998年第5期，第52页。

[5] 参见王利明：《关于我国民法典体系构建的几个问题》，载《法学》2003年第1期，第33页。

本相同的观点。[1]吴汉东先生一开始认为民法典中不应当编入知识产权内容，[2]之后又与王利明教授的观点基本一致，认为我国的知识产权制度应当有自己的特色，可以有原则性的规定和概括性条款，具体知识产权内容则应作为民事特别法而存在。[3]2015年，吴汉东先生认为应当在民法典中规定总则，它能够统领知识产权法。[4]2016年，吴汉东先生又指出知识产权单独立法为好。[5]邓社民认为纳入民法典是知识产权回归民法的选择。[6]

郑成思先生、梁慧星先生不主张将知识产权制度纳入民法典。[7]傅钢教授、袁真富教授对此也持相同的看法。[8]

---

[1] 参见韦贵红：《论知识产权立法体例与民法典的制定》，载《法律适用》2004年第5期，第43—46页。另参见杨代雄：《我国未来民法典中知识产权规范的立法模式》，载《上海商学院学报》2012年第4期，第1—4页。

[2] 参见吴汉东：《知识产权制度不宜编入我国民法典》，载《法制日报》2002年9月29日。

[3] 参见吴汉东：《知识产权立法体例与民法典编纂》，载《中国法学》2003年第1期，第47—57页。

[4] 参见吴汉东：《知识产权"入典"与民法典"财产权总则"》，载《法制与社会发展》2015年第4期，第58—66页。

[5] 参见吴汉东：《民法法典化运动中的知识产权法》，载《中国法学》2016年第4期，第28页。

[6] 参见邓社民：《我国民法典分则编纂中的知识产权立法构想》，载《法学评论》2017年第5期，第108页。

[7] 郑成思先生认为，在民法典内整合完全的关于知识产权法的规范，是"知其不可为而为之"。参见郑成思：《民法草案中知识产权篇（总则）的专家建议稿及说明（上）》，载《电子知识产权》2003年第4期，第52页。梁慧星先生认为知识产权法没有规定在民法典中的必要，认为我国现存在的各知识产权单行法已经成了一个体系。梁慧星主编：《民商法论丛》（总第22卷），金桥文化出版（香港）有限公司2002年版，第542页。

[8] 傅钢教授从知识产权保护对象的稳定性、判断标准的确定性、内在逻辑的统一性、话语体系的严整性、财产保护原则的明晰性、权利的性质等方面对知识产权的特性进行了分析，认为知识产权法典化这一问题确实应当放缓步伐。参见傅钢：《知识产权法典化应当缓行》，载《中华商标》2003年第6期，第33—36、38页。袁真富教授认为在我国民法典中也不应当纳入知识产权法，主要原因是：知识产

曹新明教授主张制定知识产权法典，[1]同时与李雨峰教授的观点也有相同的地方，主张可以在民法典中制定原则性的规定[2]。刘强和孙青山认为我国民法典中的体例具有民法、商法和知识产权法合一的特征。[3]郭禾和张新锋认为知识产权的体系化有三条路径，并对知识产权法典化路径进行了总结。[4]杜颖教授则研究了链接式的方法，认为整体纳入不可取。[5]

二、部分国家的法典化实践

1.《俄罗斯民法典》的实践

俄罗斯具有法典化之传统，在《俄罗斯民法典》中，[6]最大

(接上页) 权法变化快且有与狭义民法并列之势；公法规范的处理是一个问题；理论不充分；有损民法典体例和稳定性，也与民法典不协调。参见袁真富：《论知识产权法的独立性》，载《中国知识产权报》2002年第30期。

[1] 曹新明教授主张编纂知识产权法典，但同时认为可以在民法典中对知识产权作概括性、原则性的规定，这样在民事权利体系中可以使民法典和知识产权法典相连接。参见曹新明：《知识产权与民法典连接模式之选择——以〈知识产权法典〉的编纂为视角》，载《法商研究》2005年第1期，第34页。

[2] 参见李雨峰：《知识产权立法的另类模式》，载《电子知识产权》2005年第8期，第24页。

[3] 参见刘强、孙青山：《〈民法典〉知识产权条款立法研究——兼论"民商知合一"立法体例的构建》，载《中南大学学报（社会科学版）》2020年第6期，第62—74页。

[4] 这三条可能路径是：第一，将其从价值和规范两个层面全面融入民法典；第二，将其作为民事特别法融入民法典价值判断体系；第三，编纂知识产权专门法典。参见郭禾、张新锋：《民法典编纂背景下的知识产权法体系化路径》，载《知识产权》2020年第5期，第10—14页。

[5] 参见杜颖：《知识产权"入典"的思考》，载《北方法学》2018年第3期，第21、27页。

[6] 2006年《俄罗斯民法典》（第四部分）通过，从而结束了俄罗斯知识产权法统一于民法典的曲折历程。参见王志华：《论俄罗斯知识产权法的民法典化》，载《环球法律评论》2009年第6期，第43页。

的亮点是将知识产权的内容全部融入其中,与所有权和其他不动产权、债务法等部分成为并列的一编,与此同时废除了关于知识产权法的单行立法,在很大程度上避免了法典与单行法之间的冲突,也重申了民法典的权威性。

在立法体例上,《俄罗斯民法典》采取了潘德克顿法律体系,[1]首先对法律进行抽象的理论概括并形成一般的理论架构,并以此为基础再规定具体的法律内容,也就是相当于我国《民法典》的"总则"形式。在《俄罗斯民法典》中,不论是整个法律架构还是知识产权编,都先规定一个总则基础性原则和该编的指导思想。这样的架构是为了更好地解决社会生活中发生的变化导致法律规范滞后的问题。《俄罗斯民法典》对知识产权规定了相应客体,[2]包含的内容十分丰富。[3]但是相关条款采用了封闭式的逻辑结构,难以对新型的权利进行保护和利用。

2.《法国知识产权法典》的实践

与《俄罗斯民法典》不同,[4]《法国知识产权法典》采用了一种新型的立法模式,具有进步与创新性,但因为知识产权权利体系和范围十分复杂和易变,对民法典的稳定性和权威性无疑会产生一定的影响。[5]知识产权作为一种新型的权利类型,与发展了数百年的民法不同,具有现代发展的特点,权利变化

---

[1]《俄罗斯民法典》借鉴了《德国民法典》的结构模式。

[2] 参见《俄罗斯民法典》第1225条。

[3] 该知识产权条款规定了16项受法律保护的客体,其中包括科学、文学和艺术作品、表演、录音等有关著作权和相关权的规定,也有发明、实用新型、工业设计等专利内容,还有商标和服务标识等识别性标记,还包括国家特色的数据库等。

[4]《法国知识产权法典》(法律部分)直接从民法典中独立出来,成为一部独立的法典。

[5] 参见夏建国:《论法国知识产权法典的立法特色及借鉴》,载《河北法学》2002年第6期,第128页。

多样,尤其是著作权法,会涉及计算机以及网络科技等领域的更替与发展。再比如现在人工智能、大数据、云计算,甚至最近的"元宇宙"等新事物的出现,都对知识产权法提出了挑战。

《法国知识产权法典》(法律部分)涉及三个部分,第一部分是文学艺术财产,第二部分为工业产权,第三部分涉及海外领地的适用问题。通过法典的形式将知识产权的各个问题都展现出来,更有利于保护新出现的知识产权。但是对于一部法典来说,最重要的就是保持稳定性和连续性,知识产权作为一项日新月异的权利类型,处于不断的变化和发展当中,需要注意的问题是,一方面要给予知识产权以法典方式的保护,另一方面也应当立足于实践和现实需要,以便制定出符合时代特色的知识产权法律规范。

3.《意大利民法典》的实践

1942年《意大利民法典》在法典化运动中较早将知识产权"入典",不仅成为其他欧洲大陆国家民事立法的参照,而且对一些美洲国家民法典改革方案产生了影响。关于意大利知识产权的立法例,以1942年《意大利民法典》为蓝本,其知识产权条款是规定在民法典中的"劳动篇"当中的。[1]此种规定是将知识产权作为一种劳动,有劳动才会有创造。但是应当认识到创造与劳动是两个并列的概念,因为创造和劳动之间、不同的创造之间具有不同的社会属性和特质,而劳动是由社会必要劳动时间衡量的,二者具有不可比拟性。[2]所以应将知识产权条款从"劳动篇"中分离出来,才能体现出知识产权"创造"的价值。

---

〔1〕 参见王俊鸣:《意大利 让知识产权法典化》,载《创新科技》2006年第10期,第58页。

〔2〕 参见[美]安守廉:《窃书为雅罪》,李琛译,法律出版社2010年版,中译本序第5—6页。

4. 国际知识产权条约实践

从国际条约的发展趋势来看，不论是《保护文学和艺术作品伯尔尼公约》还是《保护工业产权巴黎公约》，又或者是2022年1月1日正式生效的《区域全面经济伙伴关系协定》（RCEP），都可以看作各国国家意志集合体的产物，在民法体系之外制定了所谓的世界范围内的"知识产权法"，供各国选择与适用。此时的知识产权国际条约作为独立的法律体系，在自己的调整范围内不断扩充与适用。

知识产权法"入典"与"成典"的问题，通过比较法理论研究，可以了解到有几种理论可供选择，以便不断扩充我国法律体系。第一，将知识产权法律制度全部纳入民法典的体系框架之下，不再以单行法的形式加以规定，而是以民法典中的知识产权编作为研究的对象，代表国家是俄罗斯。第二，借鉴《法国知识产权法典》（法律部分）的实践模式，将知识产权规定从民法中抽离出来，形成知识产权法典，这样就不用打乱民法典固有的属性与结构，而仅仅对自身的领域进行修改与完善。第三，在当今，应当加强国际合作与交流，加大国与国之间的贸易流动与文化产品的输出，可以国家间的条约的模式为蓝本，建立起区域性的知识产权条约以及国际法典类型。

三、知识产权法典化的主要问题

1. 为什么要将知识产权法典化

这个问题是学者们经常讨论的一个话题。不论对这个问题的争议有多大，学界对于知识产权的性质也即知识产权是私权的认识是基本一致的。知识产权是私权这一论断是从知识产权的本质出发的，这并不妨碍知识产权也具有公法的若干特性。因此在解决问题时应当抓问题的主要方面。认识到知识产权是私权,就为研究知识产权与传统民法的关系提供了基础。传统民法主要是从主体的人身属性和财产属性展开的,知识产权当然也具有人身属性和财产属性。因此,应当说知识产权与传统民法具有相同的特性和属性。当然它们的区别也是显而易见的。相同的方面可以抽象整合并"提取公因式",至于不同的方面,这也正是本书要突破的内容。至于如何突破,则与我国民法典的规定直接相关。我国民法典只是简单规定了公民可以享受知识产权以及知识产权的客体类型,除此之外并无其他规定。一方面,知识产权学界对知识产权是否应纳入民法典态度不一致;另一方面,缺乏对知识产权法典化的富有成效的研究也是不争的事实,这实际上导致知识产权无法发出自己的声音。

在世界范围内,大部分国家都采用了知识产权单行法模式,真正进行知识产权法典立法的国家没有几个,纳入民法典内的更是少之又少。然而,我国《民法典》已经生效,知识产权应当借民法典编纂之势而发展,不能等别的国家发展后我们再发展。我们应当具有创新精神,因为这符合财产法的发展方向。[1]在民法范围内,应当将知识产权的法典化提上日程,而无论是将知识产权纳入民法典中还是制定独立的知识产权法典,否则只会失去良机。同时,也应当认识到任务的艰巨性。[2]

2. 理论准备是否充足

确切地说,知识产权法典化问题正处在"摸着石头过河"的研究阶段,理论方面有待加强。无论是将知识产权全面纳入

---

[1] 参见杨绪东:《对知识产权未在〈民法典〉独立成编的检视与反思——论知识产权法体系化与〈民法典〉的连接》,载《重庆工商大学学报(社会科学版)》2020年第6期,第4页。

[2] 知识产权法典化运动在我国将是一个长期的过程,也是一个糅合了现实与理想的过程。参见何华:《〈民法总则〉第123条的功能考察——兼论知识产权法典化的未来发展》,载《社会科学》2017年第10期,第105页。

民法典之理论，还是知识产权法典独立之理论，又或是采用链接式之理论，都处于不成熟阶段，相比较下都有不足之处。但从法典的发展历史来看，并非有了完整的理论才能够进行法典化。《德国民法典》就是在吸收《学说汇纂》经验的基础上，在编纂过程中才逐步解决了完整的理论问题，《法国民法典》也是在《法学阶梯》的基础上以及编纂过程中形成了自己的理论特色。知识产权法典化更是一个实践过程，在编纂的实践中归纳理论，在理论的指导下不断实践，理论和实践互相促进，相辅相成。现阶段知识产权法的"分散"状态有点类似于《德国民法典》制定之时的状态，[1]但德国最终成典，[2]所以这并不是不能法典化的理由。在法典制定的过程中创立理论，然后根据理论再进行编纂实践，这应当是法典制定的基本模式。

3. 知识产权法律如何满足法典内在的严密逻辑性要求

从现阶段来看，知识产权所包含的内容已经非常广泛了，[3]似乎只要是无形财产都可包含其中。知识产权的"泛滥"实际上严重影响了知识产权的含义、内容和保护方式。本书认为，知识产权不应当是无所不包的，应当厘清它的界限，就像理解"物"概念一样，在有度、有限的范围内研究它才是有意义和可取的。

---

[1] 从1871年德意志帝国成立到1900年1月1日《德国民法典》施行，全国有四个法域：普鲁士邦法适用地域、法国民法适用地域、撒克逊民法适用地域以及普通法适用地域。

[2] 《德国民法典》最终按照总则、债的关系法、物权法、亲属法、继承法五编制的方式排列。其中"总则"就是从人法与物法两部分里抽象出共同概念——"法律行为"而形成的共同规则，可见这种理论也是德国在尝试制定民法典实践的过程中创立的。

[3] 除专利、商标、著作权等传统知识产权外，知识产权还包括集成电路布图设计、动植物新品种、地理标志等，网络虚拟财产、商品化权、数字财产等也被学界认为是知识产权的内容。

在有限度的范围内界定知识产权，使其符合逻辑性的要求，一方面因应了权利的严肃性，另一方面维护了权利的本质特征。

就知识产权来说，应当紧紧把握"智力劳动成果"这一本质特征。符合智力劳动成果这一本质特征的，可以归入知识产权的范围，反之，则不应当归入知识产权的范围。"智力劳动成果"强调有创造性或者创新性，而不只是无形性。比如说，数字财产，尽管它与知识产权权益一样是无体、无形的，但它本质上与智力劳动成果不同，不应简单地归入知识产权。再比如说，网络虚拟财产，它并不符合智力劳动成果的客观性，也不应简单地归入知识产权。

4. 如何解决法典的稳定性及系统性与知识产权保护对象的多元化之间的矛盾

不可否认的是，知识产权所保护的对象是多元的，而且知识产权的客体还在扩张中，如基因技术、人工智能等。这似乎与法典的稳定性相冲突。然而实际上并非如此，一方面，尽管法典本身是稳定的，但这并不否认法典的开放性，这样就会为增加的知识产权客体预留空间；另一方面，知识产权客体的共性还是可以抽象的，通过抽象归纳可以提取它们的"公因式"，形成共通的原则，再在必要时创设并以准确的概念界定，这样既能保证法典的逻辑性，也能保证法典体系的完整性。

四、知识产权法典化方法

是应当将知识产权内容统一规定在民法典中，还是应当制定独立的知识产权法典？本著作认为，这与我国民法典所采用的体系结构有关。

我国现行的《民法典》，实际上采用的是潘德克顿理论体系，只不过根据我国国情作了相应修改。正如王利明教授所提

第六章 知识产权法典化问题

出的,以法律关系为主线构建民法典总则体系,可以在如何构建我国民法典这个问题上设立一条"中心轴",再以这条中心轴为基础,将民事法律规范和民法法律制度串联起来。这个"中心轴"就是法律关系。在民法典总则中按照法律关系的三要素,可以构建民法典的全部内容。按照主体、客体、内容对各民事法律关系提取公因式,将共同的内容进行抽象,符合民法典编纂的逻辑。对于民法典的分则,则以权利为主体展开。而在分则中,民法的各项权利可以形成各自的法律关系,逻辑体系也就形成了。[1]对于知识产权内容,王利明教授认为从法典的稳定性角度看,不应当将其整体纳入。[2]

具体到潘德克顿理论体系,它的一个关键点是债法与物法的分离。债法与物法的分离其实在古斯塔夫·胡果时就开始了,后来海塞将其发扬光大,萨维尼对其进行了完善。潘德克顿理论体系曾经抽象出了许多相关概念,如"法律行为"就是一高度概括的法律概念,在法典意义上的使用首见于《德国民法典》。另外还有"权利能力""行为能力"等概念。法律关系的完成有赖于法律行为,而法律行为的施行有赖于法律上的"能力"。有了法律关系,潘德克顿理论就将物权与债权进行了区分,物权不再是债权运行的必然结果,债权也不再是实现物权的手段,在法典中债权成为与物权完全并列的组成成分,它们完整地归于财产权体系之下。

我国民法典实际是采用潘德克顿理论体系来编纂的,那么

---

[1] 当分则中所规定的人格权、物权、债权、亲属权、继承权等权利与主体、客体相结合时,就分别形成了相应的人格权、物权、债权、亲属权、继承权等法律关系,这就是民法典编纂的逻辑体系。参见王利明:《以法律关系为主线构建民法典总则体系》,载《社会科学文摘》2016年第1期,第79—80页。

[2] 参见王利明:《关于我国民法典体系构建的几个问题》,载《法学》2003年第1期,第33—34页。

它对于知识产权来说是否符合要求呢？"知识"可以获得利益，然而知识产权尽管被称为"产权"，它是否为潘德克顿理论体系中的财产还需要从潘德克顿理论体系中的"物"谈起。潘德克顿理论体系产生的原点在于萨维尼物权债权两分理论。萨维尼认为法律关系从本质上来看是在个人自由意思支配下的领域，这个领域可分为自我人格、不自由的自然和他人人格。人对自身的权利称为原权，但是萨维尼否认原权的正当性，因为如果人的自身可以成为权利的客体，那么对自身来说会发生主体客体归一和混同现象，这将导致一个严重的问题，即主体反指向客体，最终自杀权就是正当的，但这显然是荒谬的。所以萨维尼否认原权，因为如此一来对他人人格的支配就演化成了债权。剩下的对自然的支配也就是对物的支配，人对物具有完全的支配权。从萨维尼时代以及后来的潘德克顿学派时代直到德国民法典的制定，尽管知识产权已经存在，但那时的"物"显然是不包括知识产权的。所以这就引发了问题：知识产权是什么？它是我们通常所说的财产权吗？"物"是否包括知识产权的客体？还是"知识产权客体"应当与"物"并列？进一步分析可以知道，潘德克顿理论和德国民法典中的"物"是非常纯粹的，指有体物，远比它所应当指代的含义小。但是我国《民法典》物权编中将无体的自然之物比如无线电频谱资源也列为物权的客体，[1]突破了传统物权客体的有体性和有形性，事实上突破了传统民法中对"物"的规定。[2]对于知识产权来说，作为智力劳动成果，其本身也是一种"物"，尽管它是无体的，如何归入民法典中在逻辑上就是一个问题。为了解决这一逻辑问题以

---

[1] 参见《民法典》第252条。
[2] 传统民法中的"物"指有形有体之物。

及满足体系化的需要，可以在物理体之物和智力劳动之物上共同归纳一个上位概念，称它为本质物，这样，民法中的"物"就完成了统一，民法客体也完成了统一，有利于知识产权的法典化。

综合各国的实践并立足于我国的立法特色，加之我国《民法典》已经生效实施，将知识产权作为特别法并进行法典化具有合理性和必要性。民法典作为一般法，在知识产权问题难以自身法典化的形式解决的前提下，可适用民法的一般规定。故对于知识产权来说，可以在我国《民法典》中作出知识产权概括性原则性的规定，成为民法中的一部分，然后单独制定知识产权法典。同时由于我国的理论还处于研究阶段，立法起步晚，对于知识产权的意识和概念抽象程度还有待提高，且知识产权处于极具变化的过程中，所以应当对知识产权法典化加强研究。总体上不宜借鉴俄罗斯的立法实践，将整个知识产权纳入民法典，将知识产权的单行法全部废止，这样不利于稳定民法典的结构，容易造成法律体系的混乱。所以可以借鉴潘德克顿法律体系，在民法典中设立知识产权的总则部分，完成对知识产权基本理论的总结，再使知识产权单行法在适当的时候法典化。这样就可以很好地解决社会问题，防止法律之间的矛盾与冲突。此体系下更加符合我国民法典的理论框架，使知识产权与民法典连为一体，同时所形成的知识产权法典又具有自己的独立性。

具体到知识产权的抽象化，享有知识产权权利的人以及承担相应知识产权义务和责任的人，都是可以抽象的。因此在知识产权主体这一要素上，是可以抽象的。所以民法典中规定主体制度时是可以涵盖知识产权的内容的。在客体制度上，虽然对知识产权客体应当包括哪些学界有争议，但对物、行为、智力成果可以成为民法法律关系的客体的看法是一致的。因此在制定知识产权法典的客体制度时,将知识产权权利进行抽象也是可行的。所以即使在知识产权客体具有扩张性的情况下,民法典总则仍可对其基本内容作出规定。同时,知识产权从本质上讲确实是私法,民法典总则的基本规定是适合知识产权的。当然,随着社会的发展,知识产权所体现的内容也越来越多,在总则中如何抽象提取会涉及概念问题。概念问题可以从理论上解决,也可从立法技术上解决。

在此过程中还需要注意以下几点。第一,注意研究和借鉴已经将知识产权法典化国家的经验,对于能够适用于我国的部分进行借鉴,不能够适用于我国的则应果断抛弃。第二,在具体规定上还要注意准确性,一个概念在相同的情况下只能代表确定的含义,既不能将它与其他概念相混淆,也不能使其本身含义不定。第三,在法条编排上应当注意简洁性和科学性,能在一个法条内规定的决不占用两个或者两个以上的法条,法条与法条之间也不能相重复和冲突。

按照以上的要求,可以总结知识产权类型。可以作为权利客体的知识产权有作品、商品化权益(本身有争议)、发明、实用新型、外观设计、集成电路布图设计、科学发现者的相关权益、商标、商号、商业秘密、地理标志、域名、信息、网络虚拟财产、非物质文化遗产、植物新品种等。可以看出确实不能用"智力成果"笼统地代表它们,而应当对它们适当细分归类。比如商品化权益中的一部分可以划分到人身权中,而另一部分可以划分到著作权中。发明、实用新型、外观设计、集成电路布图设计、科学发现者的相关权益可以划分为一类,商标、商号、商业秘密、地理标志可考虑划分为一类,域名、信息、网络虚拟财产可考虑划为一类,剩下的各自为一类。也可以对它们进行开放式列举。分类后的结构图如下。

```
        ┌ 作品、商品化权益中可以划分到著作权的部分
        │ 发明、实用新型、外观设计、集成电路布图设计、科学发现者的
    知  │ 相关权益
    识  ┤ 商标、商号、商业秘密、地理标志
    产  │ 域名、信息、网络虚拟财产
    权  │ 植物新品种
        │ 非物质文化遗产
        └ 其他
```

图 6-1　知识产权分类结构图

另外，对于应否在法典中明确知识产权是私权，不同的学者有不同的看法。第一，在《与贸易有关的知识产权协定》中和国际上，对于知识产权是私权已经达成共识，但是它毕竟不是我国的国内法，若要它能够在我国适用，我国就应当对此进行转化和确认。第二，虽然民法本身是私法，而知识产权属于民法，似乎可以不再强调知识产权的私权属性，但是在我国的知识产权法中，一些法，如商标法，行政化色彩还很重，执法者也往往认为它是一部行政管理法，削弱了知识产权是私权的属性，因此也需要强化。第三，强调知识产权是私法的属性，还可以增强对人的终极关怀，让人在"私"的这一关系上增加能动性，最终将造福于整个人类社会。因此，知识产权是私权这一属性在民法典里还是应当强调的。但是这一条应当安排在民法典里的什么位置还是一个可以探讨的问题，不同的立法体例对此有不同的影响。对于民法典总则来说，由于它是整个民法的总则，将这一规定放在其中似乎不太适合，因为这一规定仅是针对知识产权而言的。如果制定知识产权法典，则可以在知识产权法典中明确这一规定。

第七章

民法体系下知识产权工具主义问题

一、法律工具性理论再认识

长久以来,学者对法律工具主义理论多有质疑。比如有学者认为,其制约了社会发展,形成了误导,造成了理论问题,存在理论困惑和实践困惑,甚至对法律事业发展不利。[1]法律工具论有理论缺陷,从国家治理的角度看,其实也存在矛盾。[2]也有学者列举了法律工具主义的"七宗罪"[3],甚至还有学者

---

[1] 比如认为法律工具主义是一种在全局上制约我国法律价值和法治目标实现的理论,法律工具主义社会导向失误,法律工具主义存在理论困惑和实践困惑,极大地阻碍法制的健全和法制现代化的进程。参见谢晖:《法律工具主义评析》,载《中国法学》1994年第1期,第52—54页。

[2] 此种观点认为传统工具主义与现代国家治理存在冲突。参见孙晶:《从工具主义到人本主义:国家治理理念的现代化重塑》,载《理论导刊》2022年第1期,第80页。

[3] 这"七宗罪"是:第一,法律工具主义强调法的统治功能,回避法的价值目标;第二,法律工具主义实质上是一种政府哲学,是官本观念和违法行政行为的庇护所;第三,法律工具主义挑战法作为一种行为规范所具有的普遍性;第四,法律工具主义挑战法的至上性;第五,法律工具主义忽视程序正义和公民权利的保护;第六,法律工具主义动摇公民的法律信仰;第七,法律工具主义导致法律虚无主义。参见李迎春:《法律工具主义的"七宗罪"》,载《中小企业管理与科技(上旬刊)》2008年第7期,第20页。

认为其与法律信仰都无法达成一致。[1]美国学者布赖恩·Z.塔玛纳哈在其著作《法律工具主义：对法治的危害》中也认为法律工具主义对法治产生了腐蚀效果。[2]

事实上，造成对法律工具主义理论误解的是，人们认为承认法律的工具性就必然否认法律的其他价值。但这与社会实践和事实并不相符。众所周知，法律除了工具价值，还有其他价值，各价值间也并不是相互否定的关系。法律工具主义理论仅是一种理论。法律首先是对社会进行管理和治理的工具，工具本身并无罪恶，而在于如何使用，不能用事实判断取代价值判断。这就好比一把刀，它本身无所谓有罪无罪，而在于怎么使用，好人用它它就是一件有用的工具，坏人用它才会导致犯罪和恶行。不能把"坏人"与工具本身——"这把刀"混淆。当然，为了防止错误地使用这把刀，需要用规则进行制约。比如，知识产权可能被滥用，这就需要制定相应的规则进行制约。

在当今文明社会，更多强调的是对社会的管理和良好社会秩序的运行，而法律正是调整人们行为所必需的。[3]法律工具主义并不必然强化人治，相反，通过法律对人治进行制约，恰恰是法律工具主义在起作用。可见，法律工具主义被戴上一顶"恶"的帽子它才恶，并不是它本身就是恶、就代表恶。所以，

---

[1] 这种观点认为法律工具主义是和法律信仰相对立的一种理论观点。参见田宏伟：《法律工具主义的"是""非"与法律信仰》，载《贵州社会科学》2011年第10期，第134页。

[2] [美]布赖恩·Z.塔玛纳哈：《法律工具主义：对法治的危害》，陈虎、杨洁译，北京大学出版社2016年版。

[3] 比如我国《宪法》第1条第1款规定："中华人民共和国是工人阶级领导的、以工农联盟为基础的人民民主专政的社会主义国家。"第2条第3款规定："人民依照法律规定，通过各种途径和形式，管理国家事务，管理经济和文化事业，管理社会事务。"这些都是法律工具性的体现。

应当摘掉这项"帽子",才能看清事物的本质。

二、知识产权工具性之历史分析

对于一个事物的现在与过去不能够分割开来理解,只有研究它的过去才能够看清它的真实面目。知识产权是一种工具,从它产生那一天起就有工具性的烙印,它本身也是工具性的产物。下文对著作权、专利权、商标权工具性作具体分析。

1. 产生于对印刷控制权争夺的著作权体现了工具性

在著作权方面,应当追寻欧洲特别是英国的历史。现代著作权的产生与印刷控制权的争夺是联系在一起的,它在产生之初就体现了工具性。虽然印刷术是我国古代四大发明之一,但是与著作权联系在一起的事则发生在欧洲。印刷技术的应用曾经促进了教会改革,促进了新思想的传播。著作权法的某些思想虽然古已有之,但是被认为具有著作权雏形的则出现在印刷技术出现以后。现代著作权产生的渊源可以追溯到15世纪,当时的印刷控制权掌握在欧洲统治者和教会手中,他们为了便于社会控制而将出版权控制起来并且一直持续了约300年之久。印刷商想要出版发行就必须被授予特权。这种制度性安排是通过对印刷机和所出版的作品种类的控制进行的,以便对图书的出版和发行进行控制。在英国,这种安排的目的是遏制煽动性内容、宗教异端、亵渎神明以及淫秽书籍的传播。[1]但在这种特权制度的安排下,真正受益的是少数印刷商和出版商,且出版商

---

[1] 参见《防止印刷煽动性、叛国性及未经许可书籍与小册子的频繁滥用并规范印刷业之法案》(An Act for Preventing the Frequent Abuses in Printing Seditious Treasonable and Unlicensed Books and Pamphlets and for Regulating of Printing and Printing Presses)。另参见[澳]布拉德·谢尔曼、[英]莱昂内尔·本特利:《现代知识产权法的演进:英国的历程(1760—1911)》,金海军译,北京大学出版社2006年版,第12页。

第七章 民法体系下知识产权工具主义问题

取得了对特定图书出版的永久性垄断。1557年，出版商公司（Stationers' Company）获得了菲利普和玛丽向其颁发的特许状，这种特许状赋予出版商印刷和出版的垄断权，长达150年之久。由此，出版商公司会员在英格兰就获得了出版领域的垄断权。同时，出版商的会员资格、所能出版的书籍类型都被严格限制在了政府的框架内。然而，1695年英国《印刷许可法》[1]失效了，它的后果之一就是出版商丧失了对图书交易的控制权。出版商为了重新取得对图书出版、发行、交易的控制权，对议会进行了游说，但是没能成功。后来出版商以保护作者的创作和保护公共利益为理由说服了立法机关，英国议会于1709年颁布了《安妮法令》[2]，1710年生效。该法被认为是世界上第一部著作权法（尽管不是现代意义上的）。一方面，虽然该法也规定了作者的权利，但其主要保护出版商的利益，保护作者利益只不过是出版商为了自己利益搭建的桥梁，因为出版商通过作者将权利转让给它们就可以重新实现它们对图书出版发行的某些控制权，也可以部分地恢复它们对图书出版发行的垄断权。而另一方面，该法也具有重大的意义。第一，该法对出版商的权利进行了限制。该法规定出版商首次印刷和重印图书的权利只在一定的时间内有效，也即，如果该图书是新出版的，权利时

---

[1] Licensing Act of 1662，也称 Licensing of the Press Act 1662，其简称或者敕令号为 14 Car. II. c. 33（1662）11，全称为《防止印刷煽动性、叛国性及未经许可书籍与小册子的频繁滥用并规范印刷业之法案》，失效于1695年。参见维基百科 https://en.wikipedia.org/wiki/Licensing_ of_ the_ Press_ Act_ 1662，最后访问日期：2024年8月8日；https://en.wikipedia.org/wiki/Statute_ of_ Anne#Lapse_ of_ the_ Licensing_ Act，最后访问日期：2024年8月8日。该法也译为《出版法案》。

[2] Statute of Anne，也称 Copyright Act 1710，其简称或者敕令号为 8 Ann. c. 21 or as 8 Ann. c. 19，全称为《授予作者及购买者就其已印刷图书之复制权以促进知识之法》（An Act for the Encouragement of Learning, by Vesting the Copies of Printed Books in the Authors or Purchasers of Such Copies, During the Times Therein Mentioned）。

间为14年，该期限结束时作者尚在世的，时间再加14年；如果该图书是重印的，时间为20年。[1]第二，《安妮法令》在世界上首次确认了作品作者应当享有的财产权利，从财产和权利的角度保护了作者的财产利益，由此作者成为法律保护的主体，成为其无形财产权利的所有者。由法律作出这样的规定在世界上尚属首次。[2]第三，《安妮法令》也唤醒了作者保护自己权利的意识，这对现代著作权的最终形成具有重要的促进作用。第四，《安妮法令》废除了皇室特权，即向出版商颁发许可证的制度，这对于著作权由公法领域向私法领域转变具有重大意义，[3]事实上在保护出版商的同时也保护了作者的权益，为现代著作权制度的确立奠定了基础。《安妮法令》颁布之后，出版商为了恢复其原先享有的完全控制权，又对议会进行了说服，意图延长该保护的时间长度。出版商们仍然假借作者的权利，认为虽然根据《安妮法令》所授予的权利在登记之后的14年（或者28年）就将期满，但是这些权利只是补充了作者在先存在的、永久的普通法权利，由此展开了长时间的关于文学财产权利的争论。这种争论的主要论题为，作者或者通过作者转让获得权利的出版商是否享有永久性普通法上的复制权，以及他们所享有的权利是否受《安妮法令》所规定期限的限制。

这场在英国关于文学财产方面的争论持续了相当长的时间。从1695年《印刷许可法》失效时算起，期间经过了Millar v. Taylor[4]

---

[1] 参见［澳］布拉德·谢尔曼、［英］莱昂内尔·本特利：《现代知识产权法的演进：英国的历程（1760—1911）》，金海军译，北京大学出版社2006年版，第12页。

[2] 参见冯晓青：《著作权法》，法律出版社2010年版，第18页。

[3] 参见冯晓青：《著作权法》，法律出版社2010年版，第18页。

[4] Millar v. Taylor 4 Burrow 2303, 98 E. R. 201, 20 April 1769.

第七章 民法体系下知识产权工具主义问题

案、Donaldson v. Beckett[1]案和 Tonson v. Collins[2]案等一系列相关案件之后,一直持续到了 1774 年才结束。在 Millar v. Taylor 一案中,汤姆森(Thomson)写作了《四季》(The Seasons)一文,于 1729 年将其作品权利转让给了安德鲁·米勒(Andrew Millar),出版商罗伯特·泰勒(Robert Taylor)于 1763 年出版了该作品,于是米勒进行了起诉。如果按照《安妮法令》,米勒所享有的《四季》在制定法上的权利已经过期了,因为从 1729 年算起,最多有 28 年的期限,它最迟在 1757 年也应当超期了。米勒想要赢得诉讼,就应当证明他享有一个在普通法(common law)上的财产权。最终王座法院支持了米勒的请求,以 3∶1 多数支持了关于普通法上永久性文学财产的判决。然而在 Donaldson v. Beckett 一案中,则有了与此相反的判决。在该案中,贝克特(Beckett)从米勒那里取得了《四季》的权利,而唐纳森(Donaldson)则出版了《四季》的复制件,贝克特提起了侵权之诉。该案中御前大臣巴瑟斯特(Bathurst)根据 Millar v. Taylor 一案作出了一项禁令,唐纳森因而向上议院上诉。该案的结果为,1774 年 2 月,英国上议院召开会议,支持了唐纳森的请求,作出了反对普通法上永久性复制权的结论,终于结束了这场旷日持久的关于文学财产权利的争论。这个结论平衡了出版商、作者和社会公众的利益,对现代著作权法的产生具有深刻的影响。

其实,英国关于文学财产的争论,涉及的问题有许多方面,比如财产的形而上学地位问题、在图书上和在机器上的财产之间的差异问题、苏格兰和英格兰普通法之间的关系问题、制定法与普通法之间的关系问题等。其中一个重要的内容,就是智

---

[1] Donaldson v. Beckett II Brown 129, 1 E. R. 837, 22 February 1774.
[2] Tonson v. Collins 96 E. R. 180, 1760.

力活动在法律上的地位问题。很明显，在这一系列的争论中，人们认识到了智力劳动与体力劳动的区别。也就是，智力劳动是一种创造性的劳动，是源于头脑的智慧活动和天赋思想的发挥，这在本质上不同于体力劳动。智力劳动被认为是联系各种授予无体物财产权的不同法律部门之间的纽带。[1]其原因在于，智力劳动的本质在于创造性。创造性这个概念也经历了一个发展变化的过程，对创造性这一用语含义的统一直到19世纪上半叶才成为可能。[2]对于专利法、文学财产权利以及其他的智慧财产，它们之所以能够联结起来，就是因为有创造性这一概念作为它们之间的枢纽。

在这场争论中，像文学财产一样的无形财产权的获得是通过对"先占"这一概念的改造而实现的。先占本是对有体物进行占有时所使用的一个概念，而无形财产的无形性使得适用这一概念有所障碍。这就得对这一概念进行改造，将劳动纳入其中，从而使私人无形财产的取得具有了合法性。这种思路是，智力劳动可以产生收益，收益应当由创造者占有，智力劳动从而成为财产。由此，剩下的工作就是为文学财产确认被保护的对象和保护范围。在文学财产中，智力劳动是通过文字来记录和表述的，这些文字的表述过程就是人们进行创作的过程，也就是作者进行创造性劳动的过程，而纸张，只是表现他们创造性劳动的介质。这也就明确了文学财产的范围，同时也确定了受保护的对象。

---

[1] 参见［澳］布拉德·谢尔曼、［英］莱昂内尔·本特利：《现代知识产权法的演进：英国的历程（1760—1911）》，金海军译，北京大学出版社2006年版，第17页。

[2] 参见［澳］布拉德·谢尔曼、［英］莱昂内尔·本特利：《现代知识产权法的演进：英国的历程（1760—1911）》，金海军译，北京大学出版社2006年版，第51页。

第七章 民法体系下知识产权工具主义问题

当然,作品应当享有权利,但这又引出另外一个问题,即作品发表后与发表前所享有的权利是否应当一样?作品发表前,作者对其智力劳动可以完全控制,但是作品一旦发表,就会面对社会公众。作品发表后如果赋予其永久性普通法上的文学财产权利,将会影响其他作者和社会公众的利益,思想的传播会受到阻碍,并会限制图书的发行、翻译、引用,甚至影响新作品的产生。因此,无论是出版者还是作者,都不能垄断思想、情感、原理。通过作品的发表,作品中包含的思想、知识应当进入公共领域,并为社会大众所免费使用。这又演变为另外一个问题:无形财产权利的范围与公共领域的范围。作者或者受让者不能要求保护思想、情感和原理,但是,文学财产的范围也不局限于被印刷出来的文字。文学财产的作者可以要求保护以自己所独有的思考方式所呈现或表达出来的文字形式或者特征,也即文字的组合方法。由此产生了思想、表达二分法。它确立了现代著作权法的基础,也是著作权成立的基础,是著作权工具性的体现。

作为这场争论的结果,知识的公共领域与私人领域也区分开来,有了各自的范围与界限。在私人领域,作品的表达、风格以及体裁方式都受到保护,即使发表也不受影响;在公共领域,作品所表现的原理、思想等知识都是公有的,作品一旦被发表,社会公众都可以使用。

法国的情况与英国类似,起初出版商也享有印刷出版的特权,之后才有了对作者权益的保护。法国通过1791年的《表演权法》、1793年的《作者权法》逐步确认了作者的表演权和对自己作品的复制权。法国关于著作权方面的法律还确认了作品人身权,这是对作者著作权利的进一步完善。在德国,受康德哲学思想的影响,作品被认为是创作者的人格的体现,著作权理论有了进一步发展。在美国，《1787年宪法》中提出了关于知识产权的三原则，即促进知识传播、保护公共领域、维护作者权益，史称关于知识产权的3P[1]原则。

综上所述，著作权的起源既与封建特权相关，也与出版商对印刷控制权的争夺有关，争取权利的各方都把它视作工具。在英国有关文学财产的争论结束之际，有关无体物能够被视作一种财产的观念就被广泛接受，并逐渐发展成为一种具体的权利。

2. 产生于对王权限制的专利权体现了工具性

专利制度的产生历史可以追溯到中世纪，萌芽于中世纪的封建特许权，这种特许权形式表现为当时的君主颁发的相应的特权文书，这种体现封建特许权的文书从一开始就是一种工具。这样做的目的在于，第一，工商业界有寻求王权保护的企图；第二，欧洲各国王室也会鼓励国内工商业的发展以增加税收；第三，这种做法也是抵制封建行会章程的需要[2]。中世纪时的意大利、荷兰、德国、西班牙、法国等国的王室为了保护新技术、新工艺，都采用过颁发特权文书的形式。但是在中世纪，这种特权所指代的范围并不限于发明，以至于"任何由君主以公开信的形式颁发的专门许可或特权都叫专利"，所谓"专利"，除了特许权（charters），还包括代理权（commissions），甚至在现在看来与"专利"根本不相关的政府公职（offices）、探索新大陆的皇家许可、贵族头衔（titles of nobility）也包括在内，对

---

[1] The promotion of learning, the preservation of the public domain, the protection of the author.

[2] 因为封建行会章程拒绝外来新技术、新行业，为了更好更快地引进大陆国家的产品和技术，国王只能以向外国技工授予在某一行业或产品的单独经营或制造的特权的方式，使他们免受行会章程的限制。参见邹琳：《英国专利制度发展史研究》，湘潭大学2011年博士学位论文，第24页。

第七章 民法体系下知识产权工具主义问题

市场的垄断权（monopolies）等也属于"专利"的范围。[1]显然，这种"专利"实质是一种范围广泛的特许经营权或官职特权。

在雅典，早在公元 10 世纪时政府就已经授予了一个关于烹调方法的特权，允许创作该方法的厨师独享。在英国，1236 年国王亨利三世授予了一个关于制作色布的特权，1331 年爱德华三世授予了一个关于织布、染布技术的特权。1416 年，威尼斯批准了世界上有文字记载的最早的一件专利。[2]1421 年意大利授予了一个"装有吊机的驳船"的专利，它被认为是在世界范围内对第一个真正的发明而授予专利的实例。之后 1474 年威尼斯颁布了一个具有专利法因素的法令，但它并不被认为是具有现代意义的专利法。[3]在当时欧洲的其他国家也都有类似的做法。[4]

伊丽莎白女王统治后期，王室垄断权的颁发被滥用，成为权贵掠夺财富的手段。在英国，这种掠夺导致了物价上涨、民怨沸腾，[5]限制王权的主张就被代表工商阶层利益的议员提了出来。1601 年，英国国会提交了一份关于专利垄断特权的解释报告，意图对专利垄断特权进行否定。对专利垄断特权的争论也延伸到争权与限权、授予专利权背后的利益分配及政策取向和社会成本等问题，展开了一场维护王权与限制王权的拉锯战。

---

[1] 杨利华：《从"特权"到"财产权"：专利权之起源探微》，载《湘潭大学学报（哲学社会科学版）》2009 年第 1 期，第 40 页。

[2] 《专利 国家与发明人的契约》，载《北京日报》2016 年 3 月 23 日，第 16 版。

[3] 参见冯晓青、刘友华：《专利法》，法律出版社 2010 年版，第 16 页。

[4] 参见杨利华：《从"特权"到"财产权"：专利权之起源探微》，载《湘潭大学学报（哲学社会科学版）》2009 年第 1 期，第 40 页。

[5] 参见冯晓青、刘友华：《专利法》，法律出版社 2010 年版，第 17 页。

1599年发生的达西诉阿林案〔1〕（Edward Darcy Esquire v. Thomas Allin of London Haberdasher）是一个转折。在该案中，原告达西由王室授予一项纸牌的专利权，包括纸牌的进口、制造及销售，他认为伦敦商人爱德华·阿林也在经营同样的生意侵犯了他的专利权，遂将阿林诉至法院。在此案中，法院对女王专利特许权一并进行了审查。1603年，该案最终认为不应当对已有物品授予专利垄断权，原告的诉因不充分，违反了普通法。该案被认为是反对王权的经典案例。〔2〕此案之后，维护王权与反对王权的争斗仍在继续。经过一系列的交锋，英国先后经历了《对英格兰大法官弗朗西斯·圣奥尔本子爵、爱德华·弗洛德及弗朗西斯·米切尔爵士予以议会谴责之法案》〔3〕《关于确认衡平法院撤销亨利·赫伦于德文郡和康沃尔郡独家鱼类腌制、晾晒及贮存特许权之判决的法案》〔4〕，而后又催生了英国1624年通过的《垄断法规：关于垄断特许及豁免与相关罚则之法案》〔5〕，即人们通常所称的《垄断法》。可见，《垄断法》是当时英国限制王权的成果之一。虽然这些思想在当时已非常先进了，但英国没有首先实现专利的现代化，这着实令人惋惜。〔6〕然而，《垄断

---

〔1〕 74 Eng. Rep. 1131（1599），（1599）Noy 173, 1 January 1599.

〔2〕 参见冯晓青、刘友华：《专利法》，法律出版社2010年版，第17页。

〔3〕 英文为：An Act Containing the Censure Given in Parliament against Sir Francis Mitchell, Francis Viscount Saint Albane Lord Chancellor of England and Edward Flood, 18 Jac. I c. 1 of Private Acts（1621）.

〔4〕 英文为：An Act to Confirm a Judgment Given in Chancery for Annulling Certain Letters Patent Granted to Henry Heron, for the Sole Privilege of Salting , Drying and Parking of Fish within the Counties of Devon and Cornwall, 21 Jac. I c . 11（1623）.

〔5〕 英文为：Statute of Monopolies：An Act Containing Monopolies and Dispensations with Penal and Forfeitures Thereof, 21 Jac. I c. 3（1624）.

〔6〕 参见杨利华：《从"特权"到"财产权"：专利权之起源探微》，载《湘潭大学学报（哲学社会科学版）》2009年第1期，第42页。

第七章 民法体系下知识产权工具主义问题

法》的颁布仍然具有重大意义。英国议会颁布的《垄断法》具有现代专利法的一些元素,它被后世认为是现代专利法的开端。《垄断法》为新产品的发明创造者授予专利证书,给发明人授予不超过14年的独占权利,这些举措被认为终止了王室在发明创造上颁发特权的权力,为后来的英国工业革命提供了有利的发展环境。可见,在历史上英国专利法是以习惯和普通法为基础的,《垄断法》的出现才为制定法奠定了基础。

此后世界其他国家如德国、美国、法国等相继颁布了本国的专利法。其中,美国专利法吸收了英国专利制度的思想成果,率先实现了专利由特权向财产权的转化。[1]在英国,这一转化又经历了相当长的时间,其中《外观设计法》以及登记制度发挥了重要作用。[2]

总体上看来,一方面,在中世纪君主授予的这种特权中,"专利"范围过于宽广,还没有达到专利应有的"专";另一方面,王权占有绝对的地位,与其说被授予了特权,倒不如说彰显了王权,因此,"专利"还没有达到应有的"利"。再有,中世纪的"专利"也没有像现代一样关心新颖性和创造性问题,而这恰恰是现代专利制度存在的基础。然而,不可否认的是,这种君主授予特权的制度也孕育了赋予发明人以专有权的现代专利制度,是新兴工商阶级反抗封建王权和欧洲进行工业革命的需要,也是打破旧的经济秩序的需要和自由经济发展的需要。专利由封建特权转变为财产权是由资产阶级完成的,之后经过

---

[1] 参见杨利华:《从"特权"到"财产权":专利权之起源探微》,载《湘潭大学学报(哲学社会科学版)》2009年第1期,第43页。
[2] 参见[澳]布拉德·谢尔曼、[英]莱昂内尔·本特利:《现代知识产权法的演进:英国的历程(1760—1911)》,金海军译,北京大学出版社2006年版,第51页。

专利存废之争才迅速扩大到世界范围，现代专利制度和专利权才确立起来。可见，在专利权产生的过程中，其对王权的限制体现了工具性。

3. 确立于商品经济发展的商标权体现了工具性

在物品上做标记，古已有之。例如在古埃及，早在3500多年前就有在陶器上刻记名字的案例。[1]在我国，秦朝时期的兵马俑上就刻记上了制作者的名字，如"官疆""咸阳午"等。"官"是中央官府的制陶作坊，"疆"是工匠名；"咸阳午"是咸阳地区叫"午"的人。[2]在我国古代所烧制的瓷器上也经常可以看到制作作坊的名字。但是这些都不能被认为是商标或者认为其具有商标功能，因为刻上他们的名字主要是承担一种责任或者义务，而不是享有一种权利，更不是为了宣传。在我国乃至世界商标史上，可以认为保存下来的有现代商标功能的最早的商标广告实物是现存于中国国家博物馆的北宋"济南刘家功夫针铺"印制铜版，它使用了一个持杵捣药的"兔子"作为商标。[3]这比欧洲最早的印刷广告要早几百年。这件实物可以看作具有了商标的功能，因为它的目的一是标记，二是宣传，具有很强的工具色彩，一方面宣传收买上等的钢条以制作功夫针，另一方面宣传自己制作的功夫针。尽管我们可以把它看作一件

〔1〕参见郑成思：《商标与商标保护的历史——商标制度的起源及发展（一）》，载《中华商标》1997年第5期，第39页。

〔2〕《秦陵兵马俑》，载 http://www.scio.gov.cn/ztk/dtzt/2014/31055/31067/Document/1373300/1373300.htm，最后访问日期：2024年9月10日。

〔3〕该铜版的最上部有文字"济南刘家功夫针铺"，上半部分中间刻有一只持杵捣药的兔子，兔子两边刻有文字"认门前白兔儿为记"，下部有文字"收买上等钢条，造功夫细针，不误宅院使用，转卖兴贩，别有加饶，请记白"。这是我国现存最早的商标实物，也是目前世界范围内发现年代最早的商标遗存。参见任宇波：《最早的商标："刘家功夫针铺"》，载《大众日报》2012年10月9日，第17版。

商标，但它与今天的商标权有很大不同。不同之处在于：其一，并没有专门机构授予刘家以商标权利；其二，刘家也不可能因为"白兔商标"的使用而产生商标权利，对它的使用是一种自发的行为，它也仅是一种标记。因此很难说在那时已经产生了商标权利。

在欧洲，德国的古登堡（Johannes Gutenberg）于15世纪发明的金属活字印刷术，比中国毕昇的泥活字印刷术晚了约400年。此后，不同出版者也都开始使用印刷术印刷相同的书籍，如《圣经》。然而，印刷质量的参差不齐迫使一些印刷商在其印刷的书籍上使用一定的标识，以彰显自己的书籍与他人的不同，这些标识就具有商标的功能。[1]在英国，1618年产生了一个假冒商标的判决，这可以看作第一个经法院判决的冒用商标的案例。[2]之后的欧洲产业革命使得商品经济有了长足的发展，各生产经营者为了抢占市场和提高影响力纷纷使用了商标。同时，私有财产神圣不可侵犯是资本主义的一个原则，因此从19世纪中叶始西方资本主义国家就将商标纳入工业产权的保护范围。[3]法国在《拿破仑法典》里就肯定了商标权。之后美国于1870年、德国于1874年、日本于1884年制定了各自的商标法律。商标权包括注册制与使用制两种不同的制度。

可见，商标是商品经济发展的产物，同时它也是一种工具，是随着生产经营的不断扩张发展而来的。商标从最开始的标识逐步发展成了一种权利。

---

[1] 参见郑成思：《商标与商标保护的历史——商标制度的起源及发展（一）》，载《中华商标》1997年第5期，第39页。

[2] 参见郑成思：《商标与商标保护的历史——商标制度的起源及发展（一）》，载《中华商标》1997年第5期，第39页。

[3] 参见吴汉东主编：《知识产权法》，北京大学出版社2000年版，第332页。

综上所述，著作权、专利权和商标权在形成过程中就是作为工具而存在的。作为知识产权的主要组成部分，著作权、专利权和商标权是一个财产权共同体，是以知识为特征的无形财产经过进一步发展形成的权利，虽然中间曲折颇多，但最终都作为工具发挥了应有的作用。

三、法律工具主义实践

法律工具主义具有重要的意义，恰逢国家又提出乡村振兴战略，下文以农业知识产权助力乡村振兴为例进行分析。

农业知识产权对于乡村振兴有重要意义。乡村振兴已经写入国家文件。作为乡村振兴基础的产业振兴，借助扶贫政策，取得了一定的发展。而乡村产业振兴仍面临产业技术落后、劳动力素质较低、农业技术推广困难等诸多问题，乡村大力发展的过程中，对与农业发展有关的知识产权保护需求也越来越大。乡村振兴战略实施中知识产权可以贡献自己的力量，但从性质上讲，农业知识产权有其自身的特性，对于自然环境有依赖性，各地不同的环境特点都会对农业知识产权造成影响。农业知识产权还有自然风险性，极易受各种自然灾害影响，存在状态不稳定。农业知识产权法律体系也不够完善，地域发展不平衡，产业化程度低。乡村振兴应当更为有效地与知识产权相结合，专利、商标、地理标志、著作权及农村文化资源均可为乡村振兴作出重要贡献，这也是加快和保障乡村高质量发展的可行路径。

党的十九大报告中提出了乡村振兴战略。随后2018年《乡村振兴战略规划（2018—2022年）》印发，2020年《中共中央、国务院关于实现巩固拓展脱贫攻坚成果同乡村振兴有效衔接的意见》发布，2021年《中共中央、国务院关于全面推进乡村振兴加快农业农村现代化的意见》发布。根据国家计划,乡村振兴战略分别为2020年、2035年、2050年设定了目标。[1]产业兴旺、生态宜居、乡风文明、治理有效、生活富裕体现了乡村振兴战略的总要求。对于乡村振兴战略的意义无需多言,它关系到我国农业农村现代化的实现,关系到解决我们社会生活的主要矛盾,关系到社会发展的平衡,关系到农业农村的现代化,因此它是我国实现第二个百年奋斗目标的关键,具有重要意义。那么,在乡村振兴战略中,知识产权可以起到什么样的作用、存在什么样的问题、如何助力和促进乡村振兴就是值得研究的问题。

1. 乡村振兴战略发展需要知识产权支撑

2021年我国脱贫攻坚战取得全面胜利,在各地的脱贫攻坚战中,通过产业扶贫实现了一批又一批贫困村摘帽,而产业振兴作为乡村振兴的基础,以农村当地的自然资源为依托,借助一系列扶贫政策,吸收当地农民劳动力,实现了产业的快速发展。乡村产业一般是指集种植业、养殖业、农产品加工业、农产品流通业以及乡村旅游业为基础的复合型产业,[2]可以让农民在自己家乡实现就业,尽快脱贫,有效解决了农村地区的绝对贫困问题。但是,乡村产业仍面临诸多问题,如产业技术落后、劳动力素质较低、农业技术推广困难等。虽然就知识产权而言,其包含的内容较多,但就其中涉及农业知识产权的方面

---

[1] 该目标为:到2020年,乡村振兴取得重要进展,制度框架和政策体系基本形成;到2035年,乡村振兴取得决定性进展,农业农村现代化基本实现;到2050年,乡村全面振兴,农业强、农村美、农民富全面实现。《中共中央 国务院关于实施乡村振兴战略的意见》,载 http://www.gov.cn/zhengce/2018-02/04/content_5263807.htm,最后访问日期:2024年9月15日。

[2] 参见李海燕、刘卓:《乡村振兴战略布局下农业知识产权助力产业发展的路径探究》,载《农业与技术》2020年第7期,第161页。

而言，的确可以为乡村产业的发展提供一剂良药，推动乡村产业向更高质量发展，从而促进脱贫攻坚成果更有效惠民，进而推动乡村的高质量发展。

现代社会中，农业的发展与以往单纯靠天、靠地、靠人的"小农经济"有所不同，随着科学技术发展，农业现代化是当今经济发展情况下必须要实现的。农业现代化对于乡村振兴起着引领作用，而农业现代化的发展则有赖于科学技术的进步，科技创新可以有效融合各产业并促进各产业的发展。[1]乡村可以利用好知识产权各项制度，推动农业科学技术发展与成果转化，激励农民自身对于农业技术的使用，早日实现农业农村现代化。

乡村振兴不仅要振兴经济、科技，也要振兴精神文明，美丽的乡村不应只有提高效率、解放农民双手的机器与设备，也要有体现该乡村历史文化的文化底蕴，不能在乡村振兴的建设中顾此失彼。例如，著作权制度可为乡村文化中的戏剧表演、舞蹈作品、音乐作品等提供支撑。再如，乡村可能会拍摄自己的宣传片上传到短视频平台上，借此吸引游客，这样的作品也需要知识产权的保护，否则辛苦拍出的影片有被滥用的风险，将降低作者的创作积极性，影响农村文化产业的发展，不利于乡村文化振兴和发展。

乡村发展对于知识产权有迫切的需求。乡村第一、第二、第三产业的发展，均离不开知识产权的支持。生产类的种植业当中，优质的种子对于农业发展、粮食安全起基础作用；作为农业加工业的第二产业则需要更多的技术加持，才能将农业产品价值发挥得更大，因此更需要知识产权来推动技术发展；基

---

[1] 参见宋保胜等：《科技创新服务乡村振兴的内在逻辑及有效供给路径研究》，载《科学管理研究》2020年第5期，第119页。

第七章　民法体系下知识产权工具主义问题

于乡村第一、第二产业的乡村第三产业,如乡村农家乐、乡村旅游业等,要想有长足的发展,应推广自身的专业品牌或商标品牌,为乡村振兴助力。

2. 农业知识产权的特性

从性质上讲,农业知识产权也是知识产权,但它有其自身的特性。

农业知识产权对于自然环境有依赖性,各地不同的环境特点都会对农业知识产权造成影响。农业知识产权还有自然风险性,极易受各种自然灾害影响,存在状态不稳定。

然而,农业知识产权是非常广泛的。首先,农业知识产权的广泛性体现在地域上,分布在农村各领域。其次,研发主体广泛,既有专业的教学科研单位,还有以营利为目的的企业,还有一小部分深耕于农田的农民。这样的研发主体,也就意味着农业知识产权产品的研发项目也会比较分散,不易整合资源做大做强。最后,农业知识产权涉及的领域多样,基本包含了知识产权的所有种类,如涉农专利、农产品商标等。

农业知识产权还存在研发周期长的问题。农业知识产权的客体主要是农作物,范围广泛,生长环境多样,受自然环境因素影响大。农作物自身本就需要一定的时间生长、成熟,而针对它们的知识产权研究更要基于一个详细、科学的数据来进行,从而使得研发周期变长。

目前农业知识产权大多存在于第一产业及其相关的农业科技领域,[1]所涉及的范围较小,并且农业知识产权的形成与自然环境、农作物自身生长习性等因素有密切联系,难以对农业

---

〔1〕 参见张术麟:《农业知识产权与乡村产业振兴》,载《贵州民族研究》2020年第1期,第35页。

知识产权的成果采用统一标准进行衡量,因而价值就难以界定。

农业重要的地位决定了农业知识产权的发展必定会受到政府的影响,而农业知识产权的研发也多有当地政府的支持与补贴,既不能完全市场化,也不能不重视其社会价值。因此,农业知识产权还具有一定的社会性质。

3. 涉农知识产权具体分析

根据党的十九大报告,乡村振兴是物质与文明、经济和环境各方面齐头并进的振兴,涉及农业的知识产权为乡村产业发展提供动力,为乡村的文明提供指引,为乡村的环境提供保障,有着十分重要的激励、推动作用。下文将作进一步分析,以便从中探寻出一条适合乡村振兴发展的知识产权之路。

(1) 涉农专利

农业科技进步是农业现代化发展的推动器。我国耕地后备资源不足,耕地质量不高,土壤肥力差且退化严重,耕地沙化、盐渍化,且土壤易受侵蚀,[1]可以说如何促进耕地的可持续发展是我国"三农问题"中必须要解决的一个重要问题。在这样的大背景下,覆盖农业生产各个方面的专利技术,对于解决耕地问题、改变农业生产方式与设备、提高农业生产效率有显著作用,也就是说农业技术的进步需要涉农专利的推动。

从行业分布上看,种植业与食品业的发明与实用新型不论是申请量还是授权量都多于其他行业,在有效量的构成中,农业生物技术则多于食品业。

根据《中国农业知识产权创造指数报告(2020年)》,在申请专利的构成中,截至2019年底,我国的涉农专利中,发明

---

[1] 参见朱亮亮等:《我国耕地质量现状及提升建议》,载《山西农经》2021年第11期,第159—160页。

第七章 民法体系下知识产权工具主义问题

有939 453件，实用新型有418 243件，在公开涉农专利申请的1 357 696件中分别占比69.19%和30.81%。从行业来看，食品业的涉农专利申请是最多的，其中发明专利以317 632件远高于实用新型专利的81 582件；其次是种植业，发明专利与实用新型专利分别为175 543件和182 814件，基本持平。在专利授权量构成上，在638 392件授权的专利中，种植业中的实用新型专利有418 243件，占65.52%，而种植业的授权量也是最多的，其次是食品业，共有136 920件，占比21.45%。发明专利从申请人看，总体上，教学科研单位申请量的年均增长率最高，为15.45%，企业和个人分别为13.67%和13.27%。而在申请的发明专利中，企业的占比较高，为45.62%。在行业分布上，食品业、种植业的申请仍然占主流，农业生物技术与农化的数量也在增加，而渔业的发明申请远远少于其他行业。在地域分布上，江苏省、安徽省、山东省位列前三。总体来看，农业专利申请数在逐年增加，但在质量上与国外在我国申请的农业专利相比仍有差距，[1]西部地区和东北地区的发明申请数量相对落后。

从具体涉农专利上看，有代表性的成果是，全量麦秸还田机械化旋耕技术对麦秆进行还田处理减少了对麦秆焚烧造成的环境污染；我国转基因抗虫棉技术的发展，大大提高了棉花的产量，使得棉花产业稳定发展；转基因作物方面，发展出了一批实践经验丰富的农作物研发企业和平台[2]。

总体上来讲，对于涉农专利，应不断创造一个良好的科技创新与保护的环境与氛围，解决科技与需求不平衡问题。涉农

---

〔1〕 参见丰延东、余茂艳、陈劲：《基于乡村振兴背景下的我国农业专利产出、转化及作用研究》，载《软科学》2020年第4期，第1—6页。

〔2〕 参见任端阳：《我国农业知识产权与智慧农业发展对策研究》，中国科学技术大学2017年博士学位论文，第62页。

专利的有效增加,既有助于生产效率的进步、农业资源的节约、产业竞争力的提高,也间接推动了我国农业产业的供给侧结构性改革,有利于发展智慧化农业。同时,随着科学技术的进步,网络购物平台的使用和普及以及农村地区的电商发展,减少了涉农商品的流通环节,使农民获得了更多的利益[1],更好地巩固拓展了脱贫攻坚的成果。大力推广并应用新型农业科技,形成良好的农业知识产权集群效应,有利于实现农产品生产科学化、技术化、现代化。

(2) 商标

商标是用来区别一个经营者的品牌或服务和其他经营者的商品或服务的标记。具体而言,即便是一个不起眼的商标也可以给消费者留下深刻印象,有利于扩大商品的知名度。

以农村食品为例,现代社会对食品的诉求已从基本温饱转向健康、绿色和有机等更高层次,而农村代表原生态,社会大众追求原生态的健康食品为乡村的食品发展带来了机遇。乡村种植的蔬菜、养殖的牲畜,以往只是简单拉到集市上去卖,现在通过整合资源,将乡村的产品商品化,打造乡村商标体系,不仅为农民带来更多创收,也为当地的经济发展提供了有力支撑。

随着我国有关商标法律法规的健全,知名商标也层出不穷,如"蒙牛""伊利""金锣""北绿""鲁花""乌江"等。[2]再如,大同黄花成了大同云州区的主导产业和农民脱贫致富的支柱产业,随着大同黄花这一品牌的知名度不断提升,相关产品不仅帮助当地的农民脱贫致富,还逐步畅销于国内各地以及东

---

[1] 参见刘学敏:《以科技创新助力脱贫攻坚与乡村振兴衔接》,载《开放导报》2021年第3期,第83页。

[2] 参见赵书军、李欣:《浅论农产品品牌及其法律保护》,载《天津法学》2012年第1期,第96页。

南亚、欧美等地。可见,农产品申请商标、创建属于自己的品牌,更容易获得大众的关注,也更容易扩大知名度,从而带来更好的经济效益。

所以说,打造乡村商标,推进乡村商标发展战略,有利于乡村产品的对外输出,有利于乡村企业发展,有利于扩大知名度,形成产业群,提高经济效益,助力乡村振兴高质量发展。

(3)地理标志

地理标志和商标是两类独立的知识产权,都起到标记的作用,但是二者对于商品信息的传达侧重不同。地理标志可以让消费者了解到该产品的来源和品质,同时可增加产品的经济价值。拥有地理商标的农产品,可以明确产品生长地,凸显自身的地域优势,并且可以更有效地形成品牌化的高质量乡村产业。目前我国的乡村发展中,出现了众多具有地理标志的农产品,如"平遥牛肉""信阳毛尖""三亚芒果"等,这些产品利用获得地理标志这一优势不仅将自身推广了出去,还扩大了当地的知名度。

现实中,我国农村乡镇产生了许多地理标志产品,但同时也不可避免地与商标权产生了冲突,如"金华火腿案""白蒲黄酒案"。[1]为此,可以参考实践中的案例,通过立法完善地理标志相关法律等措施,使商标保护与地理标志保护相区分,满足地理标志保护的需求。

我国地理标志采用混合模式进行保护,采用的是"自上而下"的方式,其效用不能有效地激发出来,[2]而欧洲国家则主要

---

[1] 参见刘娜:《论地理标志与商标的冲突与协调》,山东大学2016年硕士学位论文,第1页。

[2] 参见张亚峰等:《意大利地理标志促进乡村振兴的经验与启示》,载《中国软科学》2019年第12期,第59页。

采用了"自下而上"的专门保护模式,可以对其探索借鉴。[1]

(4) 著作权和文化资源

如今的乡村基础设施不断完善,农民们的生活也因互联网的接入而变得丰富起来,民间有才艺的农民借助互联网的优势,在抖音、快手等平台分享自己拿手的技艺或自己恬静的美好生活,吸引了一批又一批的粉丝关注、点赞。从较低层面看,农民表面上只是粉丝增多了,实现了流量的变现;但从较高层面看,农民这一行为为当地农村作了宣传,提高了农村的软实力。在著作权激励制度与政策导向下,有关农民建设社会主义新农村的影视作品大量产出,比如《荔枝红了》《三变》《十八洞村》等影视作品[2],推动了乡村文化产业的发展,为农民拍出了属于他们这个群体的电视剧,也让更多人了解到了我国的美丽乡村。这不仅可以吸引更多游客来促进乡村旅游业的发展,还可能会有一些剧组来到乡村拍摄,而剧集的播出又会吸引游客和粉丝前往取景地打卡,再次将乡村旅游发展推向一个新的高度。[3]

随着农村生活质量的提高和农村文化的不断丰富,应加大对有关乡村文化作品的保护,否则乡村的美景、美食、美物等

---

〔1〕 参见张亚峰、何丽敏、闫文军:《中国与意大利地理标志制度比较研究》,载《经济体制改革》2021年第4期,第173页。

〔2〕 石超、武迪:《论知识产权助推乡村振兴的理论基点与实现路径》,载《湖北工程学院学报》2019年第5期,第113页。

〔3〕 人们常说"高手在民间",真正有才华的人或许就藏在土地的背后,"下里巴人"未必就比不过"阳春白雪"。2017年,电影《十八洞村》上映,该影片通过一系列微小的细节来展示十八洞村当地居民的生活日常,努力地还原了一个极具中国特色的贫困村庄的样貌和大众化的、朴实无华的农民形象。十八洞村也正是借助自身丰富的旅游资源,大力发展了乡村旅游,开展红色教育,实现了脱贫而"逆风翻盘"。由此我们可以清楚地看到,一个有着自身特色的作品,对于乡村的发展多么重要。

第七章 民法体系下知识产权工具主义问题

可能没有人愿意去传播，社会大众对乡村的刻板印象就会一直存在，人们为乡村建设的意愿就会降低，同时对乡村第三产业的发展也极为不利，一些逐渐壮大起来的旅游文化产业可能会因侵权而受到影响，导致旅游的创收减少，影响经济发展。

在其他文化作品方面，现在有越来越多乡村传统文化的戏剧、美术、剪纸、医药、语言等作品或被搬上大银幕，或在短视频平台有着大量关注度，不断推动乡村文化的振兴。如福建省的柘荣县就是利用剪纸作品来打造剪纸艺术文化村，开办了剪纸文化企业[1]。同时应当注意的是，农村文化资源虽然丰富多彩，但是在其传承以及创新的过程中存在过度开发的问题，对农村文化资源的侵权也时有发生。另外，农村文化资源知识产权也存在权属不明等问题，如何从法律上进行保护也是个重要问题。[2]

4. 农业知识产权存在问题分析

近些年随着我国知识产权事业的发展，农业知识产权有了长足的进步且发展势头良好，在乡村振兴中起到了至关重要的作用，但是我国农业知识产权仍然处在一个发展的阶段，还有许多问题亟待解决。

第一，农业知识产权法律体系还不够完善。我国农业知识产权自20世纪50年代开始发展，经过三个阶段，分别是：1949—1982年的起步时期，1982—2005年的初步发展时期，2005年至今的蓬勃发展时期，每一阶段对应其自身独特的政策

---

[1] 参见石超、武迪：《论知识产权助推乡村振兴的理论基点与实现路径》，载《湖北工程学院学报》2019年第5期，第114页。

[2] 参见梁婉颖、杨军：《乡村振兴战略背景下农村文化资源传承创新法治保障方略》，载《云南民族大学学报（哲学社会科学版）》2020年第1期，第58—65页。

导向、经济需求。《国家知识产权战略纲要》发布后，我国知识产权战略实施框架与实施体系正式建立。[1]但是我国"三农问题"仍然突出，农业知识产权还未形成完整的体系，对于涉及农业生产的各方面没有做到全覆盖，会对乡村的发展造成一定的消极影响。

第二，农业知识产权市场化、产业化程度低。知识产权若想取得长远发展，进行市场化服务是一个重要的因素。当前我国农业知识产权多是科研者在工作中创造的，但是代理服务、信息服务、咨询服务、法律服务等相关服务缺乏，[2]这严重影响了农村的发展。相关数据显示，每年有省部级以上科技成果3万多项，但是可以进行大面积推广并产出规模效益的仅占10%—15%，高新技术对经济增长的贡献率仅为20%，[3]更不用说农业知识产权了。因此，我国农业知识产权市场化条件不足，产业化程度低。

第三，农业知识产权的管理机制有待调整。若要农村农业方面的法律文件落到实处，离不开有关行政管理部门的管理。整体而言，我们还缺乏一个完整、成熟、独立的专门服务于农业知识产权的行政管理体系，对农业知识产权的管理较为分散。例如，植物新品种是由农业农村部门和国家林业和草原局共同管理，涉农商标的事项则由国家市场监督管理总局负责，而国

---

〔1〕 杨晓娟、樊志民：《发达国家农业知识产权服务体系对我国的启示》，载《西北农林科技大学学报（社会科学版）》2017年第1期，第137页。

〔2〕 杨晓娟、樊志民：《发达国家农业知识产权服务体系对我国的启示》，载《西北农林科技大学学报（社会科学版）》2017年第1期，第138页。

〔3〕 参见徐卫等：《我国农业知识产权保护存在的问题及对策研究》，载《农业科技管理》2013年第4期，第48页。

家知识产权局则负责涉农专利的事务等。[1]如此现状,使得农业知识产权的管理体系分散、割裂、不连续,实际上不利于农业知识产权的管理。管理农业知识产权的行政部门大多涉及百姓生活的方方面面,日常的行政管理事务本就繁重,加上对农业知识产权领域的知识不熟悉,缺乏专业性,且相关部门内有关农业知识产权的人才也较少,在服务农业知识产权工作时,效率难免低下。所以,我国应建立一个完整、成熟、独立且高效的农业知识产权行政管理机制。

第四,农业知识产权地域发展不平衡。根据《中国农业知识产权创造指数报告(2020年)》,农业知识产权创造指数江苏省排第一,山东省和浙江省排第二和第三,西藏、青海等地则排在末位,创造指数排名前五位的省市与2018年一致。[2]总体上看,农业知识产权较为发达的地区仍为东部发达的省、市,而中西部地区的农业知识产权创造指数与东部地区相比仍然比较低,存在较大差距。

第五,少数民族特色文化、村寨知识产权保护具有特别性。少数民族特色文化和村寨不但具有多样性还具有独特性,在保护时需要特别注意。在保护时,从历史上看,要尊重真实性;从保护风貌上看,要注意保护的完整性;从少数民族居住角度看,要保证其延续性;从长久看,要有可持续性,还需要注意各利益方的平衡。[3]为避免开发不合理和产生纠纷,应当准确

---

[1] 参见石超、武迪:《论知识产权助推乡村振兴的理论基点与实现路径》,载《湖北工程学院学报》2019年第5期,第114页。
[2] 参见《中国农业知识产权创造指数报告(2020年)》,载http://images.ipa361.com/tupianku/UEditor/file/1614589261938710.pdf?continueFlag=a206b43e3689c50cb9affa3a7f76df8a,最后访问日期:2024年9月19日。
[3] 参见杨春娥:《新时代少数民族特色村寨保护立法的基本原则》,载《青海社会科学》2019年第5期,第185—191页。

界定各相关主体的权益保护内容，根据需要引入和采用动态保护的方式，根据少数民族的特色积极探索传承人代表制度。[1]

第六，农业知识产权发展与保护意识淡薄。随着社会经济发展，虽然人们越来越重视知识产权的保护，但是与农业有关的知识产权因为离大众的日常生活有一定距离，公众对于农业领域的研究项目、科研水平、生产技术等环节缺乏了解，大多数人对于农业知识产权的认识水平还停留在一个相对落后的阶段。农业知识产权的主体大多是农业科研机构的科研人员与农村的农民，对于科研机构来说，部分科研人员会更加重视学科论文的发表，重视评奖活动，而忽视可用于农业实际发展的专利等知识产权，也有部分科研人员认为农业知识产权研发周期长，农村地区进行知识产权转化效益低下，因而忽视农业知识产权的申请，这实际上也阻碍了农业知识产权的发展。也有部分科研机构的科研人员对其自身科研成果的保护问题关注不够、重视不足，缺乏资金保障也挫伤了科研人员的积极性。而对于农民来说，他们往往更注重自身的"一亩三分田"，重视自家田地上的产出效益，即使希望通过技术来提高生产，也受制于自身知识储备的匮乏不能有实质上的研究与发明。而且，农民因对相关政策缺乏了解、自身缺乏相关知识、精神文化落后等原因，对于侵害农业知识产权的行为也并不在意，任其发展。这些都体现了当前我国农业领域的主力军对于农业知识产权保护意识的淡薄。

第七，农业知识产权领域高层次人才紧缺。人才是每个生产领域技术进步都必不可少的要素，在实现农业现代化过程中，

---

[1] 参见唐剑：《西部地区实施乡村振兴战略的特色文化路径——基于四川省的实证分析》，载《华东经济管理》2018年第11期，第76—82页。

人才的重要性不言而喻。新一代年轻人生活在物质相对充足、精神相对富足的年代，部分年轻人不愿从事农业工作。乡村农业发展若想有长足的进步，是否能够吸引具有农学专业知识的人才、是否有意愿进行农业科学研究是关键点。

5. 农业知识产权助力乡村振兴的路径

（1）完善农业知识产权法律建设，使其体系化

我国涉及农业知识产权的法律目前仍然不太完善，这与当下乡村振兴战略中要求用知识产权来促进乡村振兴的实际需要不相符。乡村治理在乡村振兴过程中起着关键作用。[1]在互联网、大数据、人工智能快速发展的21世纪，我们追求农业现代化、科技化、智慧化，但目前农业知识产权的法律比较落后，尤其是现有的相关法律对于一系列复杂的、涉及高科技的专利保护实用性不强，不能高效地保护农业知识产权，因此，农业知识产权若想为乡村振兴提供鲜活的动力，自身应先形成一套适用于当今社会科技发展的法律体系。

（2）推动农业知识产权成果的转化和利用

第一，加大政策和资金的扶持力度。各级政府要加强对乡村知识产权的重视，对于知识产权发展过程中的各个阶段应采取配套的政策，增加相应知识产权发展的研究经费，促进成果的转化与利用。

第二，创建相应的平台进行推广。通过推广，可以将知识产权的成果作为一种商品更好地推销出去，如参加成果展示会、成果拍卖会等，[2]借此宣传相应的技术、产品，使得知识产权

---

[1] 参见宋才发、宋强：《乡村振兴制度建设的内涵及路径探讨》，载《贵州民族研究》2020年第1期，第27页。

[2] 参见杨晓娟、樊志民：《发达国家农业知识产权服务体系对我国的启示》，载《西北农林科技大学学报（社会科学版）》2017年第1期，第137页。

的成果能够扩大知名度，更好地在实际中得到运用。

（3）健全知识产权的管理制度

第一，各管理部门要不断完善行政管理机制，采用统一的规章制度，在不同的管理单位之间实现协调发展。而专业性较强的领域，应由负有专业职能的部门或单位进行管理，协调分工，进行合作。

第二，对于管理农业知识产权的负责人来讲，要不断地提升自己对于涉农知识产权知识的学习水平，做到既要掌握更能运用，在管理中做到游刃有余。特别是要提高领导层关于农业知识产权的保护意识和战略意识，提高其管理和运用知识产权的能力和水平，使知识产权战略真正能在乡村的发展中占有一席之地。

（4）使农民掌握知识产权相关知识

在各乡村开展关于农业知识产权的宣传，增加农民对知识产权的了解，提高保护知识产权的法治意识。通过设立咨询台，解决农民关于农业知识产权的问题，开设培训班进行技术培训，帮助农民通过发明涉农专利、农产品商标、文化作品等创收，巩固脱贫成果，从而建设美丽、富足的乡村。

（5）加快相关人才培养，吸引人才建设乡村

第一，可以在高校的相关教育中，将农业知识与学科知识进行融合，使学生在日常学习中也可以了解到相关的实际情况。同时，建立相关的科研基地，让学生在农业实践中有效地利用技术并引导学生在农业技术方面进行创新。

第二，注重对职业技术人员的培养，完善职业学校的教学设备，增强师资力量，提高综合素质，推动高等职业院校的发展。

第三，各级政府要注重培养当地的人才，用本土人才建设

乡村，提高工资待遇，适当扩大相关编制名额，积极发掘当地具有才艺、技术、知识的人才。

第四，不断推动高素质人才向乡村流动，优化发展环境，对于来乡村创业的人才进行政策上的鼓励和支持，以此吸引更多人才建设乡村。

(6) 合理利用互联网平台对乡村进行宣传

当今社会的发展变革已深度嵌入移动智能终端的应用生态之中。乡村的发展要利用好各个现代平台，如抖音、快手等，在这些短视频平台进行乡村美食、美景、美物的宣传，由此吸引更多的游客，借此发展乡村旅游业，实现乡村发展的可持续性。各级政府要鼓励农民利用淘宝、拼多多等购物平台，学会使用平台关键词进行搜索，举办直播带货等一系列相关培训，同时鼓励物流企业入驻乡村，实现乡村买卖平台电商化，减少运输和储存成本，真正做到利用现代化网络技术实现乡村发展。

(7) 建立农业知识产权发展的配套保障措施

为了保障农业知识产权的发展，相应的配套保障措施应当建立和加强。第一，当今世界已经进入信息化时代，金融业也已经互联网化，金融业可为农业知识产权发展保驾护航。可以制定互联网金融促进法以促进乡村振兴。[1]第二，农业知识产权的科技研发要以需求为导向，以提供更加精准的供给。[2]第三，建立农业知识产权的转化应用服务体系。第四，充分发挥文化、技术、经济、制度等因素的综合作用，突出政府和市场两者的相互作用，借鉴典型国家的做法，通过科技协同创新的

---

[1] 参见张双梅：《乡村振兴视阈下互联网金融法律制度的构建》，载《法商研究》2020年第5期，第144—157页。

[2] 参见柴国生：《科技精准供给驱动乡村振兴的时代必然与现实路径》，载《科学管理研究》2021年第1期，第135—137页。

模式,[1]促进知识产权发展,助力乡村振兴。第五,注重民间资本的作用,建立多元融资体系,与农村文化产业融合发展。[2]

在我国经济社会发展过程中,认识到知识产权的工具性,就可以正确运用其为社会服务。事实上,在当今,知识产权正在发挥且已经发挥了重要作用。

---

[1] 参见王燕等:《乡村振兴战略下西部地区农业科技协同创新模式选择与实现路径》,载《管理世界》2018年第6期,第15—16页。

[2] 参见金晓彤、左晓萌、赵雨柔:《我国民间资本与农村文化产业融合发展研究——乡村振兴战略背景下的内在逻辑、现实困境与推进路径》,载《延边大学学报(社会科学版)》2020年第6期,第73—79页。

第八章

网络知识产权治理与数字化问题

一、电商平台侵权责任问题

电商是中国互联网最为成熟的赛道之一。[1]中国线上零售的数据已连续8年稳居全球榜首。2020年我国市场规模为2.3万亿美元,年增长率为27.5%。当时预测在2021年仍会保持21%的高增长率,也将是第一个线上消费超过实体零售的国家。[2]由此可见,我国电商行业呈现新发展格局。但在快速发展的背后,一系列法律问题也随之而来,如监管职责的丧失、经营者和消费者之间的纠纷、欺诈、虚假宣传、知识产权侵权、产品责任等。这些问题直接或间接地涉及电商平台的侵权责任,而这些责任的界定与消费者紧密相关,需要认真研究,明确各个权利主体在行使权利的同时还应承担的相应义务。

---

〔1〕 根据中国互联网络信息中心的数据,截至2020年3月,我国网络购物用户规模达到7.1亿,从2012年到2020年,网络购物用户渗透率从42.9%提升至78.6%,国内实物商品网上零售额占社会消费品零售总额比重达到25.2%。
〔2〕《第47次中国互联网络发展状况统计报告》,载http://www.cnnic.net.cn/hlwfzyj/hlwxzbg/hlwtjbg/202102/t20210203_713 61.htm,最后访问日期:2023年6月6日。

1. 电商平台经营者的定性分析

电商平台作为互联网科技发展的新事物，学界对其相关内容的研究也并没有达到一个十分清晰的状态，观点众多。2018年《电子商务法》出台，立法者通过对电商平台发展规律的把握明确了电商平台、电商平台经营者的概念及其内涵，并且前瞻性地扩展了"电商平台"的外延，为学者研究电商平台相关问题开辟了思路。

要界定新形势下电商平台经营者的法律地位，认识并厘清现有理论存在的不足及重新界定的必要性。《电子商务法》颁布实施之前，学界大多以电商平台相关主体间的法律关系作为研究对象，从而确立相应的法律责任。其中比较有代表性的有"卖方或合营方说""居间合同说""柜台出租者说""服务合同说""平台所有权人说""新型法律关系说"等。

（1）卖方或合营方说

这一观点认为电商平台经营者与平台内经营者同属于交易活动中的销售方，或者作为买方的消费者有理由相信平台经营者与平台内经营者进行合作经营。对这一观点的认识仅处于交易双方关系的浅层次，在实践中，电商平台经营者在意思表示方面并没有合营销售这种意思，也未参与商家企业利润分配、风险负担，仅仅是为买卖双方完成交易提供了一个网络平台。[1]因此，如果电商平台经营者与平台内经营者承担相同的法律责任确实有些苛刻，存在法理冲突。但是当电商平台经营者与消费者之间直接成立买卖合同时，电商平台经营者直接对侵犯相关主体合法权益的行为承担侵权责任。本书主要讨论的是电商平台经营者

---

[1] 参见孙颖、袁也然：《电子商务平台经营者特殊法律地位及其义务性质再界定》，载《中国市场监管研究》2019年第7期，第26—32页。

作为第三方时的法律地位的界定，排除此类情况。

（2）居间合同说

居间合同说意识到了电商平台经营者与平台内经营者的区别，认为电商平台经营者为平台内经营者提供了完成交易活动的中介。但这并不能与"居间人"的角色相等同。居间人在交易中往往处于积极主动的一方，主动完成相关事项，而电商平台经营者在交易活动中并没有要促成交易的积极的意思表示。居间人在委托人与第三人之间起传达作用，而电商平台经营者作为一个网络交易平台的管理者没有此项义务。因此将电商平台经营者与居间人的地位相提并论存在显著的法理缺陷。

（3）柜台出租者说

柜台出租是指商业、服务业等主体将柜台等出租并收取租金的行为。电子商务交易也可以作类似的理解，网络虚拟平台交给平台内经营者使用，由此将其理解为"柜台出租"也有一定道理。但是现在大部分电商平台经营者并不就虚拟平台的出租收取费用，电商平台经营者与平台内经营者之间也不存在相关的租赁合同条款，这就使得"柜台出租者说"可能失去依据。出租柜台要盈利，应有合法经营的义务，而电商平台经营者与平台内经营者间没有相应的关系，所以"柜台出租者说"没有依据。

（4）服务合同说

服务合同亦称"提供劳务的合同"。而无偿服务一定程度上也成立服务合同。从此层面来看，认为电商平台经营者与平台内经营者之间存在服务合同也未尝不可。但是实际情况往往要更为复杂。[1]《电子商务法》颁布后，这些义务进一步成为法定义务，有了强制性的法律约束力。目前，电商平台经营者所承担的义务远远超过服务合同规定应承载的义务与责任，所以"服务合同说"面临新问题时也无可奈何。

（5）平台所有权人说

随着互联网等相关产业的纵深发展，网络虚拟财产亦被承认具有物权属性。该观点认为电商平台经营者对其依靠网络建立的平台及空间享有所有权，其行使权利时不能妨碍其他主体的合法权益，如不能侵犯消费者的相关权益。电商平台经营者具有一定的社会优势地位，不仅不能侵犯特定或不特定消费者的合法权益，而且还需承担一定的社会公益责任，具体体现为《电子商务法》新增规定的电商平台经营者的报送信息、信息留存、交易规则修改需征求意见及公示等义务。这就突破了物权的绝对属性，消极不作为无法满足电商平台的发展。

上述代表性观点都存在一定合理性，均以传统民法的有名合同为基础进行架构。但是随着我们研究视角的深化，这些认识的缺陷逐渐暴露，也难以应对实践中出现的新问题。所以又出现了"新型法律关系说""综合说"等新的声音。本书认为，由于电商平台的发展具有无限可能性以及运行过程具有复杂性，仅以单一视角对其法律地位进行研究失之偏颇，不利于解决多元化的法律问题。电商平台经营者是平台技术的支持者，是平台资质的审核者，其角色与定位与传统的单一认知不尽相同。所以应当综合把握电商平台经营者的法律地位，[2]根据不同的

---

〔1〕 参见陈荣新：《解释论视角下电商平台侵权责任的判断方法》，载《法律方法》2021年第1期，第372—387页。

〔2〕 参见张玉全：《电子商务交易平台经营者的法律地位》，载《商场现代化》2015年第28期，第23—24页。

涉案情景灵活选择主体的角色定位，有时可能会涉及一种甚至多种角色交叉。

2. 相关案例

侵权问题不可避免地成为电子商务产业快速发展过程中的焦点问题，一切法学理论研究都要立足于法律实践的发展，否则就宛如空中楼阁，失去存在的合理性，欠缺逻辑完整性。因此本书选取了几则经典案例来进一步讨论研究的主题，帮助我们更好地界定电商平台经营者和平台内经营者的责任。

✤ **案例1：中国建筑出版传媒有限公司与上海寻梦信息技术有限公司侵害出版者权纠纷案**[1]

本案反映出的问题是，中国建筑出版传媒有限公司请求上海寻梦信息技术有限公司下架相关低价盗版书籍并删除链接是否合理合法，有没有依据。新《电子商务法》第42条、第43条对相关内容予以了明确的规定。[2]

---

[1] 上海知识产权法院（2019）沪73民终273号民事判决书。
[2]《电子商务法》第42条："知识产权权利人认为其知识产权受到侵害的，有权通知电子商务平台经营者采取删除、屏蔽、断开链接、终止交易和服务等必要措施。通知应当包括构成侵权的初步证据。电子商务平台经营者接到通知后，应当及时采取必要措施，并将该通知转送平台内经营者；未及时采取必要措施的，对损害的扩大部分与平台内经营者承担连带责任。因通知错误造成平台内经营者损害的，依法承担民事责任。恶意发出错误通知，造成平台内经营者损失的，加倍承担赔偿责任。"第43条："平台内经营者接到转送的通知后，可以向电子商务平台经营者提交不存在侵权行为的声明。声明应当包括不存在侵权行为的初步证据。电子商务平台经营者接到声明后，应当将该声明转送发出通知的知识产权权利人，并告知其可以向有关主管部门投诉或者向人民法院起诉。电子商务平台经营者在转送声明到达知识产权权利人后十五日内，未收到权利人已经投诉或者起诉通知的，应当及时终止所采取的措施。"

❖ **案例2：朱某与浙江淘宝网络有限公司网络侵权责任纠纷案**〔1〕

本案反映出的问题是朱某因产品的质量问题而发起换货申请有没有依据，请求退货有没有依据。法院最终支持了朱某要求淘宝公司退货退款的诉请。〔2〕

❖ **案例3：王某与黄某建、深圳依时货拉拉科技有限公司机动车交通事故责任纠纷案**〔3〕

本案反映出的问题是，王某请求黄某建和货拉拉公司赔偿各类损失、互负连带赔偿责任有没有理由和依据。本案中货拉拉公司没有审核被告黄某建的相关资质，有一定的过失和错误，法院判决其承担补充清偿责任。

3. 从理论角度分析电商平台经营者应当承担的侵权责任

平台内经营者与消费者之间有直接权利义务关系，平台内经营者对其侵犯消费者合法权益的行为承担相应的责任合情合理。现存争议较大的点是，电商平台经营者在整个侵权中的责任承担形式，以及承担责任的依据。由法律法规明确规定的责任承担方式我们不再重复论述，〔4〕只是此处"相应的责任"的

---

〔1〕 北京市丰台区人民法院（2019）京0106民初3100号民事判决书。

〔2〕《电子商务法》第38条第1款明确规定："电子商务平台经营者知道或者应当知道平台内经营者销售的商品或者提供的服务不符合保障人身、财产安全的要求，或者有其他侵害消费者合法权益行为，未采取必要措施的，依法与该平台内经营者承担连带责任。"

〔3〕 广东省深圳市宝安区人民法院（2019）粤0306民初3266号民事判决书。

〔4〕 据《电子商务法》第38条可知，对关系消费者生命健康的商品或者服务，电子商务平台经营者对平台内经营者的资质资格未尽到审核义务，或者对消费者未尽到安全保障义务，造成消费者损害的，依法承担相应的责任。

规定曾饱受争议，经过多方主体的相互妥协才确定下来，但是在具体司法实践中责任方式不甚明确，仍然有较大的解释空间。"相应的责任"并非单一的责任形态，必须要根据司法实践的具体情形予以适用，属于特别法规定的情形，应该严格依据特别法的规定，反之则应分别适用连带责任、补充责任和按份责任。[1]

(1) 违反形式审查义务的连带责任

一般而言，电商平台经营者为了有效维护平台内经营秩序都会制定相关的进入规则以判断该经营者作为交易一方的条件是否完备。例如，电商平台会审查卖家是否具有授权书或者销售证明书，说明平台会对所售商品的知识产权权利的正当性和合法性进行事先审查，不能提供这些材料的商家是不能进入平台的。电商平台经营者可根据平台内经营者所提供的信息初步判断其是否为合格主体，未尽到形式审查义务的行为构成直接侵权。[2]

(2) 违反实质审查义务的补充责任

形式审查义务，顾名思义是电商平台经营者对平台内经营者相关资质的初步判断，只要电商平台经营者尽到合理注意义务即可。而实质审查义务则要求电商平台经营者对入驻商家进行资格查验。因为电商平台业务广泛、经营者类型多元，实质审查给技术有限的电商平台经营者以更高的责任要求，明显超出了电商平台经营者的合理审查范围。倘若行政机关仅是在形式审查的情况下为电商平台颁发了营业执照，那么要求电商平

---

[1] 陈星、杨小艺：《论电商平台经营者"相应的责任"的法律适用》，载《重庆邮电大学学报（社会科学版）》2020年第4期，第36—43页。

[2] 参见孙善微：《电商平台经营者侵权责任研究——连带责任与按份责任之争》，载《北方经贸》2019年第8期，第43—45页。

台承担更为严苛的实质审查责任于法无据。[1]电商平台经营者对于因此造成的侵权损害也没有主观故意，只是提供了客观条件并因此获得一定利益。综上，在此情形下电商平台经营者构成间接侵权，只应承担相应的补充责任。

(3) 违反安全保障义务的按份责任

我国立法中的安全保障义务经历了从判例到成文法的发展过程，现在多部法律中均有一定体现。原《侵权责任法》、2013年修改后的《消费者权益保护法》对此都有相应规定。在上述法律规定基础上，2020年颁布的《民法典》第1198条对此也有相应规定。[2]

从《民法典》的规定来看，安全保障义务有进一步发展的趋势。将安全保障义务延伸到网络空间，既是消费经济和社会交往方式发展的迫切需要，也是数字经济法律治理理论发展的需要，特别是商业性的电子商务平台与社交平台，涉及消费者人身和财产权益保护，尤其应当适用安全保障义务。

电商平台经营者对电商平台具有控制能力，有能力预见电商平台中可能存在的安全隐患，并且又能采取必要的措施或预警机制防止损害发生或减轻损害后果。因此，由电商平台经营者或运营者负安全保障义务具有合理性，也与物理空间上的安全保障义务的法律预设保持一致。[3]再者，根据利益与风险相

---

[1] 参见薛亦飒:《"电子商务平台"侵权"相应的责任"之定性分析——连带责任抑或按份责任?》，载《北京化工大学学报（社会科学版）》2019年第1期，第51—57页。

[2] 2020年颁布的《民法典》第1198条进一步对安全保障义务进行了明确规定，将负有安全保障义务的主体范围扩大到经营场所的经营者，将体育场馆、娱乐场所等明确列举为应负安全保障义务的场所。

[3] 参见米新丽、刘正之:《论电子商务平台的安全保障义务》，载《行政管理改革》2020年第11期，第49—55页。

一致原则，电商平台经营者在通过网络平台获益的同时应当负有通过网络技术预防风险，防止损害发生的义务。如采取信息保护、风险提示、记录交易过程等一系列技术性手段。

在具体判断电商平台经营者是否已经尽到安全保障义务时，当然应当结合网络空间和具体电商平台的特点，以及电商平台经营者从技术和能力上履行安全保障义务的可能性予以具体判断。一般情况下，根据电商平台交往的类型和特点，经营者若是采取了现有技术水平和条件下能够做到的必要安全保障措施，就应当认定其尽到了安全保障义务。如果为电商平台经营者设定较为严格的责任则不利于电子商务产业的发展。安全保障义务大多是为了保障交易安全，较事前审查义务而言，电商平台经营者违背安全保障义务的主观过错较轻，因此让其根据自身过错承担按份责任更为合理。

4. 完善侵权责任的相关建议

电商平台侵权责任的有效承担需要相关主体即电商平台经营者、平台内经营者和消费者的共同配合。各方代表利益不同，认定侵权的标准也不尽相同。过于严格或者过于宽松的责任都不利于电子商务产业的良性发展。除传统意义上的电商平台淘宝、京东等，2020年直播电商成为流行的线上消费模式，其以视觉化商品内容为核心，聚焦商品内容运营和兴趣内容推荐，以激发兴趣为出发点，大大缩短了消费决策链路，也吸引了更多的企业和消费者的加入。直播电商的兴起，又为电商平台的发展带来了新的挑战，在现有制度基础上不断进行新的优化势在必行。

（1）电商平台经营者要尽快适应电商平台新的发展趋势，加强平台入驻、动态监督

电商平台经营者应在与平台商家展开合作之前，积极履行事前形式审查义务，充分审核后者的相关经营资质并留存相关

材料证明，以确保尽到合理的审核义务。在平台交易过程中，电商平台经营者要利用好网络技术手段进行实时监督，防止不良事态进一步扩大。交易完成后，电商平台的责任还未完全终结，其还应收集消费者对于交易商品或所享受服务的评价反馈，针对反馈意见进行整改，畅通监督举报通道，助力平台解决相关侵权问题。电商平台经营者不得误导消费者。现有立法制度框架是总结司法实践经验的成果，是重点平台实施一切规章制度的基础，对商家的发展有着极强的指引作用。

（2）电商平台要提高自觉性、加强守法性

电商平台所涉内容错综复杂，其能承担的监督义务毕竟有限，减少侵权现象重点还是要靠平台内经营者的自觉。

侵权行为多种多样，电商平台要严格把控好商品及服务的合法性审查，降低自身卷入侵权纠纷的风险。电商平台经营者要遵守相关交易制度的强制性规定，树立良性竞争意识，杜绝不正当竞争，自觉维护消费者合法权益，承担社会公益责任。

（3）倒逼经营者承担相应侵权责任

电商平台经营者对消费者负有一定的保护义务，但是并不能达到理想程度。

平台内经营者并不会主动保护消费者的合法权益，所以消费者自身才是侵权责任的最终承受者。在整个交易过程中，消费者对商家所提供的商品或服务有着最为直观的感受，消费者要敢于并善于运用法律赋予的权利，提高维权意识，倒逼经营者承担相应侵权责任。

5. 总结

相关规则的使用还不成熟，随着电商产业的蓬勃发展，一些原有规则也失去了运行的合理逻辑。立法不可能涵盖现实生活中遇到的一切问题，仍需要在现行法律框架的运行下，不断细化、具体化电子商务领域的执法规则,完善电子商务标准规范体系。本书重点对电商平台经营者法律地位及相应责任的承担展开讨论,认为在愈发开放的电商发展环境中,电商平台经营者扮演的角色也是多元化的,不能再以传统思维来研究相关问题。电商平台经营者法律地位"综合说"秉持具体问题具体分析原则,对电商平台法律地位的解释相对灵活,能够适应电商平台经营者多元的角色定位。对于《电子商务法》第38条中争议较大的"相应的责任"进行详述后,更有利于侵权行为发生后相关主体责任的确定。最后,针对减少侵权现象、维护消费者合法权益及社会公共利益,应对不同主体提出相关建议,各主体均应当承担起维护合法权益甚至法律尊严的义务,共同建设良好的电商生态环境,推动我国经济高质量发展。

二、数字化稿件制度建立问题

当今社会已经进入数字时代,作为传播知识的主要渠道,作者的作品如何高效率地被社会获得是需要研究的一个重要问题。然而,在投稿与稿件录用过程中存在两个不同的利益体:期刊社与作者。两者之间存在着一定的张力。虽然我国《著作权法》第35条对作者的投稿行为及日期有所规定,[1]但这一规定在现实中施行得不理想,更没有解决期刊出版发行单位与作者之间的矛盾。在数字化时代,期刊社和作者各自有什么样的利益、相互之间有什么样的权利和义务、如何才能高效解决投稿采稿问题、怎样才能兼顾各方的利益的同时舒缓两者之间的张

---

[1] 我国《著作权法》第35条第1款规定:"著作权人向报社、期刊社投稿的,自稿件发出之日起十五日内未收到报社通知决定刊登的,或者自稿件发出之日起三十日内未收到期刊社通知决定刊登的,可以将同一作品向其他报社、期刊社投稿。双方另有约定的除外。"

力就是必须要研究的问题。

1. 投稿行为分析

（1）投稿行为法律检视

投稿这一行为究竟是一种什么性质的行为，虽然不同的学者对此有不同的看法，但是绝大部分的学者都认为不应当同稿多投，同稿多投有百弊而无一利。[1]如果作者同稿多投，要么被认为是一种学术不端行为[2]，要么被认为损害了期刊的利益或者损害了读者的利益[3]，甚至是一种违法行为[4]，还有学者认为是一种不道德的行为[5]。只有少数的观点认为，作者的同稿多投行为并不违反相关法律[6]，是作者的经济行为[7]，是合法有效的法律行为[8]，也不应当用道德的标准来对作者的同稿多投行为进行评价[9]。

---

[1] 陈家骏：《共同守法 互相尊重 杜绝一稿多投——兼与黄传生先生商榷》，载《编辑学报》2005年第1期，第70页。

[2] 参见刘延玲：《"一稿多投"的背后——从"一稿两投"、"一稿多投"到"一稿多发"、"重复发表"》，载《社会科学管理与评论》2011年第1期，第47—48页。

[3] 参见沈杰：《关于防止一稿多投的体会》，载《编辑学报》2006年第S1期，第51—52页。

[4] 参见张冬云：《一稿多投行为的法律问题研究》，载《安徽大学学报》1999年第2期，第96页。

[5] 参见张月红：《从伦理道德的视角再谈一稿多投》，载《学报编辑论丛》（第十二集）2004年，第271—272页。

[6] 参见詹启智：《一稿多投是著作权人依法享有的合法权利——兼论一稿多发后果的规制》，载《出版发行研究》2010年第2期，第55页。

[7] 参见马建平：《一稿多投正当性的法理分析及其权利规制》，载《现代出版》2012年第3期，第18页。

[8] 参见陈柏安：《论多维视角下的"一稿多投"和"一稿多发"——兼评报刊杂志对其发表的作品的独占使用权》，载《知识产权法研究》2008年第2期，第37页。

[9] 参见詹启智：《一稿多投是著作权人依法享有的合法权利——兼论一稿多发后果的规制》，载《出版发行研究》2010年第2期，第55页。

对投稿这一行为的不同理解，反映的是不同的人对这一行为的不同态度，也代表了不同的利益偏向。对于期刊社来说，同稿多投给其带来了很多麻烦，所以极力反对同稿多投；对于作者来说，同稿多投却可以提高其稿件被接受的概率，还可以缩短投稿周期。

那么，法律上对投稿这一行为有何规定？从法律规范的角度来说，我国《著作权法》第35条第1款规定了作者若想再向其他报社、期刊社投稿需要分别满足15日、30日的期限要求。这一法律规范既不是义务性质的规范也不是禁止性质的规范，而是授权性质的规范。但是这一授权性质的规范是有条件的，即需要满足15日、30日期限的要求。从法律规范强制性的程度来说，它是任意性质的规范。事实上，报社、期刊社在15日、30日之内根本没办法审阅完所收到的众多稿件，因此在15日、30日内也就不可能对所接收到的所有稿件进行审核。对作者来说，超过15日、30日收不到报社、期刊社回复的占绝大多数，既然在这一期限之内经常收不到报社、期刊社的回复，那就意味着同稿多投并没有太大的风险，故而形成了即使同稿多投也没有违反著作权法的事实。在这种情况之下，15日、30日的规定无论对于期刊社来说还是对于作者来说都是不符合现实规定且不可接受的，这使得双方都不可能严格遵守这一期限。如果同稿多投并没有违反一个符合实际情况的法律规定，那它就是不违法的。因此，表面上看我国《著作权法》对同稿多投有法律规定，但实际上同稿多投处于无法可依的状态，形成了事实上对同稿多投规定的真空。同稿多投是一民事行为，在民事法律领域，法无规定即自由，造成了事实上即使同稿多投也不会违反法律的现象。结果就是，同稿多投根本不会违反任何"法律"。

对于投稿的期限，《著作权法》第 35 条还规定双方可以进行约定。应当说《著作权法》第 35 条关于投稿期限的规定主要是约束报社、期刊社的，而不是约束作者的，其目的是催促报社、期刊社高效率地审稿。但是，《著作权法》显然也意识到有的报社、期刊社可能在该条规定的期限内不能完成审稿任务的现实，因此允许双方对这一期限进行约定。而期刊社大多以投稿须知、声明的形式向投稿者说明审稿的时间，大多数期刊社都定为三个月，只有超过三个月还没有录用才意味着作者可以向其他期刊社投稿。这就导致这个期限成了期刊社的单方规定时间，作品作者也不可能对此有所变更，期刊单位仍然处于有决定权的地位，反映的仍然是作者与期刊社之间的张力。

（2）投稿行为道德检视

既然同稿多投事实上不会违反任何"法律"，那么接下来的问题就是，这一行为是否违反了道德要求。如果违反了道德要求，那么也是应当被谴责的。认为同稿多投违反了道德要求的学者很多[1]，我们可以作更进一步的分析。

按照功利主义（效用主义）的道德观点，道德应当符合最大多数人最大的幸福要求，最大多数人最大的幸福（利益）要求当然包括效率的价值尺度。如果以此来衡量，得出的结论倒是与大多数观点不一致，因为向多家期刊社投稿是符合这一价值要求的。从整体上看而不是仅仅从某一期刊社的角度来看，只有多投，发表的效率才是最高的，最大多数人最大的幸福（利益）才能最高效地实现。从心理的角度来讲，由于编辑部审稿周期有所延长，甚至有的编辑部对于明显不采用的稿件也疏

---

[1] 参见王海滨、王健、张道祥：《作者一稿多投的心理分析》，载《中国科技信息》2005 年第 2 期，第 209 页；沈杰：《关于防止一稿多投的体会》，载《编辑学报》2006 年第 S1 期，第 51—52 页。

于明确地拒绝，在这种背景下作者同稿多投主要是想让自己的作品早日被期刊社接受，将自己的价值早日发挥出来，这本身就无可厚非。而且，早日发表的作品才能有利于整个人类社会。再者，向多个期刊社投稿使期刊社进入了一个竞争的环境，有利于其提高效率和尽快地识别好的作品。

从康德的道德观分析，人是目的本身，道德是人的意志的自律，"善"所代表的本意应当建立在自由意志之上，道德的必然性应当合乎目的性。绕过了内在合目的性的阶段，任何道德规范都将沦为一种纯粹外在和必然性的刻意有利于他人（而非无害于他人）的善，道德都成为规范（而非价值）而被当作手段（而非目的）来使用。[1]期刊社显然是想通过道德的力量来维护自己的利益，尽管道德评价的整体标准一般低于法律规范的基本要求。[2]因此，期刊社对作者同时向多家期刊社投稿的行为作出了负面的评价，但是要作者不再同时多投的"善"并不是产生于作者或者期刊社的自由意志。实际上，自我始终是能动的，不需要外在的推动，否则就不是自我，因此，一个被迫做好事的人并不是一个真正有道德的人。[3]如果把不同稿多投理解为一种"善"，我们不能要求一个人行使至"善"。

进一步来说，作者投稿的行为也应在现实生活中进行检验，可以将其看作作品作者的自我实现，这又恰恰符合黑格尔的道德观点。黑格尔对道德的空洞性、抽象性进行了批判，认为道德应当在生活中才能具体实现。道德目的包含着行动，行动包

---

〔1〕 王占魁：《"公平"抑或"美善"——道德教育哲学基础的再思考》，载《教育研究》2011年第3期，第57页。

〔2〕 孙阳：《论人工智能的规范构建——以诚实信用原则为依托》，载《科技与法律（中英文）》2021年第4期，第13页。

〔3〕 汪堂家：《道德自我、道德情境与道德判断——试析杜威道德哲学的一个侧面》，载《江苏社会科学》2005年第5期，第89页。

含着自我实现,我们必须有所欲求,这种被欲求的东西与我构成一种肯定的关系。[1]道德具有主观性,黑格尔认为:"道德的东西并非自始就被规定为与不道德的东西相对立。"[2]人们生活其中的特有的生产关系使人们拥有某种道德观念,因此,人们并不去想这些观念的不合理性和主观性。[3]所以我们也应当辩证地认识同稿多投这一现象,过于主观性的看法也是不可取的。

因此,对同时向多家期刊社投稿的行为应客观冷静地看待,只要作者没有进行欺诈就不应当对其进行道德批判。自利或利己都是我们作为一个社会中的人主观需要的状态,从本质上讲是中性的,是一个人动机或目的的表现。只有将动机与效果、目的与手段结合起来,才能对其进行客观的道德评价。[4]

认为作品作者不应当同时向多家期刊社投稿的理由有哪些呢?总结起来有:其一,浪费了期刊社和编辑的审稿时间;其二,是对编辑的不尊重;其三,使读者在不同的刊物上读到了相同的文章,白白浪费了期刊的有限版面。但是这些理由是否有充足的依据呢?事实上,只要一方不能对另一方的行为所遵守的道德原则提供合理的反驳,那么我们就可以下结论说,他不能说对方的行为是道德上的过错[5]。

对于期刊社或者编辑来说,审稿是其工作,发现好的稿件

---

[1] 王云萍:《新黑格尔主义道德理想论简述》,载《广东社会科学》1991年第3期,第56页。

[2] [德]黑格尔:《法哲学原理》,范扬、张企泰译,商务印书馆1961年版,第112页。

[3] 刘永安:《凯·尼尔森对唯物史观道德立场的澄清与阐释》,载《理论探索》2012年第5期,第28页。

[4] 葛春娱、黄明理:《和谐核心价值观的创新及其践行面临的挑战与应对》,载《河海大学学报(哲学社会科学版)》2017年第4期,第22页。

[5] 周濂:《我们彼此亏欠什么——兼论道德哲学的理论限度》,载《世界哲学》2008年第2期,第8页。

也是其工作的内容和目的，因此，单就审稿来说不足以构成反对作者同稿多投的理由。虽然这有可能使得期刊社不再采用该稿件，但是从发现高质量稿件的目的来说，这实际上是对期刊社提出了更高的要求。而且，不再刊登已经多投的稿件只是期刊社自己的要求，这不足以说明作者同时向其他期刊社投稿就是不道德的。再者说，如果同稿多投是浪费了期刊社的审稿时间，那么很多经审核不予采用的稿件难道没有浪费期刊社的时间吗？这显然是说不通的。同稿多投不尊重编辑的观点也是不能成立的。没有一个作者会不明白不尊重编辑的后果，同稿多投只不过是作者面对现实的无奈之举。白白浪费了期刊的有限版面、使读者在不同的刊物上读到了相同的文章的观点同样是不成立的。不愿再刊登已经发表过的文章只不过是期刊社维护自己期刊的权威性而已，但是对于传播知识以及对于社会上绝大多数人的利益来说，这反而是有益处的，因为这更体现了该作品的价值，就如同不同的电视台播出了同一部电视剧。期刊社所在乎的是要做第一发表单位，所以期刊社一般并不反对其他期刊的再次刊登转摘，但要求确认其是首发单位，明确引用出处。至于读者，无论在哪个期刊上读到该篇文章，效果都是一样的，同稿多投并不是为了欺骗读者，反倒是为了让读者早日接触到该作品。还有一个问题就是，作者为自己精打细算是不是应该被谴责？答案也是否定的。按照亚当·斯密的观点，一个作品的作者就是一位理性经济人，一个理性经济人本身就应该为自身利益精打细算。不仅如此，斯密更是认为，为了自身利益的精打细算在道德上是"善"的，和财富的增加是一致的，而不是相互对立的，获得财富的过程同时也是获得美德的过程。因此，我们不能轻易地说这种行为在道德上是错的。正是因为意识到了这一点，有的期刊社在投稿须知中已经表明它们提倡一稿专投，而反对的仅仅是一稿多发或者一稿多用，也不再从道德上来要求作者，这也说明了期刊社在对待同稿多投问题上态度的变化。

（3）新修改的《著作权法》及之前修改草案相关态度

《著作权法》已于 2020 年 11 月 11 日作了最新修改，但是在修改的过程中，无论是著作权法修改草案第一稿，还是第二稿、第三稿，抑或修改草案送审稿，均将原《著作权法》中关于投稿方面的内容，即原《著作权法》第 33 条进行了完全的删除。但是，这并不代表著作权法修改稿不关心投稿这一问题。这反映出我国原《著作权法》第 33 条确实存在修改的必要。这说明，立法者们也注意到了原《著作权法》第 33 条关于投稿期限的规定不再适合新时代——数字时代的需要了，应留给作者和期刊社自己解决，双方可自由约定。但在 2020 年 11 月 11 日通过的《著作权法》中，第 35 条第 1 款仍然原封不动地保留了原《著作权法》第 33 条的内容。可见，立法者对此问题也摇摆不定。

由上所述，同稿多投实际上并不会违反任何法律，在道德上也不能认为本身就是错的，修改后的《著作权法》第 35 条虽然也原封不动地保留了原第 33 条的内容，但是作者与期刊社之间的矛盾并没有解决。那么如何舒缓双方之间的张力并解决两者之间的矛盾呢？这就需要一种新的制度或者方式。

2. 问题的解决：数字化稿件理论的提出

要解决这一问题，数字化时代需要有数字化的方法。这就需要把期刊社和作者放到可以自由选择并且接受的大环境中，在数字化稿件理论的基础上建立数字化稿件制度。

什么是数字化稿件理论呢？数字化稿件理论指以数字网络为基础、以自由为机制进行投稿，作者将所投的稿件放在一个数字网络平台中，由作者和期刊单位双向选择最后发表。作者投稿和期刊社对稿件的采纳都是自由的，都是由数字网络投稿平台决定的。在数字化稿件理论基础上设立这种新的投稿制度可以向作者和期刊社提供一种新的投稿和采稿选择渠道，以逐步取消现存的作者直接向期刊社投稿的制度。当然，在现阶段，数字化稿件理论还是一种设想，作者仍可以向期刊社直接投稿，但是作者就要受到期刊社具体的投稿要求限制，比如审稿期限的限制、不准同稿多投的限制等。

在数字化背景和基础上，为了解决投稿与采稿的矛盾所提出的数字化稿件理论，具体操作中需要建立一个稿件网络平台。这个平台是一个完全中立的平台，而稿件就是这个平台的"商品"。主体是作者和期刊单位，内容是双方对稿件的"投稿和接收"，平台里有所有期刊单位的信息以及该刊物的特色和开办的栏目，使作者能够判断其作品是否符合该刊物的特色。当作者和某期刊达成在该期刊上发表某一确定作品的合意时，投稿即告完成。具体方式如下。

第一，作品完成后，作者自愿将该稿件上传到稿件平台网络上，这个网络除了作者和期刊单位任何其他无关人员都看不到，以保证作品在发表之前处于保密状态。

第二，作者可以优先选择其想要发表的期刊，当然作者也可以同时选择不同的期刊单位，这样所选择的期刊就会被该期刊单位知晓。当然作者也可以不选择优先发表的单位，而任由期刊社挑选。

第三，期刊社看到稿件名称、作者、摘要、关键词等信息后可以进一步决定取舍，如果不感兴趣，此时就可以拒绝采纳，拒绝采纳的通知会立即送达作者。

第四，如果感兴趣，期刊单位可以进一步阅览全文，如果感觉有采纳的可能性，就进入审稿状态，这时也会通知作者。如果经审稿认为不适宜发表而决定不采用，拒绝接受的通知会送达作者；如果决定采用，采用的通知会送达作者，但期刊社可以要求作者在规定的期限内给予确认发表的答复。

第五，如果在大约相同的时间段内有多家期刊决定录用，作者应当在合理的期限内决定一家期刊单位，除非所有录用的期刊都相互知晓并都同意发表。作者选择一家期刊发表后，应及时通知其他也录用的单位。

第六，期刊社也可以根据文章主题、作者、关键词等条目搜索相关感兴趣的论文，然后按照第三到第五的步骤进行。

3. 数字化稿件理论建立的现实基础

现在科学技术的发展特别是数字网络技术的发展使得数字化稿件理论的建立具有了可能性，使数字稿件制度成为实践的现实基础。在网络技术不发达的年代，作者只能向期刊社邮寄纸质稿件，期刊社对纸质稿件是否抄袭、重复发表的判断会相当困难，因为即使再见多识广的编辑也不可能对此有百分之百的精确判断。而在网络技术发展的今天，投稿的方式不但过渡到了电子投稿，而且在对抄袭、重复发表的文章判断方式上也已经发生根本性变革。现在期刊社都有学术文章查重系统，判断一篇文章是否抄袭和重复发表是一件非常容易的事。而网络技术的发展使得期刊社与作者对一稿件的双向选择也非常容易做到。数字化稿件理论正是建立在网络技术的发展之上。

数字化稿件理论的建立也是作品作者与期刊单位双方利益的需要。现有的投稿制度总使双方在利益上有张力，如果放在一个竞争的环境中，双方都必须从整个环境和竞争的角度来看待问题，处理问题的方式自然会得到改观，双方可以主动和自由地进行双向选择，双方利益都可以得到保障。

4. 数字化稿件理论之分析

英国古典政治经济学创始人斯密论述了正常环境中经济运行的规律，为现代竞争经济的发展提供了理论思路。他认为在竞争环境中有一只"看不见的手"在指挥着经济行为的有序运作，竞争由此而自发调节，这只"看不见的手"能实现资源的有效配置，供给和需求能达到一个自发的平衡状态，在这个环境中每个人都能充分发挥各自的长处，使各种经济行为有效地运转，竞争的主体——"经济人"构成了竞争的基础。这个"经济人"不但是利己的，同时也是利他的。

斯密的竞争理论为数字化稿件理论的成立提供了理论依据。稿件平台其实也是一种"交易环境"，这个平台里有供给也有需求。作品作者和期刊单位就是主体，构成了稿件平台的基础。他们有各自的利益，但同时他们的活动又是利他的，有利于知识的传播，服务于整个人类社会。他们都是斯密视角下的"经济人"。而这个"经济人"对自己利益的追求，能奇迹般地更有效地产出社会利益。当然，在数字化稿件平台里双方所看重的不是"商品"——投稿文章——的价格，而是"商品"的价值，即稿件是不是高质量的，这是期刊社将其发表的基础。

有平台（"交易环境"）就有竞争，而竞争也是斯密所提倡的。只有竞争才能发挥竞争主体的全部潜力和能动性。现有投稿体制中，无论对于作品作者还是对于期刊单位来说，实际上都是非常封闭的，体现出来的是一对一模式，不是其应有的多对多模式，也即无论是作者之间还是期刊社之间都没有体现出一种竞争关系。

按照哈耶克的理论，最有效率同时也是相对理想的资源配置方式就是"竞争"，平等的竞争是迄今为止人类发现的最好的体制。哈耶克还从知识的视角来论述竞争秩序，认为竞争体系越完善，人们就越能利用知识，竞争促进了知识的利用高效。因为单个人的知识总是有限的和分散的，而竞争是一种自发的秩序，它可以将知识进行整合。

哈耶克的竞争理论也可为数字化稿件理论的成立提供理论依据。稿件平台可以被看作一种自发的秩序，它越完善就越有利于稿件的交易。在这个平台中，无论是作者还是期刊社都可以弥补自己知识的不足和信息的不对称，在平台的作用下催生出最优秀的稿件。

5. 数字化稿件理论建立的合理性

数字化稿件理论的建立有其合理性。我们可以分析一下作者和期刊社之间的利益关系。

对于作者来说，其稿件早日被高质量的期刊社接受是其最大的愿望。作者有投稿的权利和发表的权利，向哪个期刊社投稿以及如何发表都是作者自由选择的。作者还有请求期刊社尽快审稿的权利。当然，作者本身应当诚信，以保证其所发表的文章没有抄袭，是其真正的原创作品。但是，在现阶段的投稿制度下，作者的这些权利很难实现。一方面，期刊社要达到作者要求的快速审稿还很难实现；另一方面，期刊社会以"投稿须知"的方式与作者"约定"审稿期限，这大大超出了作者的预期，但作者对此毫无办法，因为不遵守发表单位的要求可能会无法发表作品。因此作者实际上是不自由的，因为主动权掌握在期刊社手中。对于期刊社来说，其对于发表什么样的作品也有选择的权利。当然期刊社也在乎作者的作品是否有抄袭、重复发表等行为，因此严格审稿就是必需的。再加上作者向期刊社投稿数量越来越多，审稿的周期就会延长。另外，期刊社事实上也处在被动之中，这体现在，一方面，期刊社对所有接收的稿件都不得不审核，而许多作品都不符合办刊宗旨，质量

第八章 网络知识产权治理与数字化问题

也堪忧;另一方面,期刊社在接收稿件方面也非常被动,无法决定接收的稿件,对稿件没有双向选择,而是单向选择。

故此,首先,要实现作者的目的和维护期刊社的利益,解决作者和期刊社之间的紧张关系,就应当将稿件放在数字化的平台上进行双向选择,以实现资源的有效配置。这就要建立数字化稿件制度,并由数字化稿件理论指导。

其次,数字化稿件理论之成立也是竞争的需要。现阶段投稿方式表现为作者间的激烈竞争,而期刊社之间的竞争还没有充分地表现出来。期刊社要提高自己刊物的权威和声誉,就应当主动寻找高质量的作品,改变自己被动接收稿件的局面,而这势必引起与其他期刊社对高质量作品的竞争。

再其次,作者与期刊社的地位不对等。在稿件发表这一事情上,期刊社占有绝对的主动权,作品作者往往是被动应对的,审稿期多长、如何发表、发表在什么刊物上都不是作者能决定的。这就形成了作者与期刊社事实上并不对等的局面,具体体现为无论是作品作者还是期刊社事实上都是"不自由"的。要改变这种局面,就需要营造一个公平对等的环境,把双方都放在一个公平的平台中。无论在竞争的起点还是在竞争的终点,抑或从竞争的起点到终点整个过程中,公平的规则对竞争中的任何人都适用,都应当一视同仁[1]。

最后,投稿过程中的供需要求也是不平衡的。有的期刊社所接收的稿件过多,编辑审不过来;有的期刊社接收的稿件较少,总体上需要更多高质量的稿件。如果不建立稿件竞争制度进行自由选择,这种"贫富差距"的状况很难得到根本性的

---

[1] 参见赵建英:《市场经济呼唤伦理支持》,载《理论探索》2000年第2期,第49页。

改观。

6. 数字化稿件理论建立的意义

建立数字化稿件理论的意义现阶段并不在于取消现有的投稿制度，相反，它是以逐步取代现有投稿制度而存在的。随着社会的发展，它的地位有可能越来越重要。数字化稿件理论无论是对作品的作者还是对期刊社乃至整个社会都有重要的意义。首先，对作品作者来说，受制于审稿周期的漫长，不能尽快地发表自己的作品就有可能使他人捷足先登，辛苦写出的稿件有可能竹篮打水一场空。数字化稿件制度的建立为作者提供了其作品被大量采用的机会，可以守"稿"而等待"伯乐"。其次，对于期刊社来说，数字化稿件理论打破了收稿的被动性，变被动为主动，更有可能发掘高质量的作品。数字化稿件制度的建立也可促使其提高效率、加强竞争意识。再其次，更有意义的是，数字化稿件理论无论对作者还是对期刊社都加入了竞争元素，有竞争才能提高效率，有竞争才能产出更优质的作品。最后，对社会来说，依据数字化稿件理论建立的投稿制度，使读者能以更高效和经济的方式获得新的知识。因此，数字化稿件制度的建立为作者提供了一个投稿的新的方式和渠道，同时也为期刊社的采稿提供了一个新的方式和渠道。数字化稿件制度的建立还有利于调和作品作者和期刊社之间的矛盾，使令人厌烦"同稿多投"行为演变成一种"公平投稿和用稿"机制，同时也可解决著作权法对投稿期限的设置问题。

7. 总结

作者和期刊社的不完全对等地位决定了当作者的权益受到挤压时只能被动接受，双方的协商也就流于形式。而任何矛盾都是两面的，这反过来也实际上排挤了期刊社的利益空间。总体来说，规则的构建如果在符合诚实信用的原则下既符合法律

第八章　网络知识产权治理与数字化问题

规范也符合道德要求则是完美的。[1]因此，探索一个既有利于作品作者，也有利于期刊社的理论，即数字化稿件理论就是必要的，它凝聚了双方的共识。当然，现阶段它与现行投稿制度也不是对立的，而是可以并行不悖的，也不是要立刻取代现有的投稿制度，而是提出了一种理论构想，探讨了一种有益的方法。如果作者愿意，仍然可以直接向期刊社投稿，代价就是要接受期刊社的条件。至于这个理论的实际运行效果如何，仍然必须放在社会中来决定和检验。

---

〔1〕 孙阳：《论诚实信用原则下合理使用规则的解释范式》，载《海峡法学》2021年第3期，第51页。

第九章

知识产权强国背景下知识产权保护制度保障问题

我国已经是知识产权大国。2021年9月，我国发布了《知识产权强国建设纲要（2021—2035年）》，标志着我国开始向着知识产权强国前进，这是在《国家知识产权战略纲要》基础上的又一次重大突破，意味着我国要在接下来十五年左右的时间内彻底改变我国知识产权大而不强的局面，显著提高知识产权国际竞争力。

一方面，2017年8月，美国总统特朗普授权美国贸易代表办公室调查我国所谓的"不公正贸易"行为，导致了中美两国世界范围内的贸易摩擦，知识产权问题在贸易摩擦中受到了非常大的冲击，这也是我国要发展知识产权的一个重要原因。大力发展知识产权，保护知识产权，建立知识产权保护法律体系，提高我国创新能力和科技竞争力，才能使我国在国际竞争中立于不败之地。

另一方面，我国已经到了高质量发展阶段，创新发展是高质量发展的必要保证，而知识产权保护和运用是创新发展的必要条件，发挥着第一动力的作用，因此必须加强知识产权法律保障。在《国家知识产权战略纲要》所定目标已经实现的基础上，以《知识产权强国建设纲要（2021—2035年）》为指导，我国知识产权制度将更加协调和严密，知识产权法律保障逐渐

第九章 知识产权强国背景下知识产权保护制度保障问题

完备,知识产权管理更加科学,能够适应科技新兴领域发展,竞争实力稳步提升。因此需要分析我国现阶段知识产权保障过程中存在的问题,为《知识产权强国建设纲要(2021—2035年)》的实现提供支撑,为我国民法体系下知识产权法律制度的健康发展提供环境保障。

本书在国家知识产权局、国家版权局、北大法律信息网等网站上搜集了2018年、2019年、2020年相关数据,通过"因子分析法"综合分析这三年的数据并进行研究。之所以选用因子分析法,是因为在因子分析法中,可以通过分析数据样本,找出其有共同特性的"因子"进而对某一事物进行评价,其优点是可以克服主观评价的不足,保证了评价的客观性和科学性。我国目前知识产权保障状况通过因子分析法这种客观精简的方式进行分析,可以得出简单明了的结论。

一、知识产权制度保障问题分析指标设定与说明

1. 综合评价指标建立依据与方法

知识产权制度保障主要指知识产权的保护环境,综合评价指标的建立可以客观地反映我国各地区的知识产权保护环境,从而分析目前存在的知识产权制度保障问题。对于知识产权权利主体而言,直接保护路径包括行政执法保护、司法保护、第三方保护和自我保护,[1]而对于一个国家或地区而言,衡量知识产权保护水平的要素则包括立法、执法、司法、意识。[2]反映在评价方面,知识产权保护情况的构成要素包括立法保护、

---

[1] 参见王肃主编:《知识产权保护教程》,知识产权出版社2015年版,第13—14页。

[2] 参见乔永忠:《知识产权管理专题研究》,知识产权出版社2015年版,第155—156页。

行政执法保护、司法保护以及公众保护意识。而与此同时，知识产权保护在知识产权创造、运用、管理、服务全过程中发挥作用，促进了知识产权各环节的发展，使得知识产权在创造、运用等各方面所体现出的状态发生一定改变。知识产权的保护要求加强国内和国际、中央和地方知识产权保护工作的统筹协调，积极联合相关部门，综合运用审查授权确权、行政执法、司法裁判、仲裁调解、行业自律、社会监督等各种手段，形成知识产权保护合力。因此，知识产权保护发展一方面要求在保护多元化与保护力度上不断拓展与深化，另一方面也需要在知识产权创造、服务、管理等各环节融入知识产权保护。而知识产权保护的区域综合发展应涵盖创新投入，知识产权创造、运用、管理、服务等指标。因此，区域知识产权保护的综合评价需要从五个维度开展，包括立法保护、执法保护、司法保护、公民意识和区域知识产权发展基础。

知识产权保护水平的度量具有复杂性与困难性，[1]需要确定合理可行的原则。促进知识产权大保护、严保护、快保护、同保护要求评价指标的选取应当坚持全面性的基本原则，在专门的知识产权保护立法、行政执法、司法、公众保护意识的基础上，增加知识产权创造、运用、服务等方面的指标，以涵盖审查授权、确权、行业监督等各方面的综合情况。以知识产权创造量指标为例，其是知识产权保护水平的影响结果，虽不是知识产权保护水平的直接决定因素，却是对知识产权保护整体环境的反映因素。因此在对确定区域进行知识产权保护状况评价时，创造情况指标也可以作为考虑的部分，核心问题在于创造

---

〔1〕 参见孙赫：《知识产权保护强度测量方法研究述评》，载《科学学研究》2014年第3期，第359—365页。

指标与直接决定保护水平的指标之间的比例划分,各达到什么样的占比可以较为科学地体现出区域的综合保护环境,以保证知识产权保护综合指标的全面性。对各区域的知识产权保护实际进行考察评价要求评价指标的选取应当坚持可比性与可量化性原则,从而可以从微观上确定各区域的优缺情况。除此之外,结合综合评价指标自身的特点,还要求坚持有效性与可操作的基本原则。

综合评价指标的建立与各级指标权重的确定有主观、客观及主客观相结合三种方法,目前,在为数不多的区域知识产权保护环境实证评价研究中,以适用主观的方法居多,大多数是根据作者个人经验确定指标与权重的。"因子分析"的概念起源于1904年著名统计学家查尔斯·斯皮尔曼(Charles Spearman),他最初从33名学生的6门课中寻找了潜在影响学生学习成绩的共性因子,并将其命名为"一般智力"。[1]因子分析法可以利用样本数据的结构与特征发现影响区域知识产权保护环境的共性因子,克服综合评价中对于知识产权保护环境要素主观评分的缺陷,从而提升评价的客观性和科学性。[2]评价区域知识产权保护环境应尽量以客观的方式进行,并采用较精简的指标作为评价依据,因此选用因子分析法来确定综合评价指标具有合理性。

2. 综合评价指标建立过程与指标解释

基于知识产权保护维度信息,结合区域知识产权保护特点,以知识产权保护水平构成指标为主体,区域知识产权综合发展指标为保护环境的镜像反映,我国初步设定了五个维度的一级评价指标,并在此基础上从范围上确立了28项二级指标。一级指

---

〔1〕 参见汪冬华、马艳梅编著:《多元统计分析与SPSS应用》(第二版),华东理工大学出版社2018年版,第206页。

〔2〕 参见赵彦飞、陈凯华、李雨晨:《创新环境评估研究综述:概念、指标与方法》,载《科学学与科学技术管理》2019年第1期,第89—99页。

标包括知识产权保护的立法指标、执法指标、司法指标、公众保护意识指标和区域知识产权发展指标,其中知识产权保护的立法、行政执法、司法、公众保护意识四个指标占比超过50%,二级指标涵盖知识产权保护水平的影响结果以及决定因素两方面内容,并包含专利权、商标权和著作权三种主要知识产权类型。

  立法保护指标包含地方性法规和规范性文件两个方面。地方性法规体现了区域总体对知识产权保护的立法保障,规范性文件体现各行政部门在具体工作中对知识产权保护的重视程度以及出台文件的规范性。在执法保护指标中,查处假冒专利与查处商标违法行为均属于主动行政执法行为,而专利侵权纠纷行政执法和其他专利纠纷行政执法则依当事人申请启动,一般以行政调解方式结案。其中,其他专利纠纷行政执法数量非常少,通过调查搜集发现超过50%的省市其他专利纠纷行政执法受理量为零,效率变量无法计算,因此,效率方面仅选取专利侵权纠纷行政执法的结案率。此部分未能列举著作权侵权的行政执法情况,因为我国著作权执法较为复杂,一方面版权管理部门可以进行行政执法,另一方面文化和旅游管理部门开展文化方面的执法时也会专项打击盗版,现实中版权管理部门与文化和旅游管理部门联合执法的情况也非常多,各地在公布版权执法数据时统计形式各不相同,而国家层面也未统一公布各省的执法数据,因此著作权侵权与纠纷的执法指标较难选取。司法保护指标方面,北京、上海和广州知识产权法院的案件审理情况直接并入各法院所在省市的总体数据中。公众保护意识指标涵盖专利、商标和著作权三方面的指标,每万人专利申请和商标注册量可以反映当地主体对专利和商标的积极保护情况,而实用新型作为门槛较低的专利获得类型,相较发明更易获得专利权,且一般并不属于重大发明创造成果,实践中许多申请

第九章 知识产权强国背景下知识产权保护制度保障问题

主体会选择同时申请实用新型与发明专利，以尽早获得专利权保护，因此实用新型专利申请占总专利申请的比例可以反映当地市场主体对专利权保护的战略布局与强烈意识。而版权和版权合同登记均是自愿进行的，并非取得权利与发生效力的必要条件，因此主动登记情况可以反映主体对知识产权保护的意识。

区域知识产权发展的一级指标包括六个方面：创新投入、知识产权创造、知识产权管理、知识产权运用、知识产权服务以及综合实力。知识产权创造指标方面，因为专利和商标的权利是依申请取得的，数量可以统计，而著作权是创作当然取得，数量无法衡量，所以只能选用显性指标即公开与出版情况来反映。出版方面包括图书、期刊、电子出版物、录音录像制品等诸多类型，图书作为最传统的出版方式具有一定代表性。知识产权管理指标方面，可参考《国家知识产权战略纲要》战略措施部分，要求制定并实施地区和行业知识产权战略，并以此为依据分析地区和行业知识产权战略情况。知识产权运用方面，职务发明创造是在经费投入和单位应用转化需求双重加持下产生的，市场应用与转化的可能性体现了知识产权的运用潜力。综合实力方面设计了省、市两个层次的指标，无论是知识产权强省的建设还是示范城市的多寡，一方面体现了当地的知识产权实力，另一方面体现了当地政府对知识产权建设与保护的重视程度，均是知识产权保护的镜像反映（见表9-1）。

表 9-1 初始指标范围

一级指标	二级指标	变量
立法保护	涉及知识产权保护的地方性法规（件）	I_1
	涉及知识产权保护的地方规范性文件（件）	I_2

续表

一级指标	二级指标	变量
行政执法保护	专利侵权纠纷行政执法立案数（件）	I_3
	其他专利纠纷行政执法受理量（件）	I_4
	查处商标一般违法与侵权假冒案件量（件）	I_5
	查处假冒专利行政执法结案数（件）	I_6
	专利侵权纠纷行政执法结案率（%）	I_7
	查处商标违法案件罚款金额（万元）	I_8
司法保护	知识产权司法审判一审案件审结数（件）	I_9
	知识产权司法审判二审案件审结数（件）	I_{10}
公众保护意识	万人专利申请量（件）	I_{11}
	实用新型专利申请量占比（%）	I_{12}
	万人商标注册量（件）	I_{13}
	万人版权登记量（件）	I_{14}
	版权合同登记量（件）	I_{15}
区域知识产权发展	规模以上工业企业 RD（研究与试验发展）经费（亿元）	I_{16}
	规模以上工业企业专利申请数（件）	I_{17}
	万人专利申请授权数（件）	I_{18}
	万人发明专利拥有量（件）	I_{19}
	万人商标有效注册量（件）	I_{20}
	图书出版种数（种）	I_{21}
	万人技术合同成交额（亿元）	I_{22}
	职务发明创造专利申请授权量占比（%）	I_{23}
	职务发明创造专利有效量占比（%）	I_{24}
	制定地区和行业知识产权战略情况（件）	I_{25}

第九章 知识产权强国背景下知识产权保护制度保障问题

续表

一级指标	二级指标	变量
	万人专利申请代理量（件）	I_{26}
	知识产权优势企业（个）	I_{27}
	知识产权示范企业（个）	I_{28}

二、知识产权制度保障中存在的问题分析

1. 样本数据来源及计算标准

笔者分别搜集整理了 2020 年、2019 年和 2018 年我国 31 个省（区、市）的指标数据，形成样本。数据形成包括直接来源于国家官方数据发布、数据库检索整理和在官方数据基础上进行人工计算三部分。其中，立法情况、司法审判与知识产权战略制定方面的数据通过北大法律信息网检索获得；万人专利申请量、万人商标注册量、万人版权登记量、万人专利申请授权数、万人发明专利拥有量、万人商标有效注册量、万人技术合同成交额和万人专利申请代理量分别为国家知识产权局、国家知识产权局商标局和国家版权局官网发布的相关数据与国家统计局发布的人口信息数据相除计算取得，专利侵权纠纷行政执法结案率通过计算结案数与立案数的比值取得，实用新型专利申请量占比是实用新型专利申请量与专利申请总量的比值，职务发明创造专利申请授权量和有效量占比分别是职务发明创造专利申请授权量、职务发明创造专利有效量与专利申请授权量、专利有效量的比值。知识产权强省建设部分根据强省建设类型赋值，引领型、支撑型和特色型知识产权强省分别赋 3 分、2 分、1 分，未进行知识产权强省建设为 0 分。

2. 三年中各省市知识产权制度环境的综合评价分析

（1）2020年各省市知识产权制度环境分析

2020年总共收集到的初始变量为17个，分别是I_1至I_{17}（见表9-2），具体为：涉及知识产权保护的地方性法规（件）、涉及知识产权保护的地方规范性文件（件）、知识产权司法审判一审案件审结数（件）、知识产权司法审判二审案件审结数（件）、万人专利申请量（件）、实用新型专利申请量占比（%）、万人商标注册量（件）、规模以上工业企业RD经费（亿元）、RD经费支出占GDP（国内生产总值）比重（%）、万人专利申请授权数（件）、发明专利申请授权量（件）、专利申请授权量（件）、发明专利有效量（件）、万人商标有效注册量（件）、万人技术合同成交额（亿元）、万人专利申请代理量（件）、《专利合作条约》（PCT）国际专利申请量（件）。

表9-2　数据描述统计

	个案数	最小值	最大值	平均值	标准差	偏度		峰度	
	统计	统计	统计	统计	统计	统计	标准误差	统计	标准误差
I_1	31	.00	3.00	.1613	.58291	4.306	.421	19.935	.821
I_2	31	1.00	15.00	4.8387	3.68869	1.172	.421	.899	.821
I_3	31	.00	10849.00	494.5161	1937.90402	5.425	.421	29.869	.821
I_4	31	.00	9.00	.8065	2.27185	2.991	.421	8.151	.821
I_5	31	6.29	116.09	31.5648	29.31096	1.553	.421	1.320	.821
I_6	31	.33	.75	.6313	.09800	-1.072	.421	1.461	.821
I_7	31	26.08	410.45	88.2881	87.19322	2.481	.421	6.201	.821
I_8	31	4.40	3479.90	773.6516	887.67467	1.706	.421	2.541	.821
I_9	31	.00	.06	.0184	.01186	1.486	.421	4.030	.821
I_{10}	31	4.67	74.37	21.7281	20.29901	1.427	.421	.627	.821
I_{11}	31	96.00	70695.00	13992.6129	18758.52762	1.933	.421	3.021	.821
I_{12}	31	1702.00	709725.00	113034.6452	156152.05452	2.640	.421	7.387	.821
I_{13}	31	766.00	350501.00	71378.1290	96386.08011	1.998	.421	3.190	.821
I_{14}	31	181.87	3849.24	712.5845	787.87800	2.831	.421	8.572	.821
I_{15}	31	.00	2.20	.1697	.40386	4.577	.421	22.812	.821

第九章 知识产权强国背景下知识产权保护制度保障问题

续表

	个案数	最小值	最大值	平均值	标准差	偏度		峰度	
	统计	统计	统计	统计	统计	统计	标准误差	统计	标准误差
I_{16}	31	4.34	100.19	24.4445	23.89151	1.747	.421	2.353	.821
I_{17}	31	6.00	28098.00	2123.3871	5356.22361	4.181	.421	19.440	.821
有效个案数	31								

第一，提取公因子。

首先，对调查研究形成的样本数据进行 KMO（Kaiser-Meyer-Olkin）检验和巴特利特球度检验（Bartlett Test of Sphericity），其中，KMO 取样适切性量数是 0.685，说明样本可以作因子分析；巴特利特球度检验近似卡方值为 1238.980，自由度为 136，显著性为 0，适合做因子分析。因此，可对样本数据进行因子分析，并使用主成分分析法提取公因子。其次，按照特征值大于 1 的标准提取公因子，共两个公因子，其累计方差贡献率达 82.211%，能够较为充分地反映原有观测变量的数据信息，结合碎石图中第三个公因子时特征值已开始趋于平稳，确定提取两个公因子。最后，为更好地进行因子解释与命名，使用凯撒正态化最大方差法对因子进行旋转，形成旋转后的因子载荷矩阵（见表9-3、表9-4、表9-5）。

表9-3 KMO 和巴特利特球度检验

KMO 取样适切性量数	巴特利特球度检验		
	近似卡方	自由度	显著性
.685	1238.980	136	.000

表 9-4 总体方差分析

成分	初始特征值			提取载荷平方和			旋转载荷平方和		
	总计	方差百分比	累积%	总计	方差百分比	累积%	总计	方差百分比	累积%
1	11.104	65.319	65.319	11.104	65.319	65.319	8.381	49.300	49.300
2	2.872	16.892	82.211	2.872	16.892	82.211	5.595	32.911	82.211

提取方法：主成分分析法。

表 9-5 旋转后的因子载荷矩阵

	成分	
	1	2
I_1	.128	.900
I_2	.465	.595
I_3	.097	.909
I_4	-.016	.750
I_5	.903	.316
I_6	-.684	-.190
I_7	.899	.251
I_8	.666	.640
I_9	.931	.125
I_{10}	.868	.373
I_{11}	.745	.594
I_{12}	.410	.829
I_{13}	.766	.574
I_{14}	.919	.184
I_{15}	.908	-.110
I_{16}	.926	.290
I_{17}	.382	.883

提取方法：主成分分析法。

第九章 知识产权强国背景下知识产权保护制度保障问题

第二，综合评价因子的确定。

因子1中影响程度较大的指标是万人专利申请量、万人商标注册量、RD经费支出占GDP比重、万人专利申请代理量、万人专利申请授权数、万人商标有效注册量、万人技术合同成交额，反映了知识产权创造投入、服务环境与公众保护意识对知识产权保护的贡献率。其中万人专利申请量与万人商标注册量反映了公众对专利权与商标权的获取意识，既是知识产权创造指标，也是知识产权保护意识指标。因此，结合指标的贡献值大小可以概括因子1为知识产权的创造、服务与保护意识因子，表示为F_1。

因子2中影响程度较大的指标是涉及知识产权保护的地方性法规、知识产权司法审判一审案件审结数、专利申请授权量、PCT国际专利申请量。反映了知识产权的地方立法、司法保护与国际合作对知识产权保护的贡献率。因此，结合指标的贡献力可以将因子2概括为知识产权立法、司法与国际合作因子，表示为F_2。

第三，各省市综合评价因子的得分与排名。

计算各区域在综合评价因子中得分情况（见表9-6），发现区域知识产权保护环境差距较大。其一，因子1、因子2中各地区的得分最高与最低相差较大，均为5分左右，说明无论在知识产权创造、服务与保护意识方面还是立法、司法与国际合作方面，各省市都差距悬殊，且差距空间相近；其二，同一省市在不同因子中得分排名差异较大，尚无任何一个省市在各因子中均表现良好，如北京市知识产权创造、服务与保护意识方面表现最好，是全国最高分，但是在立法、司法与国际合作方面得分就很低，与最高分广东省相差超过5分，各省市的知识产权保护环境均有提升空间。

表 9-6 不同地区在各综合评价因子中的得分

地区	F_1	F_2
北京	4.14024	-.88789
天津	.70735	-.53804
河北	-.32159	-.16371
山西	-.63839	-.30538
辽宁	-.24272	-.30691
吉林	-.43950	-.37857
黑龙江	-.45551	-.38978
上海	1.92246	-.27377
江苏	1.08119	.89468
浙江	1.35433	.35380
安徽	.07327	-.13526
福建	-.18893	1.19908
江西	-.15157	-.36435
山东	.08101	.29226
河南	-.28921	-.01992
湖北	.00063	-.08197
湖南	-.05823	-.26825
广东	.17027	4.93698
广西	-.55078	-.26401
海南	-.65300	-.20046
重庆	-.08985	-.19040
四川	-.12383	-.10300

续表

地区	F_1	F_2
贵州	-.57028	-.25326
云南	-.83557	.12567
陕西	.06122	-.44540
甘肃	-.66989	-.33431
青海	-.67546	-.39736

（2）2019年各省市知识产权制度环境分析（表9-7）

表9-7 数据描述统计

	个案数	最小值	最大值	平均值	标准差	偏度		峰度	
	统计	统计	统计	统计	统计	统计	标准误差	统计	标准误差
I_1	31	.00	2.00	.0968	.39622	4.356	.421	19.459	.821
I_2	31	.00	14.00	2.3548	2.95012	2.251	.421	7.131	.821
I_3	31	.00	13772.00	1245.1290	2686.63342	3.839	.421	16.496	.821
I_4	31	.00	124.00	8.6129	25.10867	3.842	.421	15.764	.821
I_5	31	.00	4352.00	413.2581	842.18442	3.778	.421	16.478	.821
I_6	31	.00	4906.00	468.9355	1020.58405	3.292	.421	12.127	.821
I_7	31	.00	1.00	.0323	.17961	5.568	.421	31.000	.821
I_8	31	5.71	103.28	26.5406	25.33459	1.623	.421	1.740	.821
I_9	31	.00	.17	.0323	.04145	2.401	.421	5.737	.821
I_{10}	31	29.00	575.54	108.3429	116.68075	2.820	.421	8.620	.821
I_{11}	31	.00	3.75	.1994	.66548	5.402	.421	29.679	.821
I_{12}	31	.00	8212.00	605.5484	1469.24012	4.933	.421	25.951	.821
I_{13}	31	4.30	3098.50	713.9645	808.90990	1.666	.421	2.322	.821
I_{14}	31	.00	.06	.0181	.01195	1.526	.421	4.003	.821
I_{15}	31	32.00	121320.00	12866.5484	23277.16574	3.817	.421	16.465	.821
I_{16}	31	.22	24.27	2.5816	4.46216	4.168	.421	19.630	.821
I_{17}	31	79.00	59742.00	11422.9355	15389.86677	2.028	.421	3.597	.821
I_{18}	31	1020.00	527390.00	79278.7419	111115.16682	2.807	.421	8.826	.821
I_{19}	31	688.00	295869.00	60076.8065	80756.62560	2.027	.421	3.341	.821
I_{20}	31	143.62	3259.50	587.3039	665.22919	2.878	.421	8.898	.821

续表

	个案数	最小值	最大值	平均值	标准差	偏度		峰度	
	统计	统计	统计	统计	统计	统计	标准误差	统计	标准误差
I_{21}	31	621.00	30876.00	9720.4839	7612.15845	1.444	.421	2.054	.821
I_{22}	31	.00	2.60	.2029	.47349	4.649	.421	23.500	.821
I_{23}	31	.00	.17	.0310	.04316	2.132	.421	4.126	.821
I_{24}	31	.00	.16	.0310	.04323	2.073	.421	3.558	.821
I_{25}	31	4.19	86.64	19.9077	20.01390	1.851	.421	3.056	.821
I_{26}	31	.00	24725.00	1791.7097	4625.84254	4.406	.421	21.413	.821
I_{27}	31	.00	580.00	59.7097	107.40956	4.109	.421	19.255	.821
I_{28}	31	.00	57.00	8.7742	12.78726	2.453	.421	6.313	.821
有效个案数	31								

第一，提取公因子。

首先，对调查研究形成的样本数据进行 KMO 检验和巴特利特球度检验，其中，KMO 取样适切性量数是 0.646，说明样本可以做因子分析；巴特利特球度检验近似卡方值 2149.023，自由度为 378，显著性为 0，适合做因子分析。因此，可以对样本数据进行因子分析，并使用主成分分析法提取公因子。

其次，按照特征值大于 1 的标准提取公因子，共四个公因子，其累计方差贡献率达 88.163%，能够较为充分地反映原有观测变量的数据信息，结合碎石图中第五个公因子时特征值已开始趋于平稳，确定提取四个公因子。

最后，为更好地进行因子解释与命名，使用凯撒正态化最大方差法对因子进行旋转，形成旋转后的因子载荷矩阵（见表 9-8、表 9-9、表 9-10）。

第九章 知识产权强国背景下知识产权保护制度保障问题

表 9-8 KMO 和巴特利特球度检验

KMO 取样适切性量数	巴特利特球度检验		
	近似卡方	自由度	显著性
.646	2149.023	378	.000

表 9-9 总体方差分析

成分	初始特征值			提取载荷平方和			旋转载荷平方和		
	总计	方差百分比	累积%	总计	方差百分比	累积%	总计	方差百分比	累积%
1	16.294	58.192	58.192	16.294	58.192	58.192	10.154	36.266	36.266
2	5.321	19.003	77.195	5.321	19.003	77.195	8.967	32.024	68.290
3	2.019	7.210	84.405	2.019	7.210	84.405	3.861	13.789	82.079
4	1.052	3.758	88.163	1.052	3.758	88.163	1.703	6.084	88.163

提取方法：主成分分析法。

表 9-10 旋转后的因子载荷矩阵

	成分			
	1	2	3	4
I_1	.051	.872	-.156	-.017
I_2	.354	.806	.110	.060
I_3	.069	.502	.340	.301
I_4	-.025	.905	-.029	.005
I_5	-.037	.055	.915	-.061
I_6	.583	.336	.010	.519
I_7	-.021	-.033	.005	-.619

续表

	成分			
	1	2	3	4
I_8	.787	.337	.302	.252
I_9	.154	.692	.653	.212
I_{10}	.908	.229	.019	.240
I_{11}	.959	−.056	−.059	−.163
I_{12}	.954	.081	.077	−.122
I_{13}	.517	.634	.514	.212
I_{14}	.850	.228	.225	.242
I_{15}	.109	.912	.357	.107
I_{16}	.989	.086	.064	.056
I_{17}	.636	.644	.381	.138
I_{18}	.237	.841	.431	.184
I_{19}	.653	.601	.430	.133
I_{20}	.916	.204	.006	.248
I_{21}	.305	.078	.525	.622
I_{22}	.973	−.037	−.052	−.062
I_{23}	.636	.652	.367	.118
I_{24}	.650	.608	.425	.130
I_{25}	.832	.331	.250	.233
I_{26}	.307	.915	.134	.024
I_{27}	.060	.943	.244	.072
I_{28}	.137	.507	.804	.118

提取方法：主成分分析法。

第二,综合评价因子的确定。

因子 1 中影响程度较大的指标是知识产权司法审判二审案件审结数、万人专利申请量、实用新型专利申请量占比、规模以上工业企业 RD 经费、万人商标有效注册量和万人技术合同成交额,反映了知识产权的司法保护、公众保护意识以及知识产权创造和运用对知识产权保护的贡献率。其中规模以上工业企业 RD 经费反映了当地对知识产权创造的投入意识。万人专利申请量、实用新型专利申请量占比和万人商标有效注册量反映了公众对专利权和商标权的获取意识,这既是知识产权创造指标,也是知识产权保护意识指标。万人技术合同成交额体现了知识产权运用情况。因此,结合指标的贡献值可以概括因子 1 为知识产权的司法保护、公众保护意识与运用因子,表示为 F_1。

因子 2 中影响程度较大的指标是涉及知识产权保护的地方性法规、涉及知识产权保护的地方规范性文件、其他专利纠纷行政执法受理量、版权合同登记量、万人专利申请授权数、万人专利申请代理量、知识产权强省建设,反映了知识产权地方立法、行政执法以及服务环境对知识产权保护的贡献率。因此,结合指标的贡献力可以将因子 2 概括为知识产权立法、执法与服务因子,表示为 F_2。

因子 3 中影响程度较大的指标是查处商标一般违法与侵权假冒案件量和知识产权示范城市,主要反映了知识产权主动行政执法对知识产权保护的贡献率。行政机关对商标违法与侵权假冒案件的处理一般为主动查处。因此,可以因子 3 概括为主动行政执法因子,表示为 F_3。

因子 4 中影响程度较大的指标是专利侵权纠纷行政执法结案率、图书出版种数,主要反映了知识产权行政执法效率与版权文化环境对知识产权保护的贡献率。侵权纠纷行政执法的结案方式包括处理、调解、撤诉、裁定、驳回等,国家知识产权局公布的数据显示调解的结案方式最多,是行政机关参与的重要纠纷解决途径。此因子反映了侵权纠纷行政执法效率对知识产权保护的贡献,可以概括为行政执法效率因子。因此,结合指标的贡献力可以将因子 4 概括为知识产权行政执法效率因子,表示为 F_4。

第三,各省市综合评价因子的得分。

计算各区域在综合评价因子中得分情况(见表 9-11),发现区域知识产权保护环境差距很大。其一,因子 1、因子 2、因子 3、因子 4 中各地区的得分最高与最低相差较大,均为 5 分以上,说明无论是在知识产权司法保护、公众保护意识与运用方面,还是在立法、执法与服务,主动行政执法以及行政执法效率方面,各省市差距均较为悬殊,且差距空间相近。其二,同一省市在不同因子中得分排名差异较大,尚无任何一个省市在各因子中均表现良好。如北京在知识产权司法保护、公众保护意识与运用方面表现最为突出,在全国各地均分为 0 分的情况下能达到 4.9 分以上,但是在立法、执法与服务,主动行政执法以及行政执法效率方面,得分均为负分,居于全国平均水平之下。各省市的知识产权保护环境均有较大提升空间。其三,在知识产权行政执法领域,也未能有省市在主动行政执法和行政执法效率方面均得分较高,如江苏主动行政执法得分较高,但是行政执法效率为负分。在行政执法方面,各省市均应当进行保护升级。

表9-11 不同地区在各综合评价因子中的得分

地区	F_1	F_2	F_3	F_4
北京	4.96282	-.34278	-.37403	-1.33661
天津	.45955	-.02794	-.64936	.06055
河北	-.33021	-.11651	-.20852	.19961
山西	-.42584	-.25338	-.46252	-.24441
辽宁	-.18659	-.19095	-.25134	.40470
吉林	-.36390	-.63539	-.11539	.95075
黑龙江	-.31645	-.37463	-.38519	-.01916
上海	1.45350	-.43952	-.58115	3.43851
江苏	.20066	.17815	4.68109	-.11790
浙江	.37969	.60339	1.04061	1.63724
安徽	-.29382	.12141	.66445	-.04190
福建	.03356	-.18753	-.02345	.28812
江西	-.26749	-.13838	-.39136	.10835
山东	-.22350	.14892	1.18318	.10555
河南	-.45817	.52906	-.60963	-.05013
湖北	-.09962	-.10860	.34416	.08889
湖南	-.31164	-.31950	.69023	-.22112
广东	.07456	5.19525	-.60036	-.12932
海南	-.35038	-.27186	-.58574	-.27268
重庆	-.12010	-.22222	-.24842	-.00409
四川	-.14989	-.04564	.05810	.49571
贵州	-.43144	-.50476	.38016	-.76141

续表

地区	F_1	F_2	F_3	F_4
云南	-.41602	-.34586	-.29073	-.09385
陕西	.00052	-.23046	-.24544	.12703
甘肃	-.45055	-.32619	-.42260	-.17187
青海	-.11099	-.17553	.02870	-3.33385

(3) 2018年各省市知识产权制度环境分析

由于2018年部分官方数据没有公布，在数据收集中存在部分障碍，总共收集到的初始变量为22个，分别是I_1至I_{22}（见表9-12），具体为：涉及知识产权保护的地方性法规（件）、涉及知识产权保护的地方规范性文件（件）、专利侵权纠纷行政执法立案数（件）、专利侵权纠纷行政执法结案数（件）、其他专利纠纷行政执法受理量（件）、专利侵权纠纷行政执法结案率（%）、知识产权司法审判一审案件审结数（件）、知识产权司法审判二审案件审结数（件）、实用新型专利申请量占比（%）、万人商标注册量（件）、万人版权登记量（件）、版权合同登记量（件）、RD经费支出占GDP比重（%）、规模以上工业企业专利申请数（件）、万人专利申请授权数（件）、发明专利申请授权量（件）、专利申请授权量（件）、发明专利有效量（件）、万人商标有效注册量（件）、职务发明创造专利有效量占比（%）、万人专利申请代理量（件）、知识产权优势企业（个）。

第九章 知识产权强国背景下知识产权保护制度保障问题

表 9-12 数据描述统计

	个案数	最小值	最大值	平均值	标准差	偏度		峰度	
	统计	统计	统计	统计	统计	统计	标准误差	统计	标准误差
I_1	31	.00	17.00	3.9677	4.23858	1.655	.421	2.776	.821
I_2	31	.00	13013.00	1096.0000	2399.86984	4.403	.421	21.558	.821
I_3	31	.00	13043.00	1072.7742	2403.41064	4.439	.421	21.845	.821
I_4	31	.00	197.00	18.0323	44.49381	3.303	.421	10.827	.821
I_5	31	.00	7486.00	1336.4839	1712.18178	2.146	.421	4.990	.821
I_6	31	.00	1017.00	131.7097	250.25789	3.055	.421	9.134	.821
I_7	31	.00	99.00	17.4194	30.15269	2.005	.421	2.765	.821
I_8	31	4.03	96.47	25.8045	24.89540	1.495	.421	1.144	.821
I_9	31	2.12	47.42	7.7861	9.40206	3.206	.421	11.109	.821
I_{10}	31	.00	4.25	.2887	.96504	3.744	.421	13.174	.821
I_{11}	31	.00	9300.00	594.3226	1645.73717	5.259	.421	28.569	.821
I_{12}	31	3.70	2704.70	634.7774	720.89127	1.626	.421	2.078	.821
I_{13}	31	453.00	216469.00	44537.6774	56309.63137	1.919	.421	3.198	.821
I_{14}	31	2.07	56.41	14.5665	14.62454	1.538	.421	1.256	.821
I_{15}	31	73.00	53259.00	10955.3226	14190.33244	1.903	.421	2.868	.821
I_{16}	31	755.00	478082.00	74813.1935	104147.70621	2.654	.421	7.589	.821
I_{17}	31	600.00	248539.00	51674.2903	68626.77718	2.010	.421	3.244	.821
I_{18}	31	104.40	2479.86	439.5855	507.56580	2.889	.421	8.959	.821
I_{19}	31	.00	2.26	.1706	.40856	4.783	.421	24.583	.821
I_{20}	31	3.10	80.80	18.0265	18.64730	1.843	.421	3.151	.821
I_{21}	31	.00	190.00	36.5806	43.29340	2.275	.421	5.694	.821
I_{22}	31	.00	50.00	7.6452	10.69127	2.535	.421	7.768	.821
有效个案数（成列）	31								

第一，提取公因子。

首先，对调查研究形成的样本数据进行 KMO 检验和巴特利特球度检验，其中，KMO 取样适切性量数是 0.694，说明样本可以做因子分析；巴特利特球度检验近似卡方值 1532.406，自由度为 231，显著性为 0，适合做因子分析。因此，可以对样本数据进行因子分析,并使用主成分分析法提取公因子。

其次,按照特征值大于 1 的标准提取公因子,共有四个公因子,其累计方差贡献率达 86.782%,能够较为充分地反映原有观测变量的数据信息,结合碎石图中第五个公因子时特征值已开始趋于平稳,确定提取四个公因子。

最后,为更好地进行因子解释与命名,使用凯撒正态化最大方差法对因子进行旋转,形成旋转后的因子载荷矩阵(见表 9-13、表 9-14、表 9-15)。

表 9-13 KMO 和巴特利特球度检验

KMO 取样适切性量数	巴特利特球度检验		
	近似卡方	自由度	显著性
.694	1532.406	231	.000

表 9-14 总体方差分析

成分	初始特征值			提取载荷平方和			旋转载荷平方和		
	总计	方差百分比	累积%	总计	方差百分比	累积%	总计	方差百分比	累积%
1	11.591	52.685	52.685	11.591	52.685	52.685	7.649	34.767	34.767
2	4.368	19.855	72.540	4.368	19.855	72.540	4.991	22.684	57.452
3	1.659	7.543	80.083	1.659	7.543	80.083	3.730	16.956	74.408
4	1.474	6.699	86.782	1.474	6.699	86.782	2.722	12.374	86.782
提取方法:主成分分析法。									

表9-15 旋转后的因子载荷矩阵

	成分			
	1	2	3	4
I_1	-.047	.671	.157	-.353
I_2	.064	.193	.962	-.017
I_3	.066	.186	.962	-.025
I_4	-.104	.123	.011	.734
I_5	-.022	.815	.033	.102
I_6	.375	.086	.093	.756
I_7	.086	.341	.653	.393
I_8	.794	.316	.363	.231
I_9	.927	.031	.131	.199
I_{10}	.870	-.105	-.114	-.131
I_{11}	.922	.095	-.095	-.067
I_{12}	.484	.685	.316	.408
I_{13}	.381	.651	.458	.422
I_{14}	.805	.261	.400	.237
I_{15}	.597	.562	.367	.408
I_{16}	.255	.577	.544	.502
I_{17}	.639	.550	.295	.421
I_{18}	.918	.035	.204	.191
I_{19}	.963	-.013	-.140	-.051
I_{20}	.858	.268	.321	.239
I_{21}	.065	.902	.188	.085
I_{22}	.115	.863	.248	.325

提取方法：主成分分析法。

第二，综合评价因子的确定。

因子1中影响程度较大的指标变量是万人专利申请量、实用新型专利申请量占比、万人商标有效注册量、规模以上工业企业专利申请数、图书出版种数、万人技术合同成交额、制定地区和行业知识产权战略情况，反映了知识产权的公众保护意识以及知识产权创造和运用对知识产权保护的贡献率。其中万人专利申请量与规模以上工业企业专利申请数反映了知识产权创造情况。实用新型专利申请量占比和万人商标有效注册量反映了公众对专利权和商标权的获取意识，既是知识产权创造指标，也是知识产权保护意识指标。万人技术合同成交额体现了知识产权运用情况。因此，结合指标的贡献值可以概括因子1为知识产权的创造、保护意识与运用因子，表示为F_1。

因子2中影响程度较大的指标是查处商标一般违法与侵权假冒案件量、万人专利申请代理量、知识产权强省建设，主要反映了知识产权主动行政执法与知识产权服务环境对知识产权保护的贡献率。行政机关对商标违法与侵权假冒案件的处理一般为主动查处。因此，结合指标的贡献力可以将因子2概括为主动行政执法与服务因子，表示为F_2。

因子3中影响程度较大的指标是涉及知识产权保护的地方规范性文件和专利侵权纠纷行政执法立案数，反映了地方立法情况与被动专利执法对知识产权保护环境的贡献率。其中侵权纠纷行政执法的结案方式包括处理、调解、撤诉、裁定、驳回等，是行政机关参与的重要纠纷解决途径。因此，结合指标的贡献力可以将因子3概括为知识产权立法与行政执法因子，表示为F_3。

因子4中影响程度较大的指标是其他专利纠纷行政执法受理量和专利侵权纠纷行政执法结案率。其他专利纠纷主要有权属纠纷、资格纠纷、奖励报酬纠纷、临时保护使用费纠纷等。其他专利纠纷行政执法也是依当事人申请启动的，专利行政主管部门根据是否符合立案条件决定是否立案。此因子反映了行政机关对当事人诉求的应答情况以及侵权纠纷行政执法效率对知识产权保护的贡献率。因此，结合指标的贡献力可以将因子4概括为依申请行政执法及效率因子，表示为 F_4。

第三，各省市综合得分与排名。

计算各区域在综合评价因子中得分情况（见表9-16），发现区域知识产权保护环境差距较大。其一，因子1、因子2、因子3、因子4中各地区的得分最高与最低相差较大，均为5分左右，说明在知识产权的创造、保护意识与运用方面，主动行政执法与服务方面，知识产权立法与行政执法方面以及依申请行政执法及效率方面，各省市均差距悬殊，且差距空间相近。其二，同一省市在不同因子中得分排名差异较大，尚无任何一个省市在各因子中均表现良好。例如，北京市在知识产权的创造、保护意识与运用方面得分最高，但是在知识产权立法与行政执法方面得分在全国平均分以下。各省市的知识产权保护环境均有较大提升空间。其三，在知识产权行政执法领域，也没有省市在主动行政执法、依申请行政执法以及行政执法效率方面均得分较高。例如，浙江省在知识产权立法与行政执法方面得分全国最高，高于全国平均分5分，但是在主动行政执法与依申请行政执法及效率方面得分为负数，低于全国平均水平。在行政执法方面，各省市均应当进行升级。

表9-16 各省市综合评价因子得分情况

地区	F_1	F_2	F_3	F_4
北京	4.74542	.10638	-.89634	-.69845
天津	1.28194	-.81089	.01405	-.41857
河北	-.31570	-.18989	-.05908	-.47467

续表

地区	F_1	F_2	F_3	F_4
山西	-.41129	-.73619	-.22980	-.02100
辽宁	-.25978	.86164	-.28947	-1.16383
吉林	-.31641	-.63953	-.12163	-.04799
黑龙江	-.68444	-.84349	-.57246	1.68875
上海	1.49736	-1.05274	-.15657	1.85888
江苏	.08384	3.61440	-.14515	.86303
浙江	.41887	-.19836	5.00218	-1.05698
安徽	-.24750	.59552	.22997	-.13057
福建	.19918	.16919	.07785	-.31413
江西	-.26849	-.13119	-.33080	-.20152
山东	-.28817	2.65767	-.52085	-1.26652
河南	-.35441	.44694	.14174	-.82858
湖北	-.33737	.00928	.22843	.77900
湖南	-.44593	.56780	-.55702	.12670
广东	.21216	.97284	1.13046	3.94380
海南	-.35239	-.64753	-.32013	-.23959
重庆	-.13332	-.26463	-.04487	.00970
四川	-.21135	.10620	.51289	-.44741
贵州	-.46696	.33483	-.67508	-.51652
云南	-.39420	-.47738	-.27882	-.13407
陕西	-.05503	-.21499	-.27939	-.27338
甘肃	-.41344	-.51071	-.24282	-.19866
青海	-.34333	-.83289	-.27633	-.13528

第九章　知识产权强国背景下知识产权保护制度保障问题

3. 知识产权制度保障环境存在的主要问题

通过对2018—2020年各省市的知识产权保护制度环境进行综合评价分析可以得出，主要的评价因子有知识产权的创造、服务与保护意识因子，知识产权立法因子，司法与国际合作因子，知识产权的司法保护与运用因子、执法与服务因子，主动行政执法因子，知识产权行政执法效率因子。其中，行政执法出现的频次最多，即在知识产权保护环境中，知识产权的行政执法发挥着至关重要的作用，无论是主动行政执法、依申请行政执法还是行政执法效率。

在具体的综合评价中，各省市知识产权保护制度环境存在以下特点与问题：第一，在知识产权的创造、服务与保护意识方面，知识产权立法、司法与国际合作方面，知识产权的司法保护与运用因子方面，知识产权立法、执法与服务方面，主动行政执法方面，知识产权行政执法效率方面，各省市均差距悬殊，且差距空间相近。第二，同一省市在不同因子中得分排名差异较大，尚无任何一个省市在各因子中均表现良好，且在各综合评价因子中得分在均分以下的省市多于得分在均分以上的省市，各省市的知识产权保护环境均有较大提升空间。第三，在知识产权行政执法领域，也未能有省市在主动行政执法和行政执法效率方面均得分较高，即在行政执法方面，各省市均应当进行保护升级。

从2018—2020年知识产权保护环境的综合评价可以看出，各年综合评价因子中与行政执法的相关度最高，行政执法是最重要的保护因子。实践中行政执法的问题也尤为突出，不仅专利与商标的行政执法如此，版权执法问题更为焦灼。笔者在此列举一例调研与司法实践中遇到的真实版权执法难题，主要与企业盗版维权相关：A教育自创立以来，始终注重知识产权的保护，在版权方面坚持引进国外优秀作品与立足原创相结合，出版了一系列畅销作品，目前已是我国立体互动、多媒体发声新型童书的领军型品牌。但畅销童书被盗版的现象层出不穷，致使公司的知识产权受到严重侵害。为此，企业进行了一系列维权，但多年多次投诉无果，至今未找到相关责任部门处理，派出所指示找经侦大队，经侦大队提示找市场监督管理总局，市场监督管理总局提示找当地市场监督管理局，而当地市场监督管理局不受理外地电话举报。部分行政部门建议企业寻找盗版源头，但无行政力量介入盗版源头很难寻找，且民事诉讼周期长、成本高。企业欲寻求刑事救助，却因公安部门内部立案管辖问题迟迟未能进入程序。经侦大队不受理版权案件，提示找治安大队，而治安大队又无刑事侦查权。

三、知识产权制度保障中知识产权保护升级的必要性

通过上文的分析可以看出，国家知识产权保护制度中区域知识产权保护实际还较为滞后，提高区域知识产权保护能力是未来强化知识产权保护的关键。解决区域知识产权保护问题，根植国家经济社会创新发展实际，对标国家知识产权强国建设，必由之路就是强化区域知识产权保护环境的整体制度保障。

我国的知识产权建设是一个系统工程，体现为有一整套的设计和规划。2008年6月5日，国务院正式发布了《国家知识产权战略纲要》，开始实施国家知识产权战略，对知识产权事业发展发挥了重要作用。2015年12月18日，《国务院关于新形势下加快知识产权强国建设的若干意见》发布，提出在全球新一轮科技革命和产业变革之际，应深入实施创新驱动发展战略，加快知识产权强国建设，对知识产权实行严格保护，到2020年建成一批知识产权强省、强市。2019年，知识产权强国战略纲

第九章 知识产权强国背景下知识产权保护制度保障问题

要制定工作已经开展,加快推进知识产权强省、强市、强企建设依然是重点任务。[1]2021年9月,我国发布了《知识产权强国建设纲要(2021—2035年)》。知识产权强省、强市建设是国家知识产权强国建设的分步规划与推进机制,目前全国近二十个省市开始了知识产权强省建设,并确立建设引领型、支撑型还是特色型知识产权强省的目标。无论是何种类型的强省,对知识产权保护都有一定的要求,区域知识产权保护环境不足,必然影响强省与强市的建设进程。区域知识产权保护升级是推进知识产权强省、强市建设的直接路径,也是知识产权强国建设的必由之路。总体而言,知识产权制度保障中知识产权保护升级有其必要性,我国必须加强知识产权建设。

---

[1] 参见《2019年深入实施国家知识产权战略 加快建设知识产权强国推进计划》(2019年6月17日)。

第十章

商业诋毁之规制问题

随着我国社会经济的发展,商业的交往模式也在发生改变,商业活动变得越来越方便。但是企业之间的竞争也随之加剧,于是新的商业诋毁形式也越来越多。例如,传统的商业诋毁有向网络商业诋毁发展且扩大的趋势。在网络为商业活动提供大方便的同时,商业诋毁的方式也随之发生了新的变化。我国《反不正当竞争法》虽然有针对商业诋毁的一些法律规定,但是随着网络商业诋毁等新的方式的出现,对相关的法律规定进行探讨就成为一个重要的课题。鉴于此,有必要探讨我国商业诋毁的反不正当竞争法规制及其完善问题。

一、关于商业诋毁

对于什么是商业诋毁,不同的学者有不同的界定。[1]在

---

[1] 如有学者认为,商业诋毁通常是指损害或者可能损害竞争对手的商业信誉的虚假宣传,参见孔祥俊:《反不正当竞争法新论》,人民法院出版社2001年版,第617页;有学者认为,商业诋毁可定义为,在工商业活动中旨在影响他人利益关系的不公正说法,参见谢晓尧:《论商业诋毁》,载《中山大学学报(社会科学版)》2001年第5期,第121页;有的学者认为,商业诋毁行为,又称商业诽谤行为,是指经营主体或利用他人,通过捏造、散布虚伪事实等不正当手段或不合理的方法,对特定或不特定的竞争对手的商业信誉和商品声誉进行恶意的诋毁、贬低,以

《保护工业产权巴黎公约》（简称《巴黎公约》）第 10 条中也规定，"在经营商业中，具有损害竞争者的营业所、商品或工商业活动商誉性质的虚伪说法"是一种不正当竞争行为；世界知识产权组织公布的《反不正当竞争示范条款》第 5 条"损害他人企业或其活动的信用"中也规定"凡在工商业活动中损害或可能损害他人企业或其活动，尤其是由此种企业提供的产品或服务的信用的虚假或不当说法，应构成不正当竞争的行为"，以上也被我国学界认为是对商业诋毁的规定。

可见不同的学者对商业诋毁的界定有不同的理解。《巴黎公约》、世界知识产权组织《反不正当竞争示范条款》虽然对商业诋毁行为有规定，但也没有对商业诋毁下明确的定义。但是，我们还是可以对商业诋毁进行如下归纳：商业诋毁是一个类概念；商业诋毁行为是一种违法行为；商业诋毁行为也是一种不正当竞争行为。因此需要对商业诋毁行为进行规制。

二、商业诋毁的构成要素和构成要件

不同学者对商业诋毁行为的构成要素和构成要件进行了不同的总结。一般认为，商业诋毁行为的构成要件包括：行为主体必须为经营者；行为的主观方面是故意而不是过失；行为的客

（接上页）削弱其市场竞争能力，为自己谋取不正当利益，损害市场秩序的行为，王禹：《商业诋毁行为的法律思考》，载《科技与法律》2004 年第 1 期，第 79 页；有的学者认为，诋毁常被定义为和竞争者有关的可能损害其商誉的各种虚假说法，王继军：《市场规制法研究》，中国社会科学出版社、人民法院出版社 2005 年版，第 300 页；有的学者认为，商业诋毁行为，也被称为商业诽谤行为，是指损害他人商誉、侵犯他人商誉权的行为，具体而言是指经营者自己或利用他人，通过捏造、散布虚伪事实等不正当手段，对竞争对手的商业信誉、商品声誉进行恶意的诋毁、贬低，以削弱其市场竞争能力，并为自己谋取不正当利益的行为，种明钊主编：《竞争法学》，高等教育出版社 2002 年版，第 180 页。

观方面表现为捏造、散布虚伪事实或者对真实的事件采用不正当的说法，对竞争对手的商誉进行诋毁，给对手造成或可能造成一定的损害后果。另有学者对商业诋毁行为的构成要素进行了总结，认为商业诋毁包括以下要素：不公正的说法；发生在工商业活动中；行为的公示性。[1]中国人民大学知识产权学院教授张广良认为，商业诋毁行为的构成要件之一是必须实施一个捏造、散布虚伪事实的行为，且散布必须是针对不特定的第三人实施的行为。[2]北京务实知识产权发展中心主任程永顺认为，一般来讲，商业诋毁是指公开散布，但是向一个特定部门反映问题算不算散布，对这个问题可能会有一些争论，需要作进一步的完善。[3]

以上学者总结了商业诋毁的构成要素和构成要件的一些特征。但是本书认为，要构成商业诋毁，首先必须存在诋毁性的行为。诋毁性的行为是一个类指，不可能被界定为某一个或某一些行为，只要是对他人的商业信誉、商品声誉等进行了恶意的诋毁、贬低，都属诋毁性的行为。诋毁性言词或陈述通常表现为虚假的信息，但有时候也可能表现为夸大其词、断章取义等。实践中，诋毁性的行为通常表现为贬低，但有时候也表现为误导。这方面的例子也很多。有时候虚假宣传行为会与商业诋毁构成竞合。那么这种诋毁行为是否必须发生在有竞争关系者之间呢？事实上，反不正当竞争的国际通则——世界知识产权组织《反不正当竞争示范条款》中就有很好的回答。该示范

---

〔1〕 参见谢晓尧：《论商业诋毁》，载《中山大学学报（社会科学版）》2001年第5期，第122—123页。

〔2〕 李立：《商业诋毁构成要素再成热门话题》，载《法治日报》2010年12月16日，第10版。

〔3〕 李立：《商业诋毁构成要素再成热门话题》，载《法治日报》2010年12月16日，第10版。

条款第 5 条表明,〔1〕消费者协会、新闻媒介、审计机构、质检机构、政府机构等也可能从事违背公平竞争原则的行为。

其次,如果从我国现行的《反不正当竞争法》的角度看,商业诋毁行为实施的主体应当是经营者,该法第 11 条中对此也有规定。〔2〕因为《反不正当竞争法》是从竞争法的角度来规制不正当行为的,规制的是经济活动中的行为。各国之所以突破传统的侵权行为法,将商业诋毁纳入竞争法,是其对市场竞争机制的破坏性作用决定的。经济竞争是相同或相似产品(服务)的提供者利益上的一种对峙行为。〔3〕但是,在世界知识产权组织《反不正当竞争示范条款》第 5 条中并未提及"经营者",这说明商业诋毁实施的主体范围应当突破"经营者"这一范围。

再其次,就商业诋毁行为的主观形态来说,故意诋毁的形态可以构成商业诋毁在学界没有多大争议,但是过失的形态是否可能构成商业诋毁在学界有不同的看法。也即关于商业诋毁行为的主观要件,学术界有两种观点。一种观点主张行为人主观上必须是故意的乃至是恶意的;另一种观点认为行为人实施该行为时主观上不限于故意,过失也能成立该行为。在种明钊

---

〔1〕《反不正当竞争示范条款》第 5 条(损害其他企业及其活动的信用):①(总纲)凡在工商业活动中损害或者可能损害其他企业或其活动,尤其是由此种企业提供的商品或服务的信用的虚假或不当说法,构成不正当竞争的行为。②(损害信誉例示)损害信誉可因广告或促销引起,并尤其对下列情况发生:(ⅰ)产品的制造方法;(ⅱ)产品或服务用于特定目的之用途;(ⅲ)产品或服务的质量或数量或其他特点;(ⅳ)提供或供给产品或服务的条件;(ⅴ)产品或服务的价格或其计算的方式。

〔2〕 对于商业诋毁的主体认定问题,刘杰勇、丁岚对此有过研究。参见刘杰勇、丁岚:《商业诋毁行为主体认定的困境与纾解——以 3002 件案例为分析对象》,载《兰州学刊》2025 年第 1 期。

〔3〕 参见谢晓尧:《论商业诋毁》,载《中山大学学报(社会科学版)》2001 年第 5 期,第 126 页。

先生看来,"经营者也可能因过失造成竞争对手商业信誉或商品声誉的损害,并要承担相应的赔偿责任,但这种行为并不构成商业诋毁,这是基于不构成竞争法体系中规定的侵犯商誉权之行为的条件决定的"。[1]但是,仅从我国《反不正当竞争法》第11条看,无法得出商业诋毁行为的主观形态必须为故意的结论。比如一经营者从他处得来虚伪的信息,但他并不知情,因而进行了散布,这种情况下就很难断定行为人的主观目的。"散布"可能是出于故意的,但"诋毁"不一定出于故意,也可能是出于过失。而从"散布"到"诋毁"是一个过程,也是这一行为的整体,不能分开来对待。结合学术界的两种观点,此处过失损害他人商业信誉或商品声誉的行为也应构成商业诋毁行为。此外,当捏造虚假事实与散布虚假事实的主体不是同一主体时,散布人主观上没有故意,而是因过失散布虚假事实时,根据过错原则,也不能免除责任。因此,过失也可以构成散布虚假事实的商业诋毁行为。[2]

最后,对于商业诋毁行为是否应当具有公示性而言,如果要求商业诋毁行为具有公示性,则必须面向社会公众,"散布"于社会公众间。但是,"散布"于社会公众间只是一种商业诋毁的方式,随着社会经济的发展,商业诋毁的方式花样百出,"公示"已经不再是一个要件,诋毁者可以向某一特定的对象而不是公众施行诋毁他人的行为。

综合以上,对商业诋毁行为的构成要件,可以概括如下:第一,行为人对一商业主体实施了捏造、散布虚假信息或者进行歪曲、诋毁、不当比较等行为;第二,行为人主观上存在过错;第

---

[1] 种明钊主编:《竞争法学》,高等教育出版社2002年版,第180页。
[2] 徐孟洲、孟雁北:《竞争法》,中国人民大学出版社2008年版,第327页。

三,损害了或意图损害某一商业主体的商业信誉或商品声誉;第四,如有损害,损害结果与其诋毁行为间应有因果关系。

三、商业诋毁侵犯的客体

绝大多数学者认为商业诋毁侵犯的客体是商誉,在竞争法中论述反不正当竞争这一部分时也是从商誉入手,认为"经营者捏造、散布虚伪事实,侵害的客体是竞争对手的商誉。"[1]也有的学者认为商业诋毁侵犯的客体是荣誉权、名誉权、商誉权。还有的学者认为商业诋毁侵犯的是信用权,也即信誉权。

1. 商誉

理论界普遍认为,"商誉"一词最早出现于16世纪中后期的西方。[2]商誉被认为是一种无形资产,早在亨利·兰德·哈特菲尔德1927年出版的《会计学:它的原理与问题》一书中已明确地将商誉作为无形资产的一部分。[3]商誉,从经济学的角度看,指能在未来为企业经营带来超额利润的潜在经济价值,它是企业整体价值的组成部分。在阎德玉教授看来,好感价值论的合理性在于人们对企业的印象的确有好坏之分,良好的企业形象是企业获得超额收益的一个因素。超额收益论的科学性在于该观点把握了商誉作为资产的基本条件——经济资源、获得潜力、货币计量三要素。而总计价账户论,在不同程度上和

---

[1] 倪振峰编著:《竞争法案例教程》,复旦大学出版社2005年版。
[2] 参见余澜:《商誉法律制度的基本范畴研究》,载《江西社会科学》2009年第4期,第174—178页。另可参见彭峰:《商誉的界定及其刑法保护》,载《商业时代》2006年第19期,第52页;肖爱萍:《商誉概念探微》,载《财会通讯》1999年第4期,第13页;等等。
[3] 阎德玉:《论商誉会计理论重构——兼评商誉会计"三元理论"》,载《中南财经大学学报》1997年第1期,第66页。

不同角度揭示了商誉的某些特征。[1]1999年9月7日，美国财务会计准则委员会（FASB）首次提出了"核心商誉"（core goodwill）的概念。

法律意义上的商誉概念可追溯到1810年的Cruttwell v. Lye一案，英国法官艾尔登（Eldon）从企业与顾客关系的角度定义商誉：作为买卖的标的，商誉就是企业吸引老顾客的可能性。[2]1859年英国法官卡多佐（Cardozo）也对商誉下过定义。[3]

可见，商誉是商业信誉和商品声誉的统称，是一种综合的社会评价，而这种社会评价由于具有相当重要的价值，对经济体来说具有重要的意义。

商业诋毁行为是否侵犯了商誉？答案是肯定的。虽然商业诋毁行为的最终目的在于打击竞争对手或者被诋毁者的销售，但损毁对手商誉是其中的手段，诋毁者通常都是通过损毁对手商誉而达到自己的目的，商誉是商业诋毁行为的客体。

2. 商誉权

关于商誉权理论的学说，有单一人格权说、特别人格权说、复合权说、知识产权说、财产权说等。可以总结的是，无论将商誉权归结为一种财产权还是一种人身权，学者们都认可商誉权既含有人身权的内容又含有财产权的内容，而且，在商誉权是商誉主体依法对其创造的商誉享有专有权而不受他人非法侵害这一点上是没有争议的。商誉权直接体现为财产利益，具有

---

〔1〕 参见阎德玉：《论商誉会计理论重构——兼评商誉会计"三元理论"》，载《中南财经大学学报》1997年第1期，第67页。

〔2〕 参见张雅莉：《商誉概念探析》，载《内蒙古科技与经济》2006年第10期，第29页。

〔3〕 商誉意指企业在从事经济活动中所取得的一切有利条件，包括地理位置、商号等，以及与企业经营有联系、能使企业受益的一切有利条件。参见彭峰：《商誉的界定及其刑法保护》，载《商业时代》2006年第19期，第52页。

财产内容，但商誉权也有人格属性，总是和具体的商品生产经营者或生产者联系在一起，离开了具体的商品生产者或者经营者，就无所谓商誉权。[1]

虽然商誉权作为一种民事权利，已为法学界所认同，[2]但是笔者认为，诋毁者所进行的诋毁行为归根结底是要其所诋毁的对象的经济利益受到损害。商誉权虽然也体现为财产内容，但经济利益才是本质，商业诋毁所诋毁的客体本身并不是财产。而诋毁商誉权的人格性内容，其目的也针对的是所诋毁对象的经济利益。正是这一诋毁行为，使商誉权也受到了损害。因此，商业诋毁行为侵犯的客体也包括商誉权。

3. 竞争秩序

按照哈耶克的理解，"所谓社会的秩序"在本质上意味着个人的行动是由成功的预见指导的，这就是说人们不仅可以有效地运用他们的知识，而且还能够极有信心地预见到他们能从其他人那里所获得的合作。[3]以英国亚当·斯密为杰出代表的古典经济学派创立了自由竞争理论。该理论的内容十分丰富，主要涉及了竞争的功能、自由竞争的条件、竞争与垄断的关系等。斯密创建的自由竞争理论常被人们称作"看不见的手"（invisible hand），它几乎贯穿斯密经济学理论的全部。斯密认为每个人在追求各自经济利益时，都受一只看不见的手指导，结果有效地促进了社会的利益。但是，应通过约束私人经济势力的扩张及其滥用以保证市场在资源配置中的基础性地位，保证市场按照自身的法则运行，政府应只在市场失灵的情况下才对经济运行加以干

---

[1] 梁上上：《论商誉和商誉权》，载《法学研究》1993年第5期，第42页。
[2] 参见吴汉东：《论商誉权》，载《中国法学》2001年第3期，第91页。
[3] [英]弗里德利希·冯·哈耶克：《自由秩序原理》，邓正来译，生活·读书·新知三联书店1997年版，第200页。

预。[1]

很显然,竞争秩序也是一种社会秩序,更确切地说属于市场秩序。只有具备公平、公正的市场秩序,市场才能合理地优化资源配置。《反不正当竞争法》是维护竞争秩序最为重要的法律。[2]

市场竞争秩序在资源配置中起基础性作用。秩序之所以需要维护,原因在于:一是人们的认识是有限的,一种具有公共理性的秩序会协调具有相同意图的人们的行为,增进劳动分工并因此提高人们的生活水平;二是个人的行动自由与保障他人的行动自由是构建秩序的前提条件;三是人们拥有的信息不对称,会经不住利益诱惑而时常机会主义行事,这使得建立约束性承诺或强制执行的规则非常重要。[3]对于竞争秩序也是如此。商业诋毁行为的存在,使得原先平衡的市场状态被打破,有序的市场秩序受到了破坏。因此,商业诋毁行为所侵犯的客体还有竞争秩序。

4. 公共利益

庞德把利益划分为"个人利益""公共利益"和"社会利益"。[4]然而,诚如学者们所认为的,公共利益这一概念最特别之处在于其具有不确定性,是典型的不确定法律概念,包括利

---

[1] 叶卫平:《竞争立法与竞争秩序建构——以行政垄断规制必要性为中心》,载《深圳大学学报(人文社会科学版)》2007年第1期,第108页。

[2] 谢晓尧:《竞争秩序为何更多原则而非规则》,载《深圳特区报》2015年3月24日,第C03版。

[3] [德]柯武刚、史漫飞:《制度经济学:社会秩序与公共政策》,韩朝华译,商务印书馆2000年版,第380—381页。

[4] [美]E. 博登海默:《法理学:法律哲学与法律方法》,邓正来译,中国政法大学出版社1999年版,第147页。

益内容的不确定和受益对象的不确定。[1]公共利益包括国家利益、社会利益、集体利益等，国家利益、社会利益、集体利益是公共利益的下位概念。[2]应当说维护公共利益是一切基本权利的界限，个人权利的行使不得侵犯公共利益。

利益的最终受益者是个人，公共利益也是一样。事实上，公法维护公共利益，私法也不可能完全忽视公共利益。因为个人权利的充分实现在一定意义上依赖于公共利益的保障。[3]私法在维护公共利益上也具有重要的意义。尽管在反不正当竞争法属于公法还是私法问题上还有很多争议，但是，反不正当竞争法具有重要的公共利益目标，也以社会公共利益为其价值追求，因而在其规范设计中自然必不可少地会涉及"公共利益"。公共利益是我国反不正当竞争法最直接的保护对象，它的利益位阶高于经营者和消费者的利益位阶。[4]

因此，商业诋毁的不正当竞争违法行为同时也侵害了公共利益，特别是广大消费者的利益。另外，商业诋毁行为还误导了消费者，限制了消费者的自由选择。对于这些诋毁行为，广大消费者是很难判断其真假的，在真假不明的情况下，消费者更容易受诋毁行为的影响。综合以上，商业诋毁行为所侵犯的客体还包括不特定群众的公共利益。

---

[1] 陈新民：《德国公法学基础理论》（上册），山东人民出版社2001年版，第182页。

[2] 参见胡锦光、王锴：《论公共利益概念的界定》，载《法学论坛》2005年第1期，第11—13页。

[3] 彭礼堂、武芳：《从公共利益角度论我国反不正当竞争法的完善》，载《经济法论丛》2006年，第289页。

[4] 彭礼堂、武芳：《从公共利益角度论我国反不正当竞争法的完善》，载《经济法论丛》2006年，第291页。

四、商业诋毁行为的主要形式

商业诋毁行为的表现形式多种多样,就传统的商业诋毁行为来说,表现方式有:通过发布声明性广告、对比性广告、公开信、新闻发布会等方式制造、散布损害被诋毁者的商业信誉、商品声誉的虚假信息;在经营活动中向销售客户及消费者散布虚假事实,以贬低竞争对手的商业信誉,诋毁其商品或服务的质量;利用商品说明书、宣传页等捏造散布损害被诋毁者的商业信誉、商品声誉的虚假信息;教唆他人造谣,传播、散布虚假事实,对竞争对手的商品进行不符合事实的宣传以贬低其商品声誉,虚假抬高其企业地位或商品地位;组织人员以顾客或消费者的名义向有关管理部门虚假投诉其他商业主体,以竞争对手的产品质量低劣、服务质量差、侵害消费者利益为名对竞争对手进行诋毁等。在知识产权领域,也可通过商业诋毁的形式对知识产权进行投诉。[1]

有时候商业诋毁也使用了虚假信息。我国市场竞争中的不规范现象较为突出,在这种情况下宜采取较严格的规制态度。[2]世界知识产权组织国际局在对商业诋毁行为进行解释时指出,(虚假陈述)所陈述的内容并不要求完全不真实,如果批评被夸大了,或者采用的措辞是贬低性的,也可能构成损害。此外,真实但不完全的陈述也可能具有上述效果。

近年来,随着互联网的发展,又出现了一些新的商业诋毁形式,著名的案例如腾讯公司和奇虎公司之间的纠纷。可见在

---

〔1〕 林韶:《电子商务平台知识产权恶意投诉的竞争法规制》,载《电子知识产权》2023 年第 9 期,第 44—57 页。

〔2〕 孔祥俊:《商标与不正当竞争法:原理和判例》,法律出版社 2009 年版,第 820 页。

网络环境下,商业诋毁行为有了新的特点。这突出地表现为:其一,网络商业诋毁的技术性非常强。在这类商业诋毁纠纷中,诋毁方可以在网页或相关软件中内置某种技术性措施,普通公众很难发现。这给法官的认定带来了困难。如果不进行技术分析,很难得出商业诋毁的结论,普通的消费者也根本不知道存不存在商业诋毁行为。其二,网络商业诋毁的证明非常难。当然,这也和网络商业诋毁的技术性有关。

五、商业诋毁行为的实质

对于商业诋毁行为的实质,有的学者认为商业诋毁行为的实质是对信用权的侵害,[1]有的学者认为商业诋毁行为的实质属于民事侵权领域内的诽谤,有的学者认为商业诋毁行为的性质和实质是通过传播某种信息影响消费者的决定,[2]有的学者认为商业诋毁侵犯的是名誉权和荣誉权,[3]还有的学者认为商业诋毁侵犯的仅是名誉权。通过商业诋毁行为还可诋毁知识产权的营商环境。[4]

笔者认为,商业诋毁行为的终极目的是损害对方的经济利益。无论是通过诋毁等形式还是通过诽谤等形式,或是其他形式,损害对方的名誉、荣誉、商誉等都是将其作为桥梁而损害

---

[1] 参见赵博:《网络环境下信用权保护面临的新挑战》,载《苏州大学学报(哲学社会科学版)》2014年第2期,第104页。另参见谢晓尧:《论商业诋毁》,载《中山大学学报(社会科学版)》2001年第5期,第125页。

[2] 付双、付萍:《虚假宣传和商业诋毁的比较分析》,载《法制与社会》2007年第4期,第203页。

[3] 徐士英主编:《自由经济的"大宪章"——公平竞争法简论》,上海人民出版社1997年版,第151页。

[4] 马忠法、王悦玥:《国际贸易中的知识产权"隐性壁垒"与中国因应》,载《上海对外经贸大学学报》2024年第2期,第56—70页。

对方的经济利益。因此，损毁对方的名誉、荣誉、商誉等都只是一种损毁的工具而非本质。那么，如何通过诋毁行为而影响消费者？从消费行为看，诋毁行为的消极评价会产生"首因效应"，顾客对企业及其产品的认知是从某个具体的、局部的最初信息入手的，并由此产生心理定势或刻板印象，同时，一些倾向性看法和态度又会影响顾客对事物的整体态度，出现"光环效应"。[1]各国之所以突破传统的侵权行为法，将商业诋毁纳入竞争法，也是由其对市场机制的破坏作用决定的。

六、对商业诋毁法律规制的完善

商业诋毁行为损害了竞争秩序、社会公共利益和被诋毁对象的利益，对商业诋毁行为应当进行规制。《巴黎公约》第10条中规定了应予禁止的商业诋毁行为，包括"在经营活动中，具有损害竞争者的营业所、商品或工商业活动的信用性质的虚伪说法"。世界知识产权组织在《反不正当竞争示范条款》第5条总纲中也规定，凡在工商业活动中损害或者可能损害他人企业或者其活动，尤其是由此种企业提供的产品或服务的信用的虚假或不当说法，应构成不正当竞争的行为。另外列举了损害信誉可以产生于广告或者促销，特别发生在下列情形中：产品的制造方法；产品或服务用于特定目的之用途；产品或服务的质量或数量或其他特点；提供或供给产品或服务的条件；产品或服务的价格或其计算的方式。

美国《兰哈姆法》第43条第1项规定，对他人商品、服务或者商业活动进行虚假宣传的人，应当承担法律责任。《美国商

---

[1] 谢晓尧：《论商业诋毁》，载《中山大学学报（社会科学版）》2001年第5期，第127页。

标法》在 1998 年修正时增加了商业诋毁行为的规定，禁止在商业广告或促销活动中对他人商品、服务、营业活动的性质、特点、质量或者地理来源进行虚假或引人误解的描述或表示。[1]

大多数国家的反不正当竞争法都有关于商业诋毁的规定，即使未作明文规定的国家，也都通过一般法律原则将其认定为有悖公平竞争的行为。在进行反不正当竞争专门立法的国家，商业诋毁行为被认为是传统的不正当竞争行为的国家有德国、荷兰等。所有普通法国家都是在侵权行为法中将商业诋毁行为作为一种特殊侵权形式来规制的。[2]

我国现行法律对商业诋毁的规制，主要体现在《反不正当竞争法》第 11 条：经营者不得编造、传播虚假信息或者误导性信息，损害竞争对手的商业信誉、商品声誉。

从我国现行关于商业诋毁的规定中可以知道，我国对商业诋毁行为的规制，在主体上要求是经营者，在场合上限于有竞争关系者之间，在行为方式上体现为通过编造、传播虚假信息或者误导性信息损害竞争对手的商业信誉、商品声誉。而从上述分析中我们可以知道，非经营者也可能进行商业诋毁行为，而且也破坏了竞争秩序、商业信誉、商品声誉。尽管一般的侵权责任对此也可以进行规制，但在竞争法中，对商业诋毁的规制更倾向于保护一种竞争秩序，而保护广大消费者即社会公众的利益在竞争法中也有所体现。在竞争法的调整机制中，它既维护竞争秩序，也维护社会公共利益。竞争法中的侵权责任与一般的侵权责任相比因调整对象和调整内容的不同而具有差异。因此本书认为，我国的《反不正当竞争法》对此应当有所扩充。

---

〔1〕 参见邵建东编著：《竞争法教程》，知识产权出版社 2003 年版，第 131—132 页。

〔2〕 参见吕明瑜：《竞争法制度研究》，郑州大学出版社 2004 年版，第 197 页。

而在主观要件或者要素上，由于本条用了"编造、传播"的词语，被我国多数学者认为只有故意才能构成商业诋毁，而过失不能构成商业诋毁。但是通过上文的分析，我们可以知道过失也是可能构成商业诋毁的。

因此，在对我国关于商业诋毁的规定进行完善时，可以考虑扩大其主体范围，不再局限于经营者，在法条构成上采取一般原则规定加列举的方式，主观上也并不必局限于故意，并且要将新发生的侵权方式如网络商业诋毁、比较广告、向有关部门投诉检举以及可能出现的其他方式纳入规制。

第十一章

民法体系下知识产权法国际方面问题

一、主要国家知识产权发展分析

在知识产权领域,当今世界上最大的五个知识产权局分别为中国国家知识产权局(CNIPA)、日本专利局(JPO)、欧洲专利局(EPO)、韩国知识产权局(KIPO)和美国专利商标局(USPTO),这五大知识产权局是世界上最具代表性的知识产权局。根据我国国家知识产权局网站《世界五大知识产权局统计报告(IP5 SR)》,全球有效专利91%分布于五局所辖区域。[1]因此我们主要是对比研究这五个国家,即中国、日本、欧洲、韩国和美国的知识产权政策,从而探讨中国未来在知识产权方面如何发展,从理论最后归于实践。

1. 中国知识产权分析

近年来,中国的产业结构日趋完善,产业结构的优化升级取得了一定的进展。首先,第一产业在 GDP(国内生产总值)中所占的份额愈发稳定;其次,第二产业从以前的 GDP 份额支

---

[1]《世界五大知识产权局统计报告(IP5 SR)》,载 https://www.cnipa.gov.cn/module/download/down.jsp? i_ ID=40377&colID=902020-04-09,最后访问日期:2024 年 3 月 6 日。

柱中逐渐下降,但波动也越来越小,保持了应有的稳定份额;最后,第三产业在GDP中的比重迅速增加。仅从数据上观察,中国产业结构已在传统意义上达到了比较理想的状态。然而世界金融危机发生以后,中国制造业受到严重冲击,这更加坚定了中国实现经济产业结构转型升级的决心,中国经济抗风险能力和持续增长能力需得到结构性的提升[1]。

加强知识产权保护,大幅提高科技成果转移转化成效,在《中共中央关于制定国民经济和社会发展第十四个五年规划和二〇三五年远景目标的建议》中已有提及[2]。也就是说,国家十分重视知识产权的发展。自2008年《国家知识产权战略纲要》将知识产权上升为国家战略以来,一系列文件相继出台,可以看出我国对知识产权发展的重视,但同时也体现了在成为知识产权强国上我们仍然有很长的路要走。虽道阻且长,但行则将至。与此相适应,一系列具体配套法律和措施也开始实施。

第一,专利、商标、地理标志、集成电路布图设计等管理职能、审查效率显著提高。2018年,中国国家知识产权局顺利完成机构重组,提升了专利申请管理效率,但审批周期仍然较长。这一年,中国发明专利申请量增长了11.6%,发明专利授权量增长了2.9%,发明专利平均授权周期在22.5个月[3]。这个平均授权周期相较于其他国家仍显较长,例如,美国专利商标局最终审查周期为23.8个月,而日本因国内对审查效率的高

---

[1] 参见李复达:《"一带一路"下中国知识产权保护与发展的意义、现状及策略》,载《广西社会科学》2020年第4期,第119页。

[2] 《2020年中国知识产权保护状况》,载https://www.cnipa.gov.cn/art/2021/4/25/art_2436_158794.html,最后访问日期:2024年3月6日。

[3] 《2018年世界五大知识产权局统计报告(中文版)》,载https://www.cnipa.gov.cn/module/download/down.jsp?i_ID=40377&colID=902020-04-09,最后访问日期:2024年3月6日。

要求，平均周期仅为14.1个月，可见中国在审查效率上仍有提升空间。不过，考虑到我国专利申请规模庞大、地域广阔等特点，审查效率的差异亦在合理范围内。

第二，惠民方面。中国在知识产权惠民方面取得了重大进步，使得民众在检查是否符合专利申请标准以及申请的便捷度上有了更好的体验。国内设置了11个新的试点地方局，新增企业注册用户超过8000个，有效推进了全国专利信息公共服务体系服务能力升级。普通民众可以更加便捷地使用检索与分析等功能，使用体验不断提升。同时也升级了知识产权保护中心相关系统，可以为全国的知识产权保护中心和快速维权中心提供高效的信息化建设和运维支持。

中国知识产权发展仍面临若干挑战：一是知识产权保护力度不足，维权成本高、周期长；二是市场存在不正当竞争现象；三是部分领域存在重数量轻质量倾向；此外，如前所述，专利审查效率仍有提升空间。

2. 日本知识产权分析

日本对知识产权重视程度很高，历史也比较悠久。二战后，日本经济实现了快速发展，经历了从追赶技术先进国家到实现技术超越的过程。在此过程中，日本知识产权政策实现了从弱保护到强保护的转变，即当技术处于追赶阶段时，知识产权政策的特征是弱保护；在技术实现超越后，知识产权政策才转为强保护。2002年日本小泉政府提出"知识产权立国"战略，标志着日本知识产权政策正式上升为国家战略[1]。2002年日本出台了《知识产权基本法》，2005年成立了涉及知识产权的知

---

[1] 参见刘影：《日本知识产权制度的历史考察及启示》，载《国外社会科学前沿》2020年第11期，第28页。

识产权高级法院。现在日本涉及知识产权的法律主要有《商标法》《专利法》《不正当竞争防止法》《实用新型法》《著作权法》《外观设计法》等。

日本《专利法》规定的专利保护期原则上是从申请之日起20年。在药品方面，因药品审查时间长而具有特殊性，药品发明专利最多还可申请延长5年保护期；在实用新型权方面，日本《实用新型法》规定保护期为10年；在商标方面，日本《商标法》规定保护期为10年，并且可以多次更新；在外观设计方面，《外观设计法》规定保护期为20年，之后即使权利消失，《不正当竞争防止法》仍对其进行保护；在著作权方面，日本《著作权法》规定了50年的保护期，在电影著作权方面保护期则为70年。在处罚方面，日本法律也规定得比较具体，视情况规定了1000万日元以下或者500万日元以内的罚款。

众所周知，日本一直重视知识产权保护，早在1994年，日本政府就已经提出了"科学技术创造立国"的口号，很多高技术得到应用，在知识产权方面自然也贯彻了相关战略。1995年，日本制定的《科学技术基本法》生效，为日本的科技创造创新提供了支持和保障。其内容涉及基础研究、应用研究、开发研究等，可见其非常重视科研人员的创造力提升与发展。2021年4月《科学技术基本法》改为《科学技术创新基本法》[1]，这体现了日本政府对创新的重视。此外日本还颁布了《供应商法》，以此来保护创新企业的权益。为了加快中小企业的发展，日本政府早在1999年就通过了"中小企业技术革新制度"。具体来说，就是选择能够产业化的研发成果并给予特定补助金，

---

〔1〕 参见《日本保持创新活力 法律制度随行护航——专访中日青年产学联合会代表理事陈霄明》，载《科技日报》2021年2月1日，第4版。

第十一章 民法体系下知识产权法国际方面问题

每年根据指定项目设计补助金额[1]，并通过资金支持、技术咨询、专利申请费减免、税金和贷款优惠、公共媒体的宣传推广等措施来推动中小企业发展。这样的制度当然是一个双赢的政策，中小民间企业通过这些资金和政策帮助可以迅速发展起来，而且由于知识产权的特性，这样的发展无疑是长久的发展，同时国家也可以因此拥有更多的知识产权创新成果，使国家能可持续发展，也能在国际上紧跟时代的步伐。笔者认为这的确是中国可以借鉴的一个方面。前面提到我国想要提高知识产权科技成果转化成效，那么鼓励民间中小企业的加入便是很好的方法，当然也可以鼓励个人的参与，在这个人口大国中，我们有理由相信，市场潜力是巨大的。

在普及知识产权意识方面，日本普及各类知识产权的法律也成了基本国策之一，重视程度可见一斑。比如《日本知识产权基本法》第 21 条就规定了国家方面的责任。日本各大公司也把知识产权培训作为一项重要的员工培训内容，我国可以对此进行参考。再比如，日本在义务教育中加入知识产权的简单普及，从小事做起，比如不抄袭作业等，从小培养保护知识产权和专利的意识，一代一代的年轻人才能真正摆脱抄袭并且坚持创新。同样，公司也可以开展相关的活动，制定目标，但切记不要走形式主义的路线。《供应商法》还规定了要限制不合理的恶性竞争。维护市场经济下的良好市场秩序，对于经济向前发展有很大的作用。在国际合作方面，日本设置了专利审查高速路（PPH）机制。

当然，任何国家的政策运行过程中都会出现问题。日本的问题主要体现在执法方面，执法的路线和方向部分与初心背道

---

[1] 参见林兰：《东京产学研合作创新的经验与启示》，载《科技中国》2018 年第 10 期，第 31—37 页。

而驰，比如创新技术项目中需要的国家资金并没有落实。具体来看，例如，该项目要提前进行资格的审核，但是该要求在实践中比较死板，导致很多真正有实力和发展前景的企业因没有通过资格申请而没有得到研发援助。目前日本民间风投资金不足，国家资金支援有限，也没有用在真正需要支援的创新项目上，这是日本近年创新能力不足的一个重要原因[1]。

3. 欧洲知识产权分析

欧洲是世界知识产权保护的发源地。在17世纪，随着资本主义经济的发展，新的财产形式不断出现，财产的范围不断扩大，当时的欧洲出现了公司这种企业组织形式，从而产生了股权、商号权这样的财产权。为进一步明确这些无形财产的所有权，英国于1623年颁布了《垄断权条例》、1709年制定了《安妮法令》，法国于1857年颁布实施了《关于以使用原则和不审查原则为内容的制造标识和商标的法律》，这些就是世界上最早的专利法、著作权法和商标法，标志着专利发明、著作、商标等无形财富具有了法律上财产的意义，知识产权也由此产生。它们对后来资本主义各国的知识产权立法产生了重要影响[2]。

由于欧洲多数国家加入了欧盟，欧洲知识产权也主要体现为欧盟知识产权。欧盟知识产权既包括欧盟层面也包括各国国内层面。作为世界知识产权组织成员，同时也是《商标法条约》国际条约和协定的签署方，欧盟在知识产权方面也体现了联合，致力于建立一个单一的保护体系。如2007年欧盟委员会通过文件建议采用"共同体专利"，是为了实现其单次申请就可以在欧

---

[1] 《日本保持创新活力 法律制度随行护航——专访中日青年产学联合会代表理事陈霄明》，载《科技日报》2021年2月1日，第4版。

[2] 参见闵森：《欧洲知识产权保护的历史》，载《中外企业文化》2018年第11期，第38页。

盟范围内产生效力的目标，同时司法管辖方面也在同步前进。在工业产权方面，欧盟制定了不同类型的知识产权保护策略。知识产权包括工业产权、著作权、邻接权和地理标志（GI），工业产权又包括商标、工业设计、专利。欧盟的知识产权体系特点在于流通范围广，一个知识产权一旦申请成功便可以在整个欧盟适用，其高效便利程度可见一斑。对于知识产权人而言，由于其知识产权可以迅速转化成实践成果，他也可以把更多精力投入继续研发知识产权上而不是知识产权申请上；对于国家而言，这样的体系有利于知识经济的迅速发展，从而在世界经济上排名取得成绩。近期，欧洲理事会批准了多项涉及知识产权政策的文件，这些文件主要涉及知识产权在帮助应对医药卫生问题方面所发挥的作用，并概述了知识产权对于中小企业及其经济恢复以及绿色和数字转型的重要性。此外，欧洲理事会表示，在地理标志方面，其随时准备考虑在欧盟层面引入非农产品的特殊保护制度。欧洲理事会鼓励采取进一步的行动来打击假冒和盗版行为，特别提及了在线侵权，强调了在权利人与在线平台之间开展有效合作领域出台立法的必要性。欧洲理事会还指出，由于在线市场上的假冒商品数量仍然居高不下，《数字服务法》和即将推出的欧盟反假冒工具箱将有助于加大打击假冒商品的力度。[1]

4. 韩国知识产权分析

知识产权为韩国经济发展作出了重要贡献。随着韩国人均GDP的增长，其知识产权也在相应地发展。比如人们所熟知的韩剧，其改编就涉及知识产权，另外还有许多漫画小说等，可以说韩国文化产业取得了很好的发展。

---

[1] 参见欧洲理事会批准涉及知识产权政策的相关文件。

韩国知识产权局总部位于大田，负责专利、商标、外观设计的审查，专利包括发明专利和实用新型专利。和我国不同的是，韩国实用新型专利也实行实质审查制度。韩国发明、实用新型、工业设计、商标的申请量逐年大幅增长，1949年申请量约为200件，1980年增至5000件，2000年大幅增长到10万件，2018年增至46万件。近年来，韩国申请人的《专利合作条约》（PCT）申请量也持续上升，是全球第五大来源国。随着各种申请的数量不断攀升，韩国知识产权局旨在通过持续改进审查体系、提高知识产权管理流程每个阶段（申请、审查和登记阶段）的整体质量以及缩短审查周期而提供快速、高质量和客户导向的审查服务[1]。

韩国的政策鼓励主要集中于文化产业以及风投等，例如大力发展IP金融和推动第二次风险投资热潮等。在审查服务方面，韩国的效率也非常高。韩国知识产权局通过合同外包的形式，委托独立机构进行发明、实用新型、商标与外观设计的在先检索工作。为了减轻审查员的工作负担，韩国知识产权局扩大了对在先技术的外包范围。中国目前面临着审查周期长的问题，就可以参考韩国合同外包等方式来提高效率。韩国知识产权局还会根据客户需要进行定制化审查服务，比如加速审查可以在提出请求获批后2—4个月内进行，延期审查可以在申请人意欲延后期限3个月内进行。韩国对知识产权的重视程度由此可见也是很高的。

5. 美国知识产权分析

美国是世界上建立知识产权制度最早的国家之一。美国自

---

[1] 参见田苏洁、马欲洁：《从韩国知识产权局年度报告谈专利审查提质增效》，载《法制与社会》2020年第17期，第228页。

第十一章 民法体系下知识产权法国际方面问题

1790年颁布实施第一部专利法开始，就不断健全和完善知识产权制度体系。迄今为止，美国基本建立了一套涵盖专利法、商标法、版权法、反不正当竞争法等法律政策的较为完整的制度体系[1]。

从知识产权保护的层面上看，美国涵盖了立法、行政、司法三个层面。几十年来，美国不断修改与完善涉及知识产权的法律，扩大了知识产权的保护范围，加大了保护力度，可以说知识产权法律体系在美国已经建立。例如在专利法方面，美国有《专利法》《发明人保护法》《发明法案》等。美国的专利法涉及实体方面、专利授权后的重审程序、专利申请授权程序、发明人宣誓或声明的有关要求、允许发明人的受让人提交专利申请、优先审查及对小型实体的扶持措施、故意侵权的判定条件、错误标识的处罚、赋予联邦巡回上诉法院对专利或植物保护上诉的独有管辖权等。美国重视知识产权保护，把专利和版权写入了《美国宪法》第1条第8款，国会有权"保障著作者和发明人对各自的著作和发明在一定的期限内的专有权利，以促进科学和实用艺术之进步"[2]。2018年，《促进弱势群体追求工程与科学成功研究法案》（Study of Underrepresented Classes Chasing Engineering and Science Success Act of 2018）通过，根据法案的要求，美国专利商标局需针对妇女、少数族裔、退伍军人及中小企业等专利参与度不足的群体，开展专利活动趋势研究并提交专项报告，同时要为促进这些群体的专利授权和创业提供建议。由此可以看出，美国对于普通群众的知识产权权利

---

[1] 参见刘艳丽、李佩刚：《美国知识产权制度建设研究与思考》，载《国防科技工业》2021年第8期，第30页。

[2] 《美国的知识产权管理体制和专利管理政策及其借鉴》，载https://www.renrendoc.com/paper/165726548.html，最后访问日期：2024年6月15日。

的保护力度较大。2018年,美国专利商标局还拓展了其公益服务的范围,将其法学院诊所认证计划(Law School Clinic Certification Program)扩大到56所高校,帮助专利商标申请人进行申请。这一项目计划既给法学院带来益处,同时也有利于企业的专利和商标申请。这一项目的遴选小组根据不同大学的知识产权课程安排、提供公益服务的历史以及其社区服务网络系统与覆盖范围来选择服务范围。该项目计划使得法学院学生能够在美国专利商标局的实践指导下参与专利商标申请实务工作[1]。美国的知识产权政策和学校连接紧密,也和公益服务有很大的关系,而我国也有许多优秀的高校,可以借鉴这个崭新的思路。

6. 综合分析及对我国的建议

在对比过上述其他国家的知识产权发展后,需要总结一下我国应该如何做才能促进知识产权的进一步发展。

第一,中国面临着专利审查效率低下的问题,关于这方面可以学习日本,加强审查周期上的要求;也可以适当地学习韩国,将审查合同外包,交给专业的企业来做,既能激发经济的增长也能提高效率。一般来说专业的企业出于经济利益的考量,要比行政机关效率更高。

第二,关于民众反映的维权难的问题,需要我们拓宽维权途径,也需要普及维权知识。可以借鉴日本将其放到战略的高度,让宣传维权成为公司的规则和义务,同时也可以加入义务教育当中,从娃娃抓起,从细微处培养知识产权的意识。

第三,可以着重于文化产业方面知识产权的发展。这一点可以借鉴韩国,在这个第三产业发展迅速的时代,文化产业,

---

[1] 参见李复达:《"一带一路"下中国知识产权保护与发展的意义、现状及策略》,载《广西社会科学》2020年第4期,第119页。

尤其是 IP 这类，能很大程度上带动经济发展，当然实体经济也不可因此而落后。

第四，知识产权的发展要求多和高校合作，尤其是和高校的法学院合作，也要与公益结合，更要大众化，关注各个阶层民众的知识产权需求，鼓励万众创新、大众创业。民众的法律素质和维权素质的提升，是一个整体的发展，也是长远的发展。

第五，要紧跟时事，根据现实情况的变化来修改知识产权方面的政策。

第六，加强国际合作，这点我国现在做得很好，未来应该继续朝这个方向发展，多与别的国家合作。比如，在欧盟内部，各国家知识产权申请高效便捷，促进了经济发展。我国在"一带一路"建设中也可以进行知识产权方面的合作。相信在未来，中国的知识产权一定可以蓬勃发展。

二、RCEP 知识产权条款于中国

《区域全面经济伙伴关系协定》（RCEP）由东盟十国于2012年发起，中国、韩国、日本、新西兰和澳大利亚共同参与，于2020年11月15日正式签署，是目前亚太地区规模最大的自由贸易协定，涵盖15个成员国。该协定成员涵盖发达国家、发展中国家和欠发达国家，共同构建了全球规模最大、成员结构最多元、发展潜力最显著的自由贸易区。[1]在涉及知识产权规定方面，RCEP共制定了83个知识产权条款，除此之外还规定了过渡期安排和技术援助两个实施附件。RCEP充分考虑到了发达国家、发展中国家和欠发达国家的现状，因而在知识产权保

---

〔1〕参见沈铭辉、李天国：《区域全面经济伙伴关系：进展、影响及展望》，载《东北亚论坛》2020年第3期，第102页。

护方面有不同的安排，一方面规定知识产权一般条款，另一方面设立了过渡期以给予欠发达国家一个过渡，以便其根据本国经济适时地进行调整和规划。与我国知识产权法相比，RCEP更加具有前瞻性和全面性，不仅增加了遗传资源方面的规定，还纳入了传统知识和民间文学艺术权利，另外还对知识产权的实施、透明度和过渡期进行了详细的规定，这些规定一方面填补了我国对于传统文化保护的空白，另一方面也为权利人提供了更多的权利以及救济途径。近年来，随着我国"引进来"和"走出去"的战略的深入推进，在加快构建以国内大循环为主体的新发展格局的同时，我国持续推动国内国际双循环相互促进、协同发展，[1]这对于提高中小企业的知识产权意识、强化中小企业的知识产权合作有着重要的意义。在权利的救济方面，RCEP相比于《与贸易有关的知识产权协定》（简称《TRIPS协定》）增加了数字化执法，顺应了互联网经济的发展，是数字化发展的"催化剂"。这些规定体现了知识产权发展的新趋势。

1. RCEP中的知识产权条款总体评析

RCEP所涉区域，在亚太地区乃至全世界也可称得上规模最大。在内容方面，其不仅在关税减让、技术输出等方面进行了详细规定，而且在知识产权方面的规定也十分亮眼，篇幅也可谓协议之最。RCEP订立的目的一是扫除国与国之间包括知识产权在内的货物贸易、服务贸易、投资方面的阻碍，二是保证签署国之间的经济一体化与合作，三是保障知识产权的创造、运用、保护与实施。[2]RCEP知识产权方面在总则部分规定了目标、基本原则、知识产权的范围、与其他协定的关系，在具体

---

[1] 参见陶涛、朱子阳：《RCEP、区域生产网络重构与双循环新发展格局构建》，载《新视野》2021年第5期，第29页。

[2] 参见RCEP第十一章第一节第1条。

的知识产权规定方面则明确了保护的重点和领域。RCEP 知识产权条款共计 83 条,涵盖了知识产权的总则和基本原则、著作权和相关权利、商标、地理标志、专利与工业设计、遗传资源、传统知识和民间文学艺术、不正当竞争、国名、知识产权权利的实施、合作与磋商、透明度、过渡期和技术援助、程序事项以及两个附件。

(1) 知识产权的总则和基本原则

首先,RCEP 的缔约国发展结构跨度非常大,发展水平差距明显,[1]RCEP 对此已有明确认识:缔约方之间的经济发展水平和发展能力是不同的,它们之间的法律制度也存在差异。[2]未来为了更好地在缔约国之间实施,协定关注各个国家发展的不平衡和差异,提供"过渡期",即给予缔约国对于部分条款的适应性缓冲,而不是"一刀切",以便各国在实行的过程中更好地对接 RCEP 国际知识产权的保护,在时间上为五年、十年不等,在实现经济的发展中寻求"最大公约数",不是要零和博弈,而是要互利共赢,在尊重缔约国的同时平等谈判和磋商,体现了 RCEP 的人文关怀。

其次,RCEP 强调:要维持社会公众、知识产权权利持有人、使用人之间的利益平衡。[3]根据权利相关理论,任何权利都不是绝对的,而是相对的,知识产权也不例外,没有前人给我们留下的宝贵精神财富,任何人都无法进行再创造。RCEP 更好地体现了这个理论,为平衡三者利益提供了法律支持。

最后,RCEP 认识到了透明度的重要性,也就是说,各国知

---

〔1〕 参见樊莹:《RCEP:重塑亚太经济合作与筑基新发展格局》,载《当代世界》2021 年第 8 期,第 53 页。

〔2〕 参见 RCEP 第十一章第一节第 1 条。

〔3〕 参见 RCEP 第十一章第一节第 1 条。

识产权制度和规定应当透明并维持。RCEP知识产权条款第77条专门规定了透明度，指出知识产权权利的效力、范围、取得、实施以及行政执法等应以权利人能够知悉的方式进行公布，使得权利的行使更加透明和更有保障，保护了权利人的权利，同时也在一定程度上考虑了发展中国家和欠发达国家的利益，为权利人行使权利提供了信心。

（2）著作权和相关权利

著作权和其相关权利是著作财产权利和精神权利的总称，[1]在著作权方面，RCEP知识产权条款规定，权利人享有著作权、表演者权、录音制品制作者权以及广播组织专有权。为了著作权的广泛传播与发展，协定特别强调了著作财产权中的复制权、广播权以及信息网络传播权。根据RCEP知识产权条款第10条，权利人可以以有线或无线的方式向社会不特定人员传播作品。在获取方式上，任何人应当可以在其自己选定的地点和自己选定的时间通过下载、复制等方式获得作品。随着云技术与互联网经济的快速发展，数字化经济已经渗透到我们生活的方方面面，[2]正如2020年我国《著作权法》在复制权中增加了以"数字化"的形式进行复制的内容，RCEP知识产权条款在这方面也体现出了与时俱进。RCEP不仅给予作者权利保护，而且还规定要给予录音制品的表演者和制作者报酬，在很大程度上提高了权利人创作的积极性。

在著作权集体管理组织方面，著作权集体管理组织是集中

---

[1] 著作权的概念在我国《著作权法》中已有相关规定，著作权是指自然人、法人或非法人组织对文学、艺术和科学作品依法享有的财产权利和精神权利的总称。相关权是指传播者或者其他在传播作品的过程中添加创造性劳动的主体，对其传播行为的成果享有的专有权利。

[2] 参见严蓉：《RCEP背景下电子商务及数字贸易规则的模式与经验——RCEP成员国的比较研究》，载《中国商论》2021年第15期，第96页。

第十一章 民法体系下知识产权法国际方面问题

进行著作权管理的组织，其在以自己名义活动时需经权利人授权。[1]著作权集体管理组织具有降低交易成本、保证著作权交易正常进行的功能。

著作权具有客体的非物质性和侵权行为的多样性，因此要对著作权进行不同于物权的保护，应当平衡著作权的传播与权利的正当行使，这也就是著作权集体管理组织存在的意义。它的设立，一方面降低了消费者对著作权的搜寻成本，另一方面也提高了著作权人交付著作权使用的谈判筹码。RCEP 的成员国可以根据此条款，对著作权进行许可使用，这样可以大大降低社会对于富有社会艺术文化价值作品的搜寻成本，减少成员国之间的交易壁垒[2]。特别是对于老挝、缅甸以及越南等欠发达国家而言，RCEP 强调"以公平、高效、公开透明和对其成员负责的方式运作，公开透明地进行许可使用费的收取和分配"，[3]也有利于成员国之间优秀文化的交流与合作，促进亚洲与世界其他地区文化融合。

在著作权以及相关权利保护方面，不同于传统权利，知识产权最大的价值在于禁止权，即未经权利人的许可不得使用。RCEP 关于著作权的保护一是主要涉及对于作者、表演者或录音制品制作者权的保护以及打击规避有效技术的行为，二是主要保护权利管理电子信息。[4]根据郑成思教授的观点，传统权利

---

[1] 我国《著作权集体管理条例》第 2 条规定，著作权集体管理，是指著作权集体管理组织经权利人授权，集中行使权利人的有关权利并以自己的名义进行的活动。

[2] 参见向波：《著作权集体管理组织：市场功能、角色安排与定价问题》，载《知识产权》2018 年第 7 期，第 69 页。

[3] 李玲：《RCEP 篇幅最长的知识产权章说了啥？涉商标、域名恶意注册》，载 https://www.sohu.com/a/433357958_161795，最后访问日期：2021 年 8 月 21 日。

[4] 参见胡开忠、许福忠、陈大林：《我国权利管理电子信息制度的立法设计》，载《厦门大学法律评论》2005 年第 2 期，第 207 页。

管理信息范围相当广泛，任何作品的作者信息、相关作品信息、权利所有人信息、作品使用信息以及以上信息所表现出的任何数字或代码都属于该范围。这些信息都可以以作品或者其复制件的方式传播。[1]由于数字经济以及互联网的快速发展，知识的传播不再局限于实物方式，更多是以数字化形式，进行网络上的输送与利用，如何保护新兴的知识产权是亟待解决的问题。而在执行的过程中，允许缔约国根据实际情况作出适当的例外与限制，也表明了 RCEP 的灵活性。其给予各个成员国适应条约的缓冲过程，使其更好地为国内知识产权服务，促进成员国相互利用文化产品与服务，实现文化的大繁荣。

（3）商标

商标是一种商业标志，[2]其目的在于区分不同生产者、经营者或者服务者的商品或者服务[3]。相比于 RCEP 知识产权条款的规定，商标的意义更多聚焦于企业的货物和服务，而不单单将主体局限于个人或者单个经营者，涉及企业间的交流与合作，大宗货物的贸易与输出。RCEP 在第一章第 3 条明确了协定签订的目标，就是要消除协定签署方之间的各种障碍和壁垒，包括关税壁垒和非关税壁垒，以实现交易方之间的自由化和便利化[4]。由此看出企业间的货物商标、信誉以及特许权经营才是重中之重。在商标的构成上，"人名、字母、数字、图形元

---

[1] 参见郑成思：《两个新的国际版权条约评介》，载《外国法译评》1997 年第 4 期，第 47 页。

[2] 商标一般由文字、图形、字母、数字、三维标志、声音、颜色或者其组合构成。

[3] 参见吴汉东主编：《知识产权法学》（第七版），北京大学出版社 2019 年版，第 273 页。

[4] 参见孟夏、孙禄：《RCEP 服务贸易自由化规则与承诺分析》，载《南开学报（哲学社会科学版）》2021 年第 4 期，第 135 页。

第十一章 民法体系下知识产权法国际方面问题

素、立体形状、颜色组合在内的标记以及此类标记的任何组合，应当有资格注册为商标"。[1]以人名作为商标也体现了各个国家的民族特色。以日本为例，日本的松下电器是以松下幸之助之名命名的。我国的 LI-NING（李宁）品牌则是以我国体操名人李宁的名字命名的。由人名创建的企业，可以使消费者对于商品有更加直观的认识，便于消费者进行选择，有利于扩大企业信誉以及知名度。

第一，专有权与禁止权。RCEP 授予成员国成员商标的专有权与禁止权，专有权与禁止权作为权利成对出现，也就是说有权利便有救济，体现了权利的对等性。

第二，商标的注册和申请。商标不同于作品，不是进行自动保护，而是通过商标注册来进行管理的，这与我国《商标法》规定相同。商标的注册能很好地进行权利公示公信，保障权利人的专有权。在权利人申请权利前，可以进行相关商标查询，以便能申注成功；在申请中，商标主管机关应当履行相关职责，申请人则应回复商标主管机关的问题，并有权利申请复审和司法审查。在申请后，申请人享有提出异议、撤销、注销以及宣布无效等程序性事项的权利。

第三，驰名商标。驰名商标，顾名思义，首先，其是为公众所熟知的商标；其次，这种商标必须是经过长期使用的商标；最后，商标必须经过使用而在社会上产生了良好信誉。[2]RCEP 知识产权条款第 26 条规定禁止在相同或类似货物或服务上使用与该驰名商标相同或近似的商标，可见 RCEP 对驰名商标采取弱保护，既没有对驰名商标实行跨类保护，更没有对未注册的

---

[1] RCEP 第十一章第三节第 19 条。
[2] 参见吴汉东主编：《知识产权法学》（第七版），北京大学出版社 2019 年版，第 385 页。

驰名商标进行关注。

（4）地理标志

地理标志也属于重要的知识产权。[1]根据 RCEP 知识产权条款第 29 条，对于地理标志的保护方法多种多样，可以纳入商标保护范围通过商标制度进行保护，或者通过专门制度进行保护，当然也可以通过其他法律途径进行保护，这在一定程度上也承认了《TRIPS 协定》中将地理标志作为单独的一项权利进行保护。RCEP 在保护地理标志的国内行政程序规定方面更加灵活，体现出了合理、合法和透明的原则，使缔约国的公民能够更加容易地申请、查询、注销地理标志以及对其提出异议。

（5）专利与工业设计

RCEP 知识产权章节中的专利部分主要涉及可授予专利的客体、专利权、专利权的例外、专利的实验性使用、程序事项、专利宽限期、专利电子申请制度、引入国际专利分类制度以及保护植物新品种等规定。

第一，授予专利的条件。

根据发明的种类，不论是产品还是方法都可以授予专利。在发明专利的授予条件上，只要符合三性——新颖性、创造性和实用性，都可以授予专利。当然，RCEP 也规定了专利的排除客体，主要涉及人或动物的诊断等方面。[2]这些排除的情形一般不具有创造性以及实用性，主要包括：一是不具备产业上的使用性，因为其是以有生命的人体以及动物为实验对象；二是

---

[1] 地理标志，是指标示某商品来源于某地区，该商品的特定质量、信誉或其他特征主要由该地区的自然因素或人文因素决定的标志。参见我国《商标法》第 16 条第 2 款。

[2] RCEP 专利的排除客体分为两类：一是医治人或动物的诊断、治疗和外科手术方法；二是除微生物外的植物和动物，以及除非生物学方法和微生物学方法外的生产植物或动物的主要生物学方法。参见 RCEP 第十一章第五节第 36 条。

第十一章 民法体系下知识产权法国际方面问题

不具备创造的条件，因为动物和植物是大自然中存在的事物而不是人类进行的创造。这也体现了专利部分的核心价值，即维护公共秩序或道德。

第二，专利权。

根据发明的种类不同，在产品专利和方法专利上专利权也有所不同。[1]为了权利的流转，权利人可以订立相应的许可合同。但是，任何权利都不是绝对的，而是有一定限度的，因此RCEP规定了专利权的例外——缔约方可以规定专利专有权的有限的例外。[2]

第三，程序性事项。

为了能够更好地优化专利制度以及提高行政机关的工作效率，服务于缔约国成员，制定好审查、注册的程序事项显得尤为重要。RCEP要求缔约方要有对专利的授权提出异议、寻求撤销、寻求注销以及寻求使该专利无效方面的规定，以在最大程度上保护缔约国成员的知情权，更好地保护其专利权，保护知识产品。

第四，其他规定。

RCEP规定关于专利的分类应当与《国际专利分类斯特拉斯堡协定》保持一致，以有效地协调各缔约国在该领域的行政工作，与各国之间建立较为密切的合作关系。在信息检索方面，专利申请人可以通过优先审查程序加速专利审查流程，同时专利行政部门需依法将专利申请文件通过互联网公开。公众则可以进行网络检索。

---

[1] 若专利的客体为产品，专利权人可以对其专利产品进行制造、使用、许诺销售、销售以及进口；若专利的客体为方法，权利人可以对其方法进行使用、许诺销售、销售或为这些目的而进口。参见RCEP第十一章第五节第37条。

[2] 只要该例外不会影响第三方合法利益、不会与正当权利相冲突以及不合理地损害专利人的合法权益。参见RCEP第十一章第五节第38条。

植物新品种权也被纳入专利权的部分进行保护,适用于专利的保护体系。这样的规定更加完整和权威,也可为东盟国家的农业发展作出贡献,提高东南亚农业的发展与创造,提高农作物的产量和销量,降低各国关税以及贸易壁垒,使该条约的缔约国经济呈良性发展的趋势。[1]

(6) 其他

RCEP 中以专门的一节规定遗传资源、传统知识和民间文学艺术,这是其他国际公约没有涉及的,体现了 RCEP 对于新兴的知识产权保护力度之大。遗传资源由人类加以提取并进行利用,体现了创造性,而传统知识和民间文学艺术具有艺术表现形式,应当进行保护和利用。在程序方面,应当规定对遗传资源、传统知识和民间文学艺术进行必要的披露和专利质量审查,这样可以使相关人员通过互联网了解这些要求。

在不正当竞争方面,协定规定,每一缔约方的规定都应当与《保护工业产权巴黎公约》(简称《巴黎公约》)的规定保持一致,对不正当竞争进行有效的防范。由于互联网经济的快速发展,滥用和不正当使用域名也会导致不正当竞争,为此 RCEP 建立了域名的争端解决程序,其目的在于公平合理、迅速地解决争端,当然也可以通过司法程序来解决争端和提供救济。

(7) 知识产权权利的实施

知识产权作为一项权利虽然具有客体的非物质性,但是其权利的实施是有边界的,如在地域性方面。然而 RCEP 的规定很大程度上突破了地域性的限制,使得一缔约国可以对其他缔约国实施侵权的行为进行规制和管理。

---

[1] 而在此之前在国际上对于植物新品种的保护主要是《国际植物新品种保护公约》(简称"UPOV 公约"),是保护育种者权益的重要国际协定。

第十一章 民法体系下知识产权法国际方面问题

关于知识产权权利的实施分为四大部分内容，具体包括：一般义务的规定、民事救济的方式方法、边境措施的适用以及刑事救济的方式方法。

对于一般义务而言，在执法层面，RCEP 要求缔约方对知识产权侵权行为采取有效执法措施，以保障合法贸易秩序。[1]例如，RCEP 将强化我国电子商务平台反垄断执法机制。[2]在实施层面，RCEP 要求缔约方要体现效率原则和比例原则，兼顾第三方利益与社会利益，且应当公平合理。在作者著作权的民事诉讼中，作者身份的认定应采用推定方式作为认定的依据。

在民事救济方面，应当遵循公平合理原则，一方面，权利持有人可以依法提起民事诉讼；另一方面，被告依法享有知情权，平等保护各方合法权益。但解决与知识产权相关的争端的方式不只有诉讼，还包括替代性争端解决程序。在民事赔偿方面，RCEP 的规定与我国规定的惩罚性赔偿颇为相似。[3]在司法程序的执行方面，司法机关有权销毁侵权货物、材料和工具并不作任何补偿，司法机关有权对机密泄露的当事人进行处罚。

在边境措施方面，RCEP 为缔约国之间的货物与服务的交流与运输提供了方便，但其中也不乏通过便利条件对知识产权进

---

[1] 这些措施包括阻止侵害的快速救济和遏制进一步侵权。参见 RCEP 第十一章第十节第 58 条。

[2] Peicheng Wu, Charlie Xiao-chuan Weng and Sally-Ann Joseph, "Crossing the Rubicon? The Implications of RCEP on antimonopoly enforcement on dominant E-commerce platforms in China", *Computer Law & Security Review*, Vol. 42, 2021.

[3] 侵权人明知或有合理理由知道自己从事侵权活动，应当令其进行补偿并支付赔偿金，对于著作权侵权和假冒商标案件，侵权人应当支付因侵权获得的利润。参见我国《著作权法》第 54 条。

行侵害的现象,[1]因而应当引起注意。

在刑事救济方面,每个缔约国可以根据其国家的具体情况增加其他构成刑事犯罪的侵权行为种类,更好地保护其国民的知识产权,为本国知识产权的创新注入活力。[2]

2. RCEP 知识产权条款的特点

(1) 与国际条约保持一致

RCEP 知识产权保护的范围与《TRIPS 协定》中所规定的种类保持一致,[3]涵盖了知识产权法的大部分问题,但在以《TRIPS 协定》为蓝本保护的基础上又增加了遗传资源、传统知识和民间文学艺术等新兴权利。在原则性问题上,RCEP 也作出了说明,若两个协定规定不一致,即应当以《TRIPS 协定》为准。在公共健康问题方面,RCEP 也重申了《TRIPS 与公共健康宣言》。也就是说,在药品获得方面,为了体现保护公共健康的重要性,缔约国所有人都应当能够获得所需药品。

对于商标而言,每一缔约方都应当与《商标注册用商品和服务国际分类尼斯协定》(简称《尼斯协定》)保持一致。也即无论在商标分类制度上,还是在由此产生的分类系统的翻译版本上,都应当保持一致。该协定对于成员国和非成员国都适用,我国也

---

[1] 比如,若权利人认为侵权人的货物涉嫌盗版或假冒商标,则权利人在提供担保的情况下有权申请缔约方主管机关中止放行,主管机关应在合理期限内作出侵权认定;在进口方面,每一缔约方应当设立或维持装运的程序;在出口方面,一缔约方可以设立或维持装运的程序,中止放行涉嫌盗版或假冒商标货物,两种情况采取的方式略有差异。参见 RCEP 第十一章第十节第三小节第 69 条。

[2] RCEP 中规定了最低限度的刑事程序和刑事处罚——对具有商业规模的故意侵犯著作权或相关权利盗版或商标侵权,以及未经授权以商业规模在电影院放映复制电影作品,每一缔约方应当采取或维持措施,其中应当至少包括适当的刑事程序和刑事处罚。参见 RCEP 第十一章第十节第四小节第 74 条。

[3] María Vásquez Callo-Müller and Pratyush Nath Upreti, "RCEP IP Chapter: Another TRIPS-Plus Agreement?", *GRUR International*, Vol. 70, No. 7, 2021, pp. 667-671.

是如此,这既方便了商标的申请也规范了相应的管理,可以促进 RCEP 成员国之间的商标交流与保护。专利权也不例外,RCEP 缔约方应当根据《TRIPS 协定》规定排除专利性的条款,同时也不得限制缔约国根据《TRIPS 协定》而产生的专利权利与义务。

(2)法律规定的透明化

RCEP 知识产权目标条款强调制定和维持透明的知识产权制度,并推动知识产权权利的保护和实施,为权利持有人和使用者提供信心。在著作权集体管理方面则应当公开和透明地收取和分配许可使用费。[1]因其承担着权利人的授权责任,应当更加透明地对权利人和社会负责。RCEP 专门以一小节规定了透明度,关于知识产权权利的利用、实施与禁止、注册、取得等都需以明示的方式让成员国国民知晓,若有条件,终局司法裁决还应在网上公布。

(3)涉及内容具有前瞻性

在数字经济时代,人工智能、物联网、区块链、大数据以及云计算蓬勃发展,给当下的社会带来了机遇与挑战[2]。数字经济归根结底也是创新,需要知识产权制度为其保驾护航,尊重知识产品,保护创新,才能释放数字经济的活力,实现数字化与知识产权的融合。知识产权一方面将数字界定在其保护的范围内,另一方面也引导数字经济健康快速发展[3]。另外,RCEP 在遗传资源、传统知识和民间文学艺术保护方面作出系统性规定,其创新性体现在要求缔约方建立与遗传资源相关的数

---

[1] 参见 RCEP 第十一章第二节第 13 条。
[2] 参见邓鹏:《数字经济时代知识产权的机遇与挑战》,载《中国发明与专利》2020 年第 9 期,第 13 页。
[3] 参见张乃根:《与时俱进的 RCEP 知识产权条款及其比较》,载《武大国际法评论》2021 年第 2 期,第 8 页。

字图书馆机制，通过标准化信息检索系统提升权利主体的查询效率。在知识产权的实施部分，RCEP专设一小节描述数字环境下的执法，尤其是对于著作权或相关权利以及商标权的侵犯。相较于其他权利而言，这两种权利在数字环境下更容易受到侵害，RCEP在制定的过程中也是很好地考虑到了当今的侵权新形式并加以规定，相较于其他国际条约，其内容更具有前瞻性。

（4）保持缔约国之间平衡发展

RCEP的缔约国在所有国际条约中国家结构最多元，涉及发达国家、发展中国家以及欠发达国家，但是发展潜力也是最大的。如何使得缔约国之间保持平衡稳定的发展才是亟待解决的问题，因此RCEP不仅规定了过渡期，使缔约国可以根据本国的发展阶段，暂缓某些规定的实施，一般为三年、五年不等，而且还对柬埔寨、越南、老挝等欠发达国家进行技术援助，支持建立商标电子申请、注册和维护制度，支持基础设施建设与专家咨询服务，帮助它们更好地融入RCEP中。在合作方面，缔约国也应当认识到其在知识产权领域的能力存在重大差异，因而应当在著作权侵权、专利审查制度、植物新品种保护体系、程序手续以及边境措施管理方面加强国与国之间的合作，降低交易成本，消除贸易壁垒。

3. 我国关于知识产权的规定与RCEP的异同点

（1）相同点

知识产权有广义与狭义之分，我国《民法典》第123条对知识产权的范围已有规定。[1]

---

［1］ 知识产权是人们对于自己的智力活动创造的成果和经营活动中的标记、信誉所依法享有的专有权利，广义的知识产权包括著作权、邻接权、商标权、商号权、商业秘密权、地理标志权、专利权、植物新品种权、集成电路布图设计权等各种权利。

第十一章 民法体系下知识产权法国际方面问题

第一，在著作权和邻接权方面。RCEP规定作者享有专有权、表演者和录音制品制作者权、著作人身权和著作财产权，包括复制权、信息网络传播权以及获得报酬权等，"在涉及作者著作权的民事诉讼中，每一缔约方应当规定，如无相反证据，则推定以通常方式署名为作品作者的人是作品的作者"[1]，这与我国新修改的《著作权法》保持一致。我国新修改的《著作权法》对于著作权管理组织的规定更加公开、合理和透明，根据权利人的授权向使用者收取使用费，提出了争议解决的方式并将使用的情况定期向社会公开，此次修改更加符合权利双方的利益要求，也与RCEP的内容更加靠近。RCEP将自然人、法人主体扩展到国与国之间，保证缔约国之间更容易获得许可与收取费用，加强相互间的合作。在有关著作权保护方面，为了保护著作权，权利人可以采取技术措施防止他人侵权，我国《著作权法》也对此内容进行了补充，使其更加完整，一方面要有相应的规定以防止规避权利人设置的有效技术措施来保护权利人，另一方面又在合理的范围内对权利人加以限制以维护社会的正常需要，促进知识的获取与传播，如为学校或科学研究使用、国家机关执行公务等，与RCEP中谈到的政府使用软件相类似，即政府可以使用非侵权计算机软件。

第二，商标和地理标志。根据协定，构成商标的要素为"包括人名、字母、数字、图形元素、立体形状、颜色组合在内的标记以及此类标记的任何组合"[2]，与我国大体相同。声音商标作为一种新型的商标类型也被纳入我国的商标法体系中，该协定也不例外。RCEP的商标的注册要件为显著性，即识别性

---

[1] RCEP第十一章第十节第一小节第58条。
[2] RCEP第十一章第三节第19条。

和区别性，而获得显著性也是我国商标注册的条件。RCEP 和我国《商标法》关于商标的分类都采用了《尼斯协定》的规定，《尼斯协定》作为商标名录可以方便权利人认识货物或者服务的种类，若属于《尼斯协定》分类项下的类别，则可以用同一份申请来注册多个类别货物或服务，大大节省行政效率。在地理标志方面，RCEP 有商标制度保护也有专门法律制度规定，还有反不正当竞争法保护，而我国对地理标志的保护采取以商标制度保护为主，将其作为一种标记即集体商标或者证明商标加以规制，以专门制度和反不正当竞争法保护为辅。

第三，专利与其他相关制度。根据协定，"任何发明，无论产品还是方法，只要此类发明具有新颖性、包含创造性步骤并且能用于产业应用的，都可以获得专利"[1]。只要符合该条件，就不会因时间、生产的地点、进口等因素而受到歧视。缔约国不仅可以规定相应的专利注册条件，也可以列举排除专利性的内容，主要涉及公共秩序、人体或动植物的生命健康等，这与我国《专利法》大体相似。在专利申请公布的时间上，我国与该协定都采取了早日公布或者在专利申请提交日或主张优先权后满 18 个月公布。作为国际惯例，给予专利申请人 18 个月的时间，主要是给申请人一个撤回专利的权利，以便在更改主意时可以作为商业秘密保护或者撤回后再提出，否则一旦公布就会造成申请人的专利成为现有技术。

(2) 不同点

由于我国没有知识产权法典，著作权、专利、商标以及其他制度都是单独成法，没有足够的体系将其容纳起来，很容易出现法律条文相互冲突的现象，而 RCEP 却很好地整合了各个

---

［1］ RCEP 第十一章第五节第 36 条。

知识产权制度,规定了统一的目标和基本原则,不仅仅局限于某个单独的部门法,更加具有全局性和系统性。其中,RCEP中的知识产权的范围主要以《TRIPS协定》为蓝本制定,与《巴黎公约》、《保护文学和艺术作品伯尔尼公约》(简称《伯尔尼公约》)相类似,而我国知识产权相关规定的范围主要以《成立世界知识产权组织公约》为基础,知识产权种类规定的范围有些不同。

驰名商标在我国实行跨类保护与未注册商标的保护,也即对驰名商标采取强保护的措施,而RCEP仅仅规定了对相同或类似货物或服务上的驰名商标进行保护,没有规定保护未注册的驰名商标,因而相较于我国的规定很难保护权利人在市场上形成的商业价值,不利于整个市场的良性发展。

在专利的申请中,我国《专利法》通常采用请求书等方式向国家专利行政部门进行申请,而RCEP规定"鼓励每一缔约方采用专利电子申请制度,以便利专利申请人申请"[1]。由于缔约国分布在不同的大洲,物理距离遥远,权利人很难当面提交书面申请而获得权利许可,通过电子申请的方式更能提高行政效率,方便当事人。

RCEP创新性地将遗传资源、传统知识和民间文学艺术纳入知识产权保护体系填补了《TRIPS协定》等国际条约的制度空白,体现了东亚地区特有的文化保护需求与人文价值取向。由于民族文化浓厚,该条款体现了与当地的适应性。在分类上,遗传资源被归入专利制度的范畴,因而在申请和保护的程序上与专利有所相似,申请人要对来源或起源进行披露并使其他缔约方能够获得。传统知识和民间文学艺术则归于著作权,根据

---

[1] RCEP第十一章第五节第43条。

《伯尔尼公约》以及我国《著作权法》应对其适用自动保护的原则。

由于 RCEP 跨越 15 个国家，货物以及服务的运输会涉及原产地的问题，该协定还增加了对国名的保护，如"Made in China"等，"防止以在货物原产地方面误导消费者的方式在货物上商业性地使用一缔约方的国名"[1]，避免对原产国的货物或者服务产生误认和混淆。国名具有识别性标志的特征，可以代表一种商誉和信用，比如，一想到泰国就会联想到泰国大米，一想到我国就会联想到我国高铁出口服务等。国际条约具有跨国性，国名可以给缔约国的国民以选择，使其能够选择其信赖的国家的货物和服务。

在边境措施方面，RCEP 管理得更加严格与规范，可依职权或申请中止放行侵权货物，主管机关也可发布销毁令，从实体到程序都更加清晰，方便缔约国适用。

4. 中国的应对及发展方向

经过改革开放 40 多年以来的发展，我国经济继续呈高速发展的趋势。2001 年我国积极加入了世界贸易组织（WTO），不断扩大货物的生产和服务的种类，打开国门与世界各国进行经济往来，与世界其他国家互利共赢，融入了世界大家庭，在关税、破除贸易壁垒等方面贡献了自己的力量，严格遵守了国民待遇、最惠国待遇等国际规则。2013 年，面对国际经济的严峻形势、国际贸易歧视以及国家发展不平衡等问题，我国提出了"一带一路"倡议（The Belt and Road，缩写 B&R），[2]秉承共商、共

---

[1] RCEP 第十一章第九节第 57 条。

[2] 参见王黎萤等：《RCEP 知识产权议题：谈判障碍与应对策略——基于自贸协定知识产权规则变革视角的分析》，载《国际经济合作》2019 年第 4 期，第 29 页。

第十一章　民法体系下知识产权法国际方面问题

建、共享原则，推进信息、数据资源项目合作，向共建"一带一路"国家和地区提供专利检索、审查、培训等多样化服务，加强和世界各国以及非政府组织的联系，[1]推动构建人类命运共同体，展现大国风范，承担更多的国家责任。2015年，由中国发起的亚洲基础设施投资银行（亚投行）成立，成为全球治理的主要参与者，更好地发挥了新兴国家在国际上的地位，丰富和发展了现有的国际经济体制，促进了全球经济的平稳协调发展，积极融合经济一体化和全球一体化。2020年，我国与东盟十国以及其他国家签订RCEP，深化了东亚地区的经济一体化，增强了经济合作与交流。面对国际形势的不稳定，我国致力于采取应对策略，不断深化改革，积极参与国际交流与合作，同其他国家共同发展。无论是我国积极入世，还是加入多边条约，都体现了我国对国际环境的较强适应能力。

当前，世界正处于百年未有之大变局中，我们要继续抓住机遇，不畏挑战。习近平总书记指出，要深化共建"一带一路"同欧亚经济联盟对接合作，支持数字经济创新发展，共同应对全球气候变化，推动地区经济社会发展。[2]面对当前形势，我国应当承担起大国责任，展现大国风范，比如在药品专利上积极贡献中国力量，加强疫苗研发、生产合作。在国际合作方面，RCEP将促进各国经济发展，[3]更多、更公平地惠及全体人民。

---

[1] 中共中央、国务院印发的《知识产权强国建设纲要（2021—2035年）》。
[2]《习近平在第六届东方经济论坛全会开幕式上的致辞》，载 https://www.gov.cn/xinwen/2021-09/03/content_5635207.htm，最后访问日期：2024年9月3日。
[3] Qiuying Zhu, "Research on the Impact of RCEP Signing on China-ASEAN Investment Facilitation and Countermeasures Under the New Development Pattern of 'Dual Circulation'", *International Journal of Social Science and Education Research*, Vol. 4, No. 8, 2021, p. 109.

在知识产权时代的风口上，我国积极处理国内外知识产权事务，应对各种挑战，针对该条约的履行，我国已做好了充分的准备。

（1）积极促进知识产权法成典

由于我国没有统一的知识产权法典，在规则的适用上很难有统一的公式可供遵循，尤其是在民事和刑事责任方面，三大知识产权有很大的不同，以至于在适应的过程中会使权利人认为专利的保护力度相对于著作权和商标权更大。由于没有统一的法典，关于法定赔偿的数额就存在一定的差异。根据最新修改的《著作权法》和《专利法》，法定赔偿的上限都设定到500万元，但下限存在不同，新《专利法》对于侵犯专利权的行为在赔偿数额上打击力度更大。但这在一定程度上会削弱知识产权法之间的关联性。2020年5月28日，我国通过了《民法典》，《民法典》的颁布结束了法律规范的重复、不协调，与此同时形成了完整的法律体系，对民法的规范不再散见于各个单行法中，而是进行了法律整合。对知识产权来说，《民法典》在第123条作出了概括性的规定，而我国各具体的单行知识产权法律仍需整合。根据比较法的研究，如2005年《越南民法典》，采取链接式的方法更能展现知识产权法的价值。[1]我国《民法典》第1185条也对侵犯知识产权的行为规定了惩罚性赔偿，在三者的规定上实现了统一。[2]纵观RCEP中的知识产权章节，其总则和基本原则确立了统一的规范框架，其适用性覆盖专利、商标、著作权等各领域，更加具有适应性，符合缔约国国民的期待，我国可以借鉴RCEP中知识产权章节的做法。

---

〔1〕 参见吴汉东：《知识产权应在未来民法典中独立成编》，载《知识产权》2016年第12期，第6页。

〔2〕 参见刘胜红：《新〈著作权法〉实施的意义与相关内容解读》，载《出版参考》2021年第3期，第8页。

第十一章 民法体系下知识产权法国际方面问题

随着社会主义市场经济的发展,加快构建我国知识产权法入典和成典是我国一个热议的话题,党的十九届五中全会上明确提出到 2035 年建成文化强国,到那时,整合一部涉及私法、公法和行政法的知识产权法典就成为必要。文化是重要支点,推动文化产业不断向前发展,便利我国的自然人、法人和非法人组织更好地获得和利用知识产权,由此来促进我国社会经济的发展,对国家安全、文化强国和科技大国建设都发挥着至关重要的作用。知识产权法的成典将会提升我国文化软实力,中国文化的影响力将迈上一个新的台阶。

(2) 致力于知识产权的国际治理

根据 RCEP 第十一章第一节第 9 条,每一缔约方都应当批准或加入《巴黎公约》等 7 个多边协定。[1]不论是保护著作权的《伯尔尼公约》、保护工业产权的《巴黎公约》,还是《商标国际注册马德里协定有关议定书》,我国都积极参加并共同致力于国际社会的治理。但根据 RCEP,缔约方应当加入所有提及的条约。在上述条约中,我国已于 2021 年 10 月 23 日批准了《关于为盲人、视力障碍者或其他印刷品阅读障碍者获得已出版作品提供便利的马拉喀什条约》(简称《马拉喀什条约》)。[2]在此之前,我国 2021 年 6 月 1 日正式实施的新的《著作权法》第 24 条已经有关于为阅读障碍者提供相关作品的规定。

我国视力障碍者基数庞大,但法律难以对其做到充分保护,而且阅读障碍者的作品存在出版成本高、管理制度不完善等问

---

〔1〕 每一缔约方都应当加入《巴黎公约》《伯尔尼公约》《专利合作条约》《商标国际注册马德里协定有关议定书》《世界知识产权组织著作权条约》《世界知识产权组织表演和录音制品条约》《马拉喀什条约》。参见 RCEP 第十一章第一节第 9 条。

〔2〕 《马拉喀什条约》是为了解决世界上 3.4 亿盲人、视障者和印刷品阅读障碍者面临"书荒"问题的一个善举。

题。纵观我国已有的理论与实践,修改现行著作权法律法规的配套措施可与当前的《马拉喀什条约》相协调。相比于其他国家如韩国、日本等,由于其已经批准加入该条约,对该国的阅读障碍者就可以据此提供更加周全的保护。因此,对于我国来说,修改《著作权法》只是我们在理论上前进的第一步,在实践上还应当积极落实对残障人士的法律保护。

(3) 激励创新,提高经济增长点

RCEP第十四章谈及中小企业要增强对知识产权制度的认识、理解与适用,提高市场准入的门槛、鼓励创新。中小企业只有不断提高创新能力,增加对发明、实用新型等专利申请的数量,才能焕发生机与活力。"十三五"期间,我国创新能力显著提升,数据显示:2019年PCT国际专利申请量首次跃居世界首位,成为创新的主要贡献者。[1]但是,我们应当看到,我国授予的专利绝大部分只是对现有技术的改进,很难涉及产品创新、范式创新及根本改进,我国应当在理论上和实践上进一步完善知识产权制度,并参加国际条约的制定,给予权利人应有的法律保护。

在实践上,中小企业因内外部的原因,不能有效地将信息财产或者知识产权进行财产和市场变现,所以中小企业的技术就很难得到市场的认可和获得财产收益,企业的关键竞争力很难得到突破,这在一定程度上阻碍了中小企业创新驱动的发展。此外,由于中小企业大多为初创企业,体现出融资难、变现慢以及收益低等特点,在此基础上就很少会进行大规模长时间的研究以及开发新技术和新产品,此时就会形成对其他专利技术

---

[1] 白春礼:《为建设创新型国家砥砺奋进》,载《人民日报》2020年9月24日,第9版。

的路径依赖，局限于对现有技术的利用与改造。此时，中小企业很难保持自身优势获得独立的市场地位。还有一个原因在于对开发人员的创新激励并不高，中小企业创业初期规模小，很难实施员工股权激励计划，从外部来看，税收由于主要集中于国家重点扶持的高新技术企业，有三免三减半的税收优惠（前三年免税，第四到第六年减半征收），与此相对，货物或者服务型企业就很难享受到政策扶持。

基于此，我国应当从企业内部和外部进行改进。从企业内部来说，要给予技术人员相应的激励措施，从观念上提高中小企业创新创造的意识，在研发的过程中形成尊重创新、尊重知识的良好风气，不断提高企业自身的核心创造力。[1]相较于日本、韩国的专利制度而言，在我国，发明、实用新型和外观设计专利也应当在一定的条件下相互转换进行申请，可以在不丧失新颖性的情况下获得专利权，从而保证企业在激烈的市场竞争中能够拥有市场优势。对于企业外部，政府应制定完善的政策激励措施，建立专业化知识产权转化机构，借鉴日本、韩国的加速审查程序，缩短知识产权申请的审查时间，为知识产权成果的转化提供充足的机会。

（4）完善知识产权的救济措施

RCEP 中规定了民事救济和刑事救济两大救济措施，为知识产权的行使保驾护航。世界上大部分国家都是以这两种措施作为权利保护的手段。尽管知识产权是私权，但这并不意味着它不受国家的干预和调整，如出于公共利益的需要所有权也会被

---

[1] 参见周密：《RCEP 对中国企业意味着什么？造福更多中小企业》，载《进出口经理人》2021 年第 1 期，第 15 页。

征收和征用，故而要加强对知识产权保护的监管[1]。因为我国知识产权发展起步较晚，社会对其重视程度较低，民众对知识产权的意识淡薄，侵犯知识产权的行为极其多样复杂，所以不得不利用公权力促进社会的公平公正以维护各方权益，行政救济就应运而生，以保障智慧之火的熊熊燃烧和鼓励大众创新创业。

根据我国知识产权法，我国已经建立起知识产权纠纷多元解决机制，[2]主要体现为以司法救济为主体、行政救济为辅助、社会救济为兜底的格局[3]，但是在处理的过程中出现了偏离核心的现象。在民事审判中，难免会对权利人的权利进行公开，不能很好地保护其智力成果，如商业秘密、著作权等权利。因此要更好地实现民事和行政的有序对接，规范知识产权裁判标准和国际私法适用的范围，提高知识产权行政执法人员的法律素养。在救济程序上，建立知识产权派出法庭和上诉机制。根据我国的司法实践，可建立知识产权巡回法庭制度，加强省际指导案例交流。[4]此外，在打击违法犯罪的过程中，会出现民事和刑事救济的竞合，不能很好地界定救济措施之间的关联性和差异性。在著作权、专利权和商标权中，审理的法院层级也有差异，这种差异可能会对判决的公信力造成不同的影响。再

---

〔1〕参见兰红丽：《中国加入 RCEP 协定背景下知识产权保护的监管研究》，载《对外经贸》2021 年第 8 期，第 55 页。

〔2〕参见沈伟：《我国知识产权纠纷多元化解决机制研究》，载《电子知识产权》2015 年第 8 期，第 55 页。

〔3〕参见张英：《大保护格局下知识产权纠纷多元化解决机制的完善》，载《广东经济》2019 年第 7 期，第 69 页。

〔4〕参见黄玉烨、李青文：《我国知识产权上诉审理机制的变革与优化之策——由知识产权法庭到知识产权上诉法院》，载《东南学术》2020 年第 5 期，第 223—224 页。

第十一章　民法体系下知识产权法国际方面问题

有，行政机关的复审、调解等程序在专利权和商标权中适用范围广，对于著作权以及著作权的相关权利却很少涉及，存在行政救济角色的缺失。与公权力不同的是，调解和和解手段更具有操作性，但是没有公权力的介入，即使达成了和解、调解协议，也很难执行，此时权利人的权利也不能得到很好的维护。

因为知识产权是私权，在一般情况下侵权方只需承担民事责任即可，在民事措施上保障权利人的合法权益就显得尤为重要。侵犯财产权利的，应当使侵权人停止侵害；侵犯人身权利的，应当使侵权人赔礼道歉和消除影响。继《商标法》《专利法》修改之后，新《著作权法》也规定了惩罚性赔偿制度，一方面方便权利人行使各种权利，另一方面对侵害权利人的权利科以惩罚性赔偿。但是在后现代化的今天，民事责任不能很好地保护权利人，因为该侵权不仅仅是单一针对受害人的行为，还对市场经济秩序造成了混乱，不利于社会经济、文化事业的良性发展，此时就应当用刑事责任与行政责任加以规制，保护创造者的心血，用惩罚性赔偿制度来平衡著作权人的利益、侵权人的利益与社会公共利益[1]。RCEP 涉及大宗货物与服务的交易，对二者的保护是该协定的重点，其中对服务贸易设置了正负清单相结合的方式。[2] 2020 年 12 月 26 日，《刑法修正案（十一）》通过，对涉及商标方面的犯罪进行了修改，在假冒注册商标罪的内容中新增了服务类别商标，对刑事处罚也从最高刑 7 年增加到 10 年。在著作权方面，刑法不仅保护著作权，还

---

[1] 参见李扬、陈曦程：《论著作权惩罚性赔偿制度——兼评〈民法典〉知识产权惩罚性赔偿条款》，载《知识产权》2020 年第 8 期，第 36 页。

[2] 参见于鹏、廖向临、杜国臣：《RCEP 和 CPTPP 的比较研究与政策建议》，载《国际贸易》2021 年第 8 期，第 30 页。

将范围延伸至与著作权有关的权利。这些规定体现出了我国法律对知识产权的强保护和对违法犯罪者行为的威慑。另外可在我国法律中融入知识产权多元化纠纷解决机制，比如仲裁机制，[1] 实现知识产权诉讼案件分流。行政救济尽管在 RCEP 中被划为民事措施，但更多体现在边境措施的条文中。涉及国与国之间的贸易与服务时，由各国的行政机关参与其中可以更好地解决跨境知识产权侵权问题。我国应当充分发挥行政机关在打击违法犯罪中的核心作用，强化知识产权的海关联合保护，推进 RCEP 成员国之间的执法合作。

（5）积极推动我国本土文化知识产权发展

从 1992 年我国《专利法》第一次修改新增药品为专利保护对象到 2020 年第四次修改新增专利权期限补偿制度和药品专利纠纷早期解决程序有关条款，药品专利的"从无到有"体现出我国对人权的特别保护。在当前背景下，我国中成药产业呈迅猛发展趋势。近年来，中医药事业取得显著进展，不仅推动了传统医学的现代化转型，也为中西医结合发展提供了重要支撑。[2] 与此同时，我国应推动中医药传统知识保护与现代知识产权制度有效衔接，进一步完善中医药知识产权综合保护体系，建立中医药专利特别审查和保护机制，促进中医药传承创新发展。[3]

---

[1] 参见蒋慧：《RCEP 背景下中国—东盟商事仲裁协同机制研究》，载《江汉论坛》2021 年第 8 期，第 137—144 页。

[2] 参见邓明峰、王华、胡卿：《我国民族中医药传统知识专利保护研究》，载《贵州民族研究》2018 年第 12 期，第 100 页。

[3]《中共中央 国务院印发〈知识产权强国建设纲要（2021—2035 年）〉》，载 https://www.gov.cn/zhengce/2021-09/22/content_5638714.htm，最后访问日期：2024 年 9 月 23 日。

第十一章　民法体系下知识产权法国际方面问题

5. 我国的展望

1991—2021年，中国与东盟双边贸易额增幅达85倍。[1]"在全球131个经济体中，我国的创新能力连续两年位于世界前15行列，是综合排名前30位中唯一的中等收入经济体"[2]，我国已成为全球第五大知识产权贸易经济体。在当今，我们生活的方方面面都发生了巨大的变化，世界经济瞬息万变，外汇管制和贸易保护主义盛行对我国经济产生了重大影响，国际社会上仍然充满着各种机遇和挑战。当今世界，国与国之间大宗货物和服务难以通过线下进行交易，而是以线上和线下相结合的方式进行。以互联网方式为代表的新兴销售方式——电商经济兴起，以灵活性高、价格低、性价比高等优点吸引年轻消费者，体现了这个时代电商经济的蓬勃发展。

为了发展我国知识产权事业，我国应积极应对挑战以抓住新的消费经济增长点，加强国与国之间的合作。正如2021年9月10日，我国国家主席习近平与美国总统通话，进行了沟通和交流，意在合作。[3]再比如，即使没有加入RCEP的印度，也会选择通过条约加强合作与交流。[4]不论是签订国际条约还是开展国际合作，都能够体现出我国抓住经济转型增长点，为促进我国知识产权保护以及为中小企业谋福利谋发展。综合起来

---

[1] Jenny Hu, "Bilateral Trade Between China and ASEAN Shows Strong Growth", *China's Foreign Trade*, Vol. 4, 2021, p. 38.

[2] 《我国已成为全球第五大知识产权贸易经济体》，载 https://politics.gmw.cn/baijia/2021-10/06/35212410.html，最后访问日期：2024年10月7日。

[3] 参见中华人民共和国外交部：https://www.fmprc.gov.cn，最后访问日期：2021年9月10日。

[4] Amlan Ray, Deepika M. G. and Badrinarayan G., "Analysis of India's Competitive Position in RCEP", *Vision The Journal of Business Perspective*, Vol. 25, No. 7, 2021, pp. 336-349.

看，RCEP 的签署可让我国受益。[1] RCEP 的成功签订将有利于我国在亚太地区知识产权保护方面占据主导地位，[2] 可以缩小我国与发达国家的差距[3]。

6. 总结

RCEP 知识产权章节也是我国至今已签署的自由贸易协定中有关知识产权内容最全面的章节。该协定以知识产权基本原则和目标为主线，阐述了著作权和相关权利、商标、地理标志、专利以及其他新兴的知识产权，并以反不正当竞争作为兜底保护，以知识产权权利的实施为保障，保证知识产权权利的合法行使，在《TRIPS 协定》的框架内新增了数字环境下的执法机制，体现信息时代的发展与更新，并对欠发达国家给予过渡期和技术援助，改善知识产权管理现状，提高国与国之间合作与磋商的透明度，通过知识产权来提高各国企业的创新竞争力。

RCEP 知识产权章节以《TRIPS 协定》为蓝本，但内容上兼顾发达国家、发展中国家以及欠发达国家的经济和利益平衡，符合缔约国之间的实践期待，在平等的基础上尊重各国法律制度的差异以及国民的利益诉求。知识产权内容虽然仅以 RCEP 中的一章加以呈现，但其是在高标准的框架内为权利人提供更为优质的知识产权服务。根据知识产权私权的理性回归，其核心在于权利主体通过公开技术信息或创意表达，换取国家授予的法定专有权利。

---

[1] 于津平、印梅：《RCEP 时代亚太经贸格局重构与中国的战略选择》，载《华南师范大学学报（社会科学版）》2021 年第 4 期，第 13 页。

[2] 在一定程度上缩小我国与日本、澳大利亚等发达国家和我国与东盟十国之间在知识产权保护水平上的实践和理论的差距，促进亚太地区在知识产权领域的经济合作和交流。

[3] 参见华劼：《〈区域全面经济伙伴关系协定〉知识产权章节评述》，载《重庆理工大学学报（社会科学）》2017 年第 5 期，第 66—73 页。

我国目前应以 RCEP 为转折点，顺应时代发展，修改和纳入新兴的相关权利，积极加入国际条约，以符合私权的发展方向，逐步完善我国知识产权制度。

三、从 TPP 到 CPTPP

TPP 的全称是《跨太平洋伙伴关系协定》（Trans-Pacific Partnership Agreement），其经济规模比有 27 个成员国的欧盟还要大。TPP 虽然已经成为历史，但是它的条款仍然发挥着"余热"，影响着世界，通过对它的研究，可以感知和预测我们未来社会的发展。

1. TPP 的发展历程

TPP 的由来与亚太经济合作组织（APEC）其实是紧密相关的，应当说，它实际上是 APEC 贸易自由化进程受挫后的产物。在 1997—1998 年间，APEC 早期自愿部门自由化（EVSL）计划失败，这意味着通过某些行业（部门）先行自由化然后推动全盘自由化的途径是行不通的。而工商界则希望早日达成贸易自由化规则。于是，一些 APEC 成员开始尝试在自由化道路上先迈一步，即不再等待全部 21 个成员一致同意后再缔结一个全区域的自由贸易协定，而是采取 21 减×（"21-×"）的办法，让愿意先走一步的成员通过自愿谈判，组成 APEC 区域内的小自由贸易区，以推动茂物目标的实现。但当时大部分成员认为这种方法会破坏 APEC 整体的贸易自由化进程，所以"21-×"办法并未提上 APEC 正式议程。但对此方法抱有热情的几个成员一直没有放弃努力。[1]

---

[1] 陆建人：《美国加入 TPP 的动因分析》，载《国际贸易问题》2011 年第 1 期，第 44—45 页。

2002年10月，在APEC墨西哥峰会期间，智利、新西兰、新加坡三国领导人开始了首次谈判，2005年7月18日三国最终签署TPP，2005年8月2日，文莱作为创始成员签署了TPP。2006年5月TPP付诸实施，成员之间彼此承诺在货物贸易、服务贸易、知识产权以及投资等领域相互给予优惠并加强合作。2006年5月1日，TPP对新西兰和新加坡生效，对智利和文莱生效的时间则分别为2006年11月8日和2009年7月1日。

TPP中最为核心的内容是关税减免，即成员90%的货物关税立刻免除，所有产品关税将在12年内免除。协议采取开放的态度，欢迎任何APEC成员参与，非APEC成员也可以参与。该协议的重要目标之一就是建立自由贸易区。

2008年2月美国宣布加入TPP，并于当年3月、6月和9月就金融服务和投资议题举行了3轮谈判。2008年9月，美国总统奥巴马决定参与TPP谈判，并邀请澳大利亚、秘鲁等国一同加入谈判。2009年11月，美国正式提出"扩大版TPP"计划，澳大利亚和秘鲁同意加入。2009年12月14日，美国政府正式通知国会决定加入谈判。美国借助TPP的已有协议，开始推行自己的贸易议题，全方位主导TPP谈判。自此，跨太平洋战略经济伙伴关系协议更名为跨太平洋伙伴关系协议，开始进入发展壮大阶段。2010年，马来西亚和越南也成为TPP谈判成员。作为第一个跨越太平洋东西岸，覆盖亚洲、美洲和大洋洲的多成员自由贸易协定，TPP最初由4个中小经济体组成，经济规模和影响力有限。但是，随着美国的加入，TPP从一个名不见经传的小型自由贸易协定，成为一个号称"高质量的21世纪"自由贸易协定，引起了全球的广泛关注。

第十一章 民法体系下知识产权法国际方面问题

2015年10月5日，12国[1]经贸部长宣布TPP谈判结束。与会各方认为，各方通过谈判达成了高标准、高追求、全面、平衡的协议，美国贸易代表办公室将其视为朝开放贸易和区域一体化的最终目标迈出的重要一步。这表明以美国为主导的TPP各项议题的谈判已经画上了句号，并在投资及知识产权等广泛领域达成了一致同意的、完善的统一规则，结束了这一阶段的主要工作，TPP谈判获得实质性突破。

2. TPP 内容

（1）总体性规定

TPP是一个综合性的自由贸易协定，共有30个章节，涵盖了几乎所有的贸易及与贸易相关的问题。它包括了一个典型的自由贸易协定的主要内容，但标准有所提高。在货物贸易方面，一是对一般货物贸易进行了规定，二是将货物贸易中的纺织品和服装贸易单独成章。TPP还规定了知识产权方面的内容和旨在确保TPP实现其潜力的"横向规定"，包括发展、竞争力、包容性、争端解决、例外和制度性安排。TPP致力于将亚太地区经济体整合为一个统一的大市场，其"水平状"的章节规定意在有更强更大的包容性。

经过10轮谈判，在2011年11月的APEC会议期间TPP成员宣布了TPP的基本框架，定义了TPP的五大特征：第一，实施全面的市场准入（Comprehensive Market Access）；第二，全面的区域化协议（Fully Regional Agreement）；第三，解决跨领域的贸易问题（Cross-Cutting Trade Issues）；第四，应对新贸易挑战（New Trade Challenges）；第五，保持协议的动态发展（Living Agreement）。

---

[1] 澳大利亚、文莱、加拿大、智利、日本、马来西亚、墨西哥、新西兰、秘鲁、新加坡、美国和越南。

有学者对 TPP 进行了总结：第一，跨度大；第二，网络化；第三，开放性；第四，质量高；第五，时代性。[1]

TPP 所涉及的对征收方面的规定和对争端解决方面的规定，应当引起我们足够的重视。同时，这些内容也是本书探讨 TPP 对我国知识产权事业的影响及我国的对策这些问题时所必须涉及的。

（2）TPP 关于知识产权部分的内容

TPP 成员同意在文本中表明，将共同致力于《TRIPS 协定》及有关公众健康的《TRIPS 与公共健康宣言》的实施。从 TPP 知识产权草案的内容看，该草案约有 3 万字。涉及了总则、合作、国际条约、透明度、商标和地理标志、计算机域名、著作权及邻接权、专利、农业化学品、知识产权执法等内容。

从 TPP 关于知识产权方面的内容看，其基本上以《TRIPS 协定》为蓝本，并在此基础上进一步提高了保护水平。其中有些内容则是对《TRIPS 协定》规定的强调。总体上，美国提出的是一个高标准、高水准的知识产权保护框架，体现了其力图在国际经济技术贸易中最大限度地强化其占优势的知识产权保护的用心。从多年来美国力图强化知识产权国际保护的事实看，知识产权正成为其在国际贸易竞争中取得优势地位的法宝。[2]

从美国贸易代表办公室于美国时间 2015 年 10 月 5 日在其官网公布的关于 TPP 知识产权部分的摘要上看，TPP 的"知识产权"章节涉及总则、合作、商标、地理标志、专利及未公开的实验和其他数据、工业设计、版权及相关权利、知识产权执法、

---

[1] 陆建人：《美国加入 TPP 的动因分析》，载《国际贸易问题》2011 年第 1 期，第 43—44 页。

[2] 冯晓青：《企业知识产权战略》（第 3 版），知识产权出版社 2008 年版，第 204 页。

第十一章 民法体系下知识产权法国际方面问题

互联网服务提供者、商业秘密和其他形式的知识产权以及知识产权执法和缔约方同意合作的相关领域等内容。在商标领域，TPP 延长了对商标的保护期限，扩大了可注册商标的范围，强化了对驰名商标的保护力度。在版权领域，TPP 规定了更长的保护期限，对规避技术措施进行刑事处罚，并要求缔约方在数字环境下探索维持版权体系平衡的方法。在地理标志部分，TPP 为地理标志的申请和注册规定了详细的实体规则和程序规则。在制药和药品领域，根据所公布的摘要，由于各缔约方达到 TPP 规定的标准可能需要不同的时间，TPP 还包含了这方面的相关规定。知识产权章还包含关于未披露测试的保护，以及对新药或者农业化学产品为获得市场准入而提交的其他信息的保护。在未公开的数据和其他实验方面，TPP 对"新药"下了定义，并规定了新药的保护期，给予未公开数据若干年独占的专有权利，要求各缔约方尽可能为新药进入市场的审批扫除障碍。按照 TPP 的说法，关于制药方面的规定，是为了促进创新的、拯救生命的药物的发展；TPP 又规定要保障大众可以获得普通的药物，并重申了缔约方于 2001 年在《TRIPS 协定》和公众健康方面对 WTO 作出的宣言，还特别确认了在诸如免疫系统流行病的情况下，不禁止缔约方为保护公众健康而采取措施的权利。在针对互联网服务提供者方面，TPP 规定各缔约方应当为网络服务者建立或保留一套版权安全港规则框架。在知识产权执法方面，TPP 规定了很多详细的条款，目的是打造强有力的执法体系。另外，TPP 还规定了对商业秘密的保护，并提供法律手段防止非法侵占商业秘密等。

3. TPP 发展为 CPTPP

2016 年 11 月 23 日，美国当选总统唐纳德·特朗普通过社交媒体公布美国将退出 TPP。

美国退出 TPP 后，TPP 群龙无首。TPP 也面临着新的路径选择。当时日本还是希望美国能回心转意；墨西哥倾向于追求成员之间的双边协定；澳大利亚则想邀请我国加入；智利也曾经邀请我国参加会议。但在当时，我国更看重的是 RCEP 和亚太自贸区的建设，因此并未加入。

之后，在日本的推动下，各国达成了一个高标准区域贸易协定，即《全面与进步跨太平洋伙伴关系协定》（CPTPP）。它是美国退出 TPP 后，经日本、澳大利亚、加拿大、新加坡等 11 国批准并正式生效的协定。其覆盖范围之广、涉及议题之多、开放水平之高，代表了当今世界多边自由贸易协定的最高标准。CPTPP 旨在以"自由、公平、包容"的开放原则，加强各缔约方之间的经贸联系和交流合作，推动亚太地区贸易投资自由化和促进经济一体化。在知识产权领域，CPTPP 虽然搁置了原 TPP 的部分条款，但总体上仍体现了后 TRIPS 时代知识产权国际规则的高标准严要求特征。

4. 我国的应对策略

从一开始，TPP 的经济和战略意义与其争议就是共存的，该协定的细节是否能够反映合理的政策是非常重要的，其中知识产权谈判的进展并不能算乐观。[1] 其一揽子谈判方式增加了谈判的难度。虽然我国官方曾经对 TPP 问题作出了积极的正面评价，体现了我国应有的包容和开放态度，但是面对"TPP 余量条款"对我国政治、经济社会产生的影响以及对我国知识产权事业的影响，我国必须及时研究并采取对策。长期以来，很多国内学者主要从国际政治角度对 TPP 战略性质加以剖析，法

---

[1] 丛立先：《〈跨太平洋伙伴关系协议〉知识产权谈判对我国的影响及其应对策略》，载《国际论坛》2014 年第 5 期，第 49 页。

律方面的分析较少。[1]下文将分析我国在应对"TPP 余量条款"中涉及知识产权方面应当采取的对策。

(1) 注重研究国内外情况

首先,要研究国外情况。

真正要将高标准的知识产权条款落实存在着巨大的难度,而并非一朝一夕能够达成,[2]对于这一现状我们要充分利用,以使我们能在区域贸易协定和亚太自贸区谈判中掌握主动权。

就日本来说,长期以来日本一直奉行多边主义的对外贸易政策。随着区域一体化在全球的快速发展,特别是我国积极推进中国—东盟自由贸易协定,日本担心在东亚一体化进程中被边缘化,开始重视区域和双边贸易投资自由化安排。[3]我国可以借鉴日本在双方谈判或者与他国谈判时的策略,就知识产权问题展开有针对性的研究,在区域贸易协议和亚太自贸协议谈判中知己知彼。

20 世纪 90 年代中期以前,韩国一直坚持多边主义和"贸易立国"的发展道路,重视多边贸易体系,如关税及贸易总协定和 WTO。1998 年东亚金融危机爆发后,韩国政府意识到对外部市场过度依赖的不可靠性。2003 年,韩国公布了自由贸易协定总体战略及实施路线图,开始积极建立共同防御危机的区域经济合作机制,推进区域一体化进程。当地区主义作为促进全球自由贸易的轴心之一出现后,韩国就与智利开展了第一个自由

---

[1] 余楠:《当前国内 TPP 研究述评》,载《上海海关学院学报》2012 年第 3 期,第 99—105 页。

[2] 亢梅玲、陈安筠:《TPP 中知识产权强保护与中国的策应》,载《亚太经济》2013 年第 6 期,第 58 页。

[3] 赵晋平等:《跨太平洋伙伴关系协定:经济影响与对策》,中国财政经济出版社 2013 年版,第 42 页。

贸易协定谈判。截至 2023 年，韩国已与全球 50 多个国家进行了自由贸易协定/区域自由贸易协定谈判。[1]

印度尼西亚则拒绝加入 TPP。有媒体报道，在这一决策的背后至少有两大原因。第一个原因在于，印尼政府认为印尼的工业，尤其是服务业，还不能与 TPP 的其他成员竞争。第二大原因在于，印尼希望将其精力集中在东盟经济共同体上。这反映了印尼在加入自由贸易协定时所面临的难题。[2]

越南也面临着许多 TPP 带来的困难，包括工会、在互联网上信息的自由流动、国有企业改革、农产品的市场准入、金融服务、电信服务、分销服务、政府采购和知识产权保护等。[3]但越南高度重视 TPP 的价值。

TPP 谈判也引发了新西兰国民和政府的担忧，例如，有人认为新西兰未全面了解 TPP 对新西兰对外贸易造成负面影响，也有人担忧新西兰药物采购体系会因 TPP 而受损，且 TPP 谈判过程中一些具体协定条文是否能达成符合新西兰利益的结果还有待观察。新西兰国民对投资议题的谈判也表示担忧。[4]

另外，作为 TPP 的创始成员的新加坡积极推动 TPP 谈判和

---

[1] [韩] Sangkyom Kim：《韩国与 TPP：选择与战略》，陈晓爽译，载唐国强主编：《跨太平洋伙伴关系协定与亚太区域经济一体化研究》，世界知识出版社 2013 年版，第 225 页。

[2] [印尼] 尤素夫·瓦南迪、雷蒙德·阿特贾：《TPP：印度尼西亚的视角》，谢卉译，载唐国强主编：《跨太平洋伙伴关系协定与亚太区域经济一体化研究》，世界知识出版社 2013 年版，第 291 页。

[3] [越南] HO Hong Hanh：《越南加入 TPP 的意义》，张键译，载唐国强主编：《跨太平洋伙伴关系协定与亚太区域经济一体化研究》，世界知识出版社 2013 年版，第 263 页。

[4] 徐秀军：《俄罗斯、加拿大、新西兰的 TPP 战略》，载唐国强主编：《跨太平洋伙伴关系协定与亚太区域经济一体化研究》，世界知识出版社 2013 年版，第 315、317 页。

扩大。文莱想利用 TPP 促进其经济多元化，提升其国际地位。马来西亚则期待 TPP 促进其经济发展，但不妨碍东盟优先地位。菲律宾原先希望将 TPP 作为巩固其与美国同盟关系的一部分，但目前已宣布退出 TPP。泰国积极表示参与，但谨慎评估 TPP 对其带来的影响。

其次，要研究 TPP 与我国知识产权制度及保护的差异。

就国内情况来说，我国与 TPP 的要求还有较大差距，包括商标权、地理标志、专利权、著作权保护等方面。另外，TPP 还扩大了侵权认定范围，提高了损害赔偿额，增加了侵权适用条件，扩大了侵权信息的适用范围和边境执法的范围，加大了对侵权货物的执法力度。

（2）推进自贸协议谈判

我国在这方面可以采取知识产权谈判与其他内容谈判互相支援、交互进行的方式。我国应当以市场为基础和导向，使市场更加自由化。"TPP 余量条款"不可避免地对我国经济领域乃至政治领域造成了强大冲击，但是 TPP 始终是区域性质的贸易安排。因此，只要我国积极发展各种双边或者区域性的贸易安排，并积极考虑各类双边和区域国家的利益，在平等互利的基础上开展贸易往来，就一定能够有所作为。在各类谈判中，我国要发挥自己的积极作用，积极照顾到各方的关切。只要使各谈判方意识到我国是一个可信赖、可依靠、可以考虑对方利益、对大家都有利的贸易伙伴，我国的区域性的贸易安排就一定能够取得更好的效果。

（3）为不断适应 CPTPP 高标准规则作准备

积极参与区域贸易一体化是构建当代我国国际法学话语权的基本原则。要发挥自身的影响力，积极参与。鉴于我国开展改革的能力，我国会力推自己关心的区域贸易协定和亚太自贸区建设。

众所周知,建立亚太自由贸易区是我国认可的共识,且我国希望推动该共识的实现。我国应当密切关注区域谈判的进展,积极推动亚洲自由贸易进程。当前,RCEP被视为经济一体化、创建亚太自由贸易区的重要路径。[1]

由于我国已经申请加入CPTPP,我们也应当考虑它的高标准规则。我国应针对自己的薄弱环节,加快体制改革,适应新的形势。对知识产权来说,要紧跟CPTPP条款,在维护国家利益的前提下缩小与发达国家的差距,积极修改相关知识产权法律。

四、我国加入CPTPP的机遇与挑战

目前我国已正式提出申请加入CPTPP,正处在与相关成员进行沟通磋商的关键阶段,因此需要系统分析和深入研究CPTPP条款,并在厘清我国相关规则与其存在的差异的基础上,进一步研究加入CPTPP的对接措施和改革路径。

1. CPTPP知识产权条款总体分析

根据CPTPP的规定,任何缔约方不得要求注册的商标可被视觉感知,也不得因该标记仅由声音组成而拒绝注册[2],由此可知,该协定没有将注册商标的条件局限于视觉可知性,而是扩展到了声音。

在驰名商标的保护方面,CPTPP在成员之间降低了对驰名

---

〔1〕 [新加坡]杉齐塔·巴苏·达斯:《用TPP遏制中国:神话还是现实?》,载唐国强主编:《亚太与东亚区域经济一体化形势与建议》,世界知识出版社2013年版,第272页。

〔2〕 参见CPTPP第十八章知识产权,C节:商标,第18.18条可注册为商标的标志类型。

第十一章 民法体系下知识产权法国际方面问题

商标的认定条件，即不得以在另一管辖范围是否已经注册、是否列入驰名商标名单和是否已被承认为驰名商标为条件。[1]因此在另一成员国认定驰名商标不再依据其商标是否在来源国进行了注册或者是否被认定为驰名商标，只要其商标能够产生识别作用并能在公众之间具有较高的知名度即可。

在地理标志的保护方面，CPTPP 为地理标志中的单一惯用名称和复合名称提供了指南。单一名称是否属于惯用名称，应当根据消费者的理解来确定，具体包括字典、报纸等来源；[2]而复合名称中的单独组成部分如是作为通用语言，那么该组成部分在当地不受保护，[3]例如一般的地理标志产品的结构为"地名+产品"，若其中一个单独组成部分在另一缔约方属于通用语言，则不受保护，保护的为单独组成部分的另外一部分。随着跨境贸易的增加，CPTPP 对地理标志的保护主要有三种模式可供选择：商标、专门制度或其他法律手段。[4]虽然我国地大物博，物产丰富，拥有众多优质的地理标志资源，但是关于地理标志的专门研究和制度建设起步较晚，直至 2001 年为履行入世承诺才正式将地理标志的概念引入商标法中。我国在地理标志保护体系上同大部分 WTO 成员方一样采用多种保护方式，主要借鉴欧洲专门立法和美国商标法两大保护模式，逐步形成了带有本土特色的双轨制法律保护体系，即除《商标法》外，还通过《地理标志产品保护规定》和《农产品地理标志管理办法》对地理标志进行专门规定。在管理机构上，原来由国家工

---

〔1〕 参见 CPTPP 第十八章知识产权，C 节：商标，第 18.22 条驰名商标第 1 款。
〔2〕 参见 CPTPP 第十八章知识产权，E 节：地理标志，第 18.33 条确定一名称是否属于通用语言中惯用名称的指南。
〔3〕 参见 CPTPP 第十八章知识产权，E 节：地理标志，第 18.34 条复合名称。
〔4〕 参见 CPTPP 第十八章知识产权，E 节：地理标志，第 18.30 条地理标志的承认。

商行政管理总局、国家质量监督检验检疫总局和农业农村部负责有关地理标志的集体或证明商标、地理标志产品以及农产品地理标志的注册管理等。随后经过机构改革，国家知识产权局统筹商标和地理标志产品的注册登记与行政裁决。双轨制多部门的保护体系很容易导致"一地多标"现象的发生，重复保护下权利主体并不当然一致，再加上地理标志立法的分散以及管理机构之间彼此相对独立，缺乏有效的协调配合，产生权利冲突在所难免。应当说地理标志与在先商标的权利冲突一直都是国际地理标志保护制度中争论较多的议题。由于我国地理标志保护存在多种体制并行、多种权利并存的情况，各管理部门之间缺乏有效沟通协调，地理标志与在先商标的权利冲突在所难免。管理体制的不清晰和立法的不完善，使得二者的冲突问题难以有效解决。2021年底，国家知识产权局下发了《地理标志保护和运用"十四五"规划》，明确新时期要进一步提高地理标志保护水平，做好专门法保护和商标法保护的衔接协调，并积极开展地理标志国际交流合作。因此，在我国加入CPTPP的关键时期，如何在适应我国国情的基础上对标相关规则，完善地理标志与在先商标冲突的解决方案值得进一步研究与探讨。

在版权方面，CPTPP重申了权利人的复制权、向公众传播权、发行权和相关权。[1]为保护版权在数字化下的发展，CPTPP在第18.58条中赋予作者、表演者和录音制品制作者授予或禁止对其作品、表演和录音制品以任何方式或形式进行的所有复制的专有权，包括电子形式。[2]特别是，CPTPP取消了传统

---

〔1〕 参见CPTPP第十八章知识产权，H节：版权和相关权，第18.58条至第18.62条。

〔2〕 参见CPTPP第十八章知识产权，H节：版权和相关权，第18.58条复制权。

的版权和相关权的层级制度。[1] CPTPP 对版权和相关权的保护可达到 70 年，这对我国提出了严峻的挑战。

在技术保护措施（TPMs）与权利管理信息（RMI）方面，CPTPP 要求缔约方提供充分的法律保护和有效的法律救济，防止规避作者、表演者和录音制品制作者在行使其权利时使用的、对其作品未经授权行为加以限制的有效技术措施。[2]

在互联网服务提供者保护方面，CPTPP 为互联网服务提供者提供了"法律救济和安全港"保护，实现互联网服务提供者在互联网中的责任豁免。[3]

在专利方面，CPTPP 规定了可授予专利的客体的条件，只要该发明具有新颖性、非显而易见性和实用性就可以授予，不论是方法发明、工序发明还是用途发明。[4] 除此之外，协定第 18.37 条第 3 款还规定了不可专利的条件以及相关内容。另外，CPTPP 对专利的宽限期进行了规定。TPP 中首次规定了专利宽限期义务，CPTPP 作为 TPP 的延续也在不断发展。[5] CPTPP 规定，缔约方应自申请日或最早的优先权申请日起 18 个月届满后迅速公布未决专利申请，若未迅速公布，则应尽快公布该申请或相应专利。[6] CPTPP 强调应保证对工业品外观设计提供充分

---

[1] 参见 CPTPP 第十八章知识产权，H 节：版权和相关权，第 18.61 条无层级。

[2] 参见 CPTPP 第十八章知识产权，H 节：版权和相关权，第 18.68 条技术保护措施（TPMs）。

[3] 参见 CPTPP 第十八章知识产权，J 节：互联网服务提供商，第 18.82 条法律救济和安全港。

[4] 参见 CPTPP 第十八章知识产权，F 节：专利和未披露试验数据或其他数据，第 18.37 条可授予专利的客体。

[5] 参见张乃根：《试析 TPP 知识产权条款的 TRIPS 追加义务》，载《海关与经贸研究》2016 年第 4 期，第 18 页。

[6] 参见 CPTPP 第十八章知识产权，F 节：专利和未披露试验数据或其他数据，第 18.44 条专利申请的公布。

有效的保护,不仅包括部分外观设计,还包括整体外观设计。[1]在专利期限的调整方面,CPTPP知识产权章节F节"专利和未披露试验数据或其他数据"部分涉及两个专利期限的调整,一个是A款下的普通专利申请因授权机关不合理延迟而调整专利期,另一个为C款下与药品相关的以补偿因上市审批程序而造成的药品有效专利期限的不合理缩短。在药品保护方面,各国政府应为原研药提供创新发展的空间和平台,必须控制药品的价格、质量和供应,使药品的可及性能够实现。[2]CPTPP重新定义了药品专利的含义,新药品不包含已经在缔约方获得批准的药品。[3]

总体来说,CPTPP内容之多,本书难以周全,仅提出一些参考意见,以备进一步研究。

2. 加入CPTPP总体上对我国有利

在经历了美国的退出、日本的接手以及对TPP的搁置修改后,CPTPP的签署生效推动了国际经贸规则和秩序的新变化。作为亚太地区经济影响力较强的国家,中国对CPTPP的态度受到国内外的广泛关注。2020年11月,国家主席习近平曾明确表示中国将积极考虑加入CPTPP,[4]向国际社会释放出中国积极参与CPTPP的信号。经过全面深入的分析研判,2021年9月16日中国提交了正式申请加入CPTPP的书面信函,按照加入程序开启了与相关成员的沟通和磋商。可以认为,加入CPTPP总体

---

[1] 参见CPTPP第18章知识产权,G节:工业品外观设计,第18.55条保护。

[2] Ravikant Bhardwaj, "The Impact of Patent Linkage on Marketing of Generic Drugs", *J. of Intell. Prop. Rts.*, Vol. 18, No. 4, 2013, pp. 316-322.

[3] 参见CPTPP第十八章知识产权,F节:专利和未披露试验数据或其他数据,第18.52条新药品的定义。

[4] 在2020年11月的亚太经合组织领导人非正式会议上,中国国家主席习近平首次表示中国将积极考虑加入CPTPP。

第十一章　民法体系下知识产权法国际方面问题

上对我国有利。[1]

3. CPTPP给我国带来的挑战和机遇

虽然搁置和放弃了TPP中的部分条款，CPTPP的经贸规则仍代表了当前区域贸易协定的最高标准和水平。其开放性、全面性、进步性的特征，使得CPTPP从谈判到生效都受到世界瞩目，较高程度的贸易自由化极大地增强了对其他非成员的吸引力。有学者评价称CPTPP将成为塑造国际秩序的"桥头堡"和"风向标"。[2]那么作为对亚太地区经济合作发挥重要作用的国家，我国出于何种考量选择积极加入CPTPP呢？笔者认为，可以从国内外形势以及经济层面上进行分析。2020年党的十九届五中全会提出了两个循环新发展格局。[3]在新发展阶段，既要持续深化改革，又要提高对外开放水平。一方面，CPTPP的经贸规则设置了较高的标准，虽然其进入门槛对我国来说是个不小的挑战，但是差距的存在更有助于倒逼自身发展，深入推进我国在投资、环境保护、劳工权益、国有企业等领域的改革。加入CPTPP不仅提供了改革的动力因素，还使得改革开放工作更具有目标性和针对性[4]。尤其是在知识产权领域，CPTPP从实体和程序上对专利、版权、商标、地理标志等提出了较高标准的要求。而在贸易竞争中，部分国家往往会凭借其优势地

---

[1]　参见刘向东、李浩东：《中国提出加入CPTPP的可行性与实施策略分析》，载《全球化》2019年第5期，第60—61页。

[2]　CPTPP的率先签署和实施，在一定程度上改变了亚太经贸合作的格局，带动了亚太区域产业价值链的重组，成为国际经贸秩序和格局变动的"桥头堡"与"风向标"。参见李春顶、张瀚文：《CPTPP：引领国际经贸秩序和规则的风向标》，载《世界知识》2021年第4期，第16页。

[3]　2020年党的十九届五中全会提出，要加快构建以国内大循环为主体、国内国际双循环相互促进的新发展格局。

[4]　参见周汉民、黄骅：《中国加入CPTPP之必要性与可行性分析》，载《上海对外经贸大学学报》2021年第3期，第8页。

位，从知识产权入手实施贸易壁垒或者经济制裁。因此为进一步提高我国的市场竞争力，对照 CPTPP 的知识产权保护规则来完善国内相关法律法规具有重要的意义。另一方面，从战略上来讲，CPTPP、RCEP 等自贸协定的签署逐步推动着亚太地区经贸一体化建设。我国已积极参与 RCEP 的签署实施，若再加入 CPTPP，将会与 RCEP 相得益彰。[1] 加入 CPTPP 的谈判过程不仅会提升我国主动接受新规则的能力，也有助于增强我国在全球贸易治理体系中的话语权和主导权。2022 年 3 月 1 日，我国商务部副部长王受文在回答记者提问时就曾表示 CPTPP 与我国发展方向相一致。[2] 因此，可以说加入 CPTPP 是我们统筹国内国际双循环的重要尝试和机遇。此外，CPTPP 本质上还是一个以投资、贸易为主要内容的高度自由化的区域贸易协定，除了具有一定的战略意义，其经济效益和投资效益也不容小觑[3]。有专家分析，在 CPTPP 保持现有规模或继续扩容的情形下，加入 CPTPP 将给中国带来可观的经济收益。

  同时，也应当承认，由于我国目前的国际经贸规则与高标准的 CPTPP 仍存在差距，[4] 未来在谈判期间将会面临多方面的

---

〔1〕 这样将进一步推动中国与亚太区域国家的经贸合作，中国也将能够成为全球经贸新规则的制定者和参与者，推动形成全面开放的新格局。参见李春顶、张瀚文：《CPTPP：引领国际经贸秩序和规则的风向标》，载《世界知识》2021 年第 4 期，第 18 页。

〔2〕 "CPTPP 是一个高标准的国际经贸协定，这个高标准和中国进一步深化改革、扩大开放的方向是一致的"。《申请加入 CPTPP 是中国新时代扩大对外开放的一个重要举措》，载 http://chinawto.mofcom.gov.cn/article/e/r/20220303286762.shtml，最后访问日期：2024 年 7 月 7 日。

〔3〕 参见周汉民、黄骅：《中国加入 CPTPP 之必要性与可行性分析》，载《上海对外经贸大学学报》2021 年第 3 期，第 9 页。

〔4〕 但是我们也应当以开放的心态看待 CPTPP 的高标准。参见朱秋沅：《中国视角下对 TPP/CPTPP 知识产权边境保护条款的考量及相应建议》，载《电子知识产权》2018 年第 3 期，第 23 页。

问题。即使是对接难度最小的知识产权条款，也需要进一步缩小差距。从国内外形势和经济层面来看，加入 CPTPP 对我国进一步深化改革和提高对外开放水平是非常有必要的。不仅如此，通过在 RCEP、"一带一路"建设以及其他区域贸易协定的积极参与，我国已逐步建立和完善了相应的国际经贸规则和制度，可以说我国当前的政治、经济、法治环境都为加入 CPTPP 提供了有力的保障。尤其是在知识产权领域，我国《著作权法》《专利法》等相关法律法规的修订和完善，已逐步接近 CPTPP 标准。再加上 CPTPP 搁置了 TPP 知识产权条款中争议较大的内容，实际上降低了此部分的加入门槛。因此，在知识产权领域，我国与 CPTPP 相关规则对接的难度和压力相对较小，当前需要以更加积极的心态推动国内知识产权规则的完善，在找准差距的同时理性探析并提出应对之策。总之，CPTPP 高水准的经贸规则既带来不少挑战和困难又为我国提供了重要的发展机遇。

参考文献

中文类：

1. 蔡虹、吴凯、蒋仁爱：《中国最优知识产权保护强度的实证研究》，载《科学学研究》2014年第9期。
2. 曹新明：《知识产权与民法典连接模式之选择——以〈知识产权法典〉的编纂为视角》，载《法商研究》2005年第1期。
3. 柴国生：《科技精准供给驱动乡村振兴的时代必然与现实路径》，载《科学管理研究》2021年第1期。
4. 陈柏安：《论多维视角下的"一稿多投"和"一稿多发"——兼评报刊杂志对其发表的作品的独占使用权》，载《知识产权法研究》2008年第2期。
5. 陈波：《"是"的逻辑哲学分析》，载《中国社会科学》1993年第1期。
6. 陈福利：《知识产权国际强保护的最新发展——〈跨太平洋伙伴关系协定〉知识产权主要内容及几点思考》，载《知识产权》2011年第6期。
7. 陈家骏：《共同守法 互相尊重 杜绝一稿多投——兼与黄传生先生商榷》，载《编辑学报》2005年第1期。
8. 陈荣新：《解释论视角下电商平台侵权责任的判断方法》，载《法律方法》2021年第1期。
9. 《日本保持创新活力 法律制度随行护航——专访中日青年产学联合会代表理事陈霄明》，载《科技日报》2021年2月1日，第4版。
10. 陈新民：《德国公法学基础理论》（上下册），山东人民出版社2001

年版。

11. 陈星、杨小艺：《论电商平台经营者"相应的责任"的法律适用》，载《重庆邮电大学学报（社会科学版）》2020 年第 4 期。
12. 丛立先：《〈跨太平洋伙伴关系协议〉知识产权谈判对我国的影响及其应对策略》，载《国际论坛》2014 年第 5 期。
13. 崔国斌：《基因技术的专利保护与利益分享》，载《法律文摘》编委会编：《透视专利权》，吉林人民出版社 2001 年版。
14. 邓明峰、王华、胡卿：《我国民族中医药传统知识专利保护研究》，载《贵州民族研究》2018 年第 12 期。
15. 邓鹏：《数字经济时代知识产权的机遇与挑战》，载《中国发明与专利》2020 年第 9 期。
16. 邓社民：《我国民法典分则编纂中的知识产权立法构想》，载《法学评论》2017 年第 5 期。
17. 邓晓芒：《邓晓芒讲黑格尔》，北京大学出版社 2006 年版。
18. 董涛：《"中国特色知识产权理论体系"研究论纲》，载《知识产权》2013 年第 5 期。
19. 杜颖：《知识产权"入典"的思考》，载《北方法学》2018 年第 3 期。
20. 樊莹：《RCEP：重塑亚太经济合作与筑基新发展格局》，载《当代世界》2021 年第 8 期。
21. 方新军：《盖尤斯无体物概念的建构与分解》，载《法学研究》2006 年第 4 期。
22. 费安玲：《著作权权利体系之研究——以原始性利益人为主线的理论探讨》，华中科技大学出版社 2011 年版。
23. 丰延东、余茂艳、陈劲：《基于乡村振兴背景下的我国农业专利产出、转化及作用研究》，载《软科学》2020 年第 4 期。
24. 《"四大检察"与民法典的实施》，载《检察日报》2020 年 8 月 3 日，第 3 版。
25. 冯晓青、刘友华：《专利法》，法律出版社 2010 年版。
26. 冯晓青：《企业知识产权战略》（第 3 版），知识产权出版社 2008 年版。

27. 冯晓青：《我国著作权客体制度之重塑：作品内涵、分类及立法创新》，载《苏州大学学报（法学版）》2022 年第 1 期。
28. 冯晓青：《知识产权法利益平衡理论》，中国政法大学出版社 2006 年版。
29. 冯晓青：《著作权法》，法律出版社 2010 年版。
30. 冯晓青主编：《知识产权法前沿问题研究》，中国人民公安大学出版社 2004 年版。
31. 付双、付萍：《虚假宣传和商业诋毁的比较分析》，载《法制与社会》2007 年第 4 期。
32. 傅钢：《知识产权法典化应当缓行》，载《中华商标》2003 年第 6 期。
33. 高飞：《合法性、嵌入性与'失准'的精准扶贫——一个新制度主义的视角》，载《北京社会科学》2019 年第 7 期。
34. 葛春娱、黄明理：《和谐核心价值观的创新及其践行面临的挑战与应对》，载《河海大学学报（哲学社会科学版）》2017 年第 4 期。
35. 管育鹰：《CPTPP 知识产权条款及我国法律制度的应对》，载《法学杂志》2022 年第 2 期。
36. 郭禾、张新锋：《民法典编纂背景下的知识产权法体系化路径》，载《知识产权》2020 年第 5 期。
37. 韩剑、许亚云：《RCEP 及亚太区域贸易协定整合——基于协定文本的量化研究》，载《中国工业经济》2021 年第 7 期。
38. 何华：《〈民法总则〉第 123 条的功能考察——兼论知识产权法典化的未来发展》，载《社会科学》2017 年第 10 期。
39. 侯志强：《公平竞争审查制度的法律属性和立法定位》，载《河南教育学院学报（哲学社会科学版）》2019 年第 2 期。
40. 胡波：《知识产权法哲学研究》，载《知识产权》2015 年第 4 期。
41. 胡常峰：《地理标志国际保护的嬗变——以里斯本协定日内瓦文本为考察对象》，载《甘肃政法学院学报》2019 年第 6 期。
42. 胡锦光、王锴：《论公共利益概念的界定》，载《法学论坛》2005 年第 1 期。

43. 胡开忠、许福忠、陈大林：《我国权利管理电子信息制度的立法设计》，载《厦门大学法律评论》2005年第2期。

44. 胡凯、吴清、胡毓敏：《知识产权保护的技术创新效应——基于技术交易市场视角和省级面板数据的实证分析》，载《财经研究》2012年第8期。

45. "两种克隆在伦理与社会方面的影响"，载张乃根、[法]米雷埃·德尔玛斯-玛尔蒂主编：《克隆人：法律与社会》（第二卷 比较），复旦大学出版社2004年版。

46. 华劼：《〈区域全面经济伙伴关系协定〉知识产权章节评述》，载《重庆理工大学学报（社会科学）》2017年第5期。

47. 黄文艺：《构建中国特色社会主义法律理论体系》，载《社会科学战线》2011年第11期。

48. 黄右昌：《罗马法与现代》，中国方正出版社2006年版。

49. 黄玉烨、李青文：《我国知识产权上诉审理机制的变革与优化之策——由知识产权法庭到知识产权上诉法院》，载《东南学术》2020年第5期。

50. 贾玉慧：《法哲学视域下的知识产权》，载《法制与社会》2009年第30期。

51. 江必新：《完善中国特色社会主义法律体系》，载《中国人大》2020年第23期。

52. 蒋慧：《RCEP背景下中国—东盟商事仲裁协同机制研究》，载《江汉论坛》2021年第8期。

53. 金可可：《论人文主义法学中对人权与对物权的区分》，载《西南民族大学学报（人文社科版）》2005年第4期。

54. 金可可：《私法体系中的债权物权区分说——萨维尼的理论贡献》，载《中国社会科学》2006年第2期。

55. 金晓彤、左晓萌、赵雨柔：《我国民间资本与农村文化产业融合发展研究——乡村振兴战略背景下的内在逻辑、现实困境与推进路径》，载《延边大学学报（社会科学版）》2020年第6期。

56. 亢梅玲、陈安筠：《TPP 中知识产权强保护与中国的策应》，载《亚太经济》2013 年第 6 期。
57. 文聘元：《对世界的基础性分析》，上海社会科学院出版社 2010 年版。
58. 孔祥俊：《反不正当竞争法新论》，人民法院出版社 2001 年版。
59. 孔祥俊：《商标与不正当竞争法：原理和判例》，法律出版社 2009 年版。
60. 兰红丽：《中国加入 RCEP 协定背景下知识产权保护的监管研究》，载《对外经贸》2021 年第 8 期。
61. 李琛：《论知识产权法的体系化》，北京大学出版社 2005 年版。
62. 李春顶、张瀚文：《CPTPP：引领国际经贸秩序和规则的风向标》，载《世界知识》2021 年第 4 期。
63. 李复达：《"一带一路"下中国知识产权保护与发展的意义、现状及策略》，载《广西社会科学》2020 年第 4 期。
64. 李海燕、刘卓：《乡村振兴战略布局下农业知识产权助力产业发展的路径探究》，载《农业与技术》2020 年第 7 期。
65. 李军政：《知识产权法的体系化》，载《经济导刊》2011 年第 1 期。
66. 李立：《商业诋毁构成要素再成热门话题》，载《法治日报》2010 年 12 月 16 日，第 10 版。
67. 李平、宫旭红、齐丹丹：《中国最优知识产权保护区间研究——基于自主研发及国际技术引进的视角》，载《南开经济研究》2013 年第 3 期。
68. 李双元、温世扬主编：《比较民法学》，武汉大学出版社 2016 年版。
69. 李锡鹤：《民法原理论稿》（第二版），法律出版社 2012 年版。
70. 李鑫淼：《"区块链+个人征信"业务的个人信息权保护》，载《证券法律评论》2019 年。
71. 李延生：《举报同行是否"不正当"？》，载《中国企业报》2011 年 1 月 18 日，第 6 版。
72. 李扬、陈曦程：《论著作权惩罚性赔偿制度——兼评〈民法典〉知识产权惩罚性赔偿条款》，载《知识产权》2020 年第 8 期。
73. 李杨：《从作品独占论到著作权工具论——〈知识财产法哲学〉读后的一点思考》，载《知识产权研究》2021 年第 1 期。

74. 李迎春：《法律工具主义的"七宗罪"》，载《中小企业管理与科技（上旬刊）》2008 年第 7 期。
75. 李雨峰：《知识产权立法的另类模式》，载《电子知识产权》2005 年第 8 期。
76. 梁慧星主编：《民商法论丛》（总第 22 卷），金桥文化出版（香港）有限公司 2002 年版。
77. 梁上上：《论商誉和商誉权》，载《法学研究》1993 年第 5 期。
78. 梁婉颖、杨军：《乡村振兴战略背景下农村文化资源传承创新法治保障方略》，载《云南民族大学学报（哲学社会科学版）》2020 年第 1 期。
79. 梁治平编：《法律的文化解释》，生活·读书·新知三联书店 1994 年版。
80. 林兰：《东京产学研合作创新的经验与启示》，载《科技中国》2018 年第 10 期。
81. 林韶：《电子商务平台知识产权恶意投诉的竞争法规制》，载《电子知识产权》2023 年第 9 期。
82. 刘彬、余相山：《中国自由贸易协定知识产权执行条款研究——兼评中国加入 CPTPP 的相关挑战》，载《国际法学刊》2022 年第 1 期。
83. 刘春田：《知识财产权解析》，载《中国社会科学》2003 年第 4 期。
84. 《专利 国家与发明人的契约》，载《北京日报》2016 年 3 月 23 日，第 16 版。
85. 刘国栋：《地理标志与普通商标冲突的解决适用禁止混淆原则》，载《中华商标》2014 年第 9 期。
86. 刘杰勇、丁岚：《商业诋毁行为主体认定的困境与纾解——以 3002 件案例为分析对象》，载《兰州学刊》2025 年第 1 期。
87. 刘强、孙青山：《〈民法典〉知识产权条款立法研究——兼论"民商知合一"立法体例的构建》，载《中南大学学报（社会科学版）》2020 年第 6 期。
88. 刘胜红：《新〈著作权法〉实施的意义与相关内容解读》，载《出版参考》2021 年第 3 期。

89. 刘文献：《知识产权本质主义的哲学问题与出路——基于维特根斯坦后期哲学理论视角》，载《河北法学》2015 年第 7 期。
90. 刘向东、李浩东：《中国提出加入 CPTPP 的可行性与实施策略分析》，载《全球化》2019 年第 5 期。
91. 刘学敏：《以科技创新助力脱贫攻坚与乡村振兴衔接》，载《开放导报》2021 年第 3 期。
92. 刘延玲：《"一稿多投"的背后——从"一稿两投"、"一稿多投"到"一稿多发"、"重复发表"》，载《社会科学管理与评论》2011 年第 1 期。
93. 刘艳丽、李佩刚：《美国知识产权制度建设研究与思考》，载《国防科技工业》2021 年第 8 期。
94. 刘影：《日本知识产权制度的历史考察及启示》，载《国外社会科学前沿》2020 年第 11 期。
95. 刘永安：《凯·尼尔森对唯物史观道德立场的澄清与阐释》，载《理论探索》2012 年第 5 期。
96. 刘泽刚：《欧盟个人数据保护的"后隐私权"变革》，载《华东政法大学学报》2018 年第 4 期。
97. 龙文懋：《知识产权法哲学初论》，人民出版社 2003 年版。
98. 陆建人：《美国加入 TPP 的动因分析》，载《国际贸易问题》2011 年第 1 期。
99. 吕明瑜：《竞争法制度研究》，郑州大学出版社 2004 年版。
100. 马建平：《一稿多投正当性的法理分析及其权利规制》，载《现代出版》2012 年第 3 期。
101. 马俊驹、余延满：《民法原论》（第四版），法律出版社 2010 年版。
102. 马忠法、王悦玥：《RCEP 与 CPTPP 鼓励性知识产权条款与中国因应》，载《云南社会科学》2022 年第 4 期。
103. 马忠法、王悦玥：《国际贸易中的知识产权"隐性壁垒"与中国因应》，载《上海对外经贸大学学报》2024 年第 2 期。
104. 孟夏、孙禄：《RCEP 服务贸易自由化规则与承诺分析》，载《南开学报（哲学社会科学版）》2021 年第 4 期。

105. 米睿：《数据获取及运算冲击隐私权的法控研究》，载《东南大学学报（哲学社会科学版）》2018 年第 S2 期。

106. 米新丽、刘正之：《论电子商务平台的安全保障义务》，载《行政管理改革》2020 年第 11 期。

107. 闵森：《欧洲知识产权保护的历史》，载《中外企业文化》2018 年第 11 期。

108. 倪振峰编著：《竞争法案例教程》，复旦大学出版社 2005 年版。

109. 彭诚信：《私权的层次划分与体系建构》，载《法制与社会发展》2009 年第 1 期。

110. 彭峰：《商誉的界定及其刑法保护》，载《商业时代》2006 年第 19 期。

111. 彭礼堂、武芳：《从公共利益角度论我国反不正当竞争法的完善》，载《经济法论丛》2006 年。

112. 戚建刚：《论我国知识产权行政保护模式之变革》，载《武汉大学学报（哲学社会科学版）》2020 年第 2 期。

113. 齐凤杰：《大数据时代公民隐私权法律保护探论》，载《许昌学院学报》2019 年第 1 期。

114. 钱矛锐：《商誉权法律属性争执之澄清》，载《商场现代化》2007 年第 6 期。

115. 乔永忠：《知识产权管理专题研究》，知识产权出版社 2015 年版。

116. 丘杉：《中美贸易摩擦的战略考察》，社会科学文献出版社 2009 年版。

117. 屈丽丽：《商业诋毁边界难定 同业监督仍滞后》，载《中国经营报》2011 年 5 月 9 日，第 B15 版。

118. 任平：《知识产权的本质》，载《合作经济与科技》2006 年第 15 期。

119. 任宇波：《最早的商标："刘家功夫针铺"》，载《大众日报》2012 年 10 月 9 日，第 17 版。

120. 邵建东编著：《竞争法教程》，知识产权出版社 2003 年版。

121. 沈杰：《关于防止一稿多投的体会》，载《编辑学报》2006 年第 S1 期。

122. 沈铭辉、李天国：《区域全面经济伙伴关系：进展、影响及展望》，载

《东北亚论坛》2020年第3期。

123. 沈伟：《我国知识产权纠纷多元化解决机制研究》，载《电子知识产权》2015年第8期。

124. 石超、武迪：《论知识产权助推乡村振兴的理论基点与实现路径》，载《湖北工程学院学报》2019年第5期。

125. 刘波林译：《保护文学和艺术作品伯尔尼公约（1971年巴黎文本）指南（附英文文本）》，中国人民大学出版社2002年版。

126. 宋保胜等：《科技创新服务乡村振兴的内在逻辑及有效供给路径研究》，载《科学管理研究》2020年第5期。

127. 宋才发、宋强：《乡村振兴制度建设的内涵及路径探讨》，载《贵州民族研究》2020年第1期。

128. 宋锡祥、周圣：《TPP最终文本对商标权的规制及其对中国的影响与对策》，载《上海大学学报（社会科学版）》2016年第3期。

129. 苏喆、尉德翠：《动漫产业发展需要政策和新型法律机制的双重推动》，载《天津法学》2010年第2期。

130. 孙赫：《知识产权保护强度测量方法研究述评》，载《科学学研究》2014年第3期。

131. 孙晶：《从工具主义到人本主义：国家治理理念的现代化重塑》，载《理论导刊》2022年第1期。

132. 孙莉：《老概念新思考：知识产权专家纵论商业诋毁构成要素》，载《中国发明与专利》2010年第12期。

133. 孙善微：《电商平台经营者侵权责任研究——连带责任与按份责任之争》，载《北方经贸》2019年第8期。

134. 孙阳：《论诚实信用原则下合理使用规则的解释范式》，载《海峡法学》2021年第3期。

135. 孙阳：《论人工智能的规范构建——以诚实信用原则为依托》，载《科技与法律（中英文）》2021年第4期。

136. 孙颖、袁也然：《电子商务平台经营者特殊法律地位及其义务性质再界定》，载《中国市场监管研究》2019年第7期。

137. 唐剑：《西部地区实施乡村振兴战略的特色文化路径——基于四川省的实证分析》，载《华东经济管理》2018年第11期。

138. 陶涛、朱子阳：《RCEP、区域生产网络重构与双循环新发展格局构建》，载《新视野》2021年第5期。

139. 田宏伟：《法律工具主义的"是""非"与法律信仰》，载《贵州社会科学》2011年第10期。

140. 田苏洁、马欲洁：《从韩国知识产权局年度报告谈专利审查提质增效》，载《法制与社会》2020年第17期。

141. 汪超、金燕：《CPTPP协定与我国法律体系中的知识产权保护》，载《法律适用》2022年第2期。

142. 汪冬华、马艳梅编著：《多元统计分析与SPSS应用》（第二版），华东理工大学出版社2018年版。

143. 汪三贵、郭子豪：《论中国的精准扶贫》，载《贵州社会科学》2015年第5期。

144. 汪堂家：《道德自我、道德情境与道德判断——试析杜威道德哲学的一个侧面》，载《江苏社会科学》2005年第5期。

145. 汪子嵩、王太庆：《关于"存在"和"是"》，载《复旦学报（社会科学版）》2000年第1期。

146. 王传辉：《知识产权法"利益平衡说"之反思：自然法与功利主义之比较》，载《交大法学》2022年第1期。

147. 王海滨、王健、张道祥：《作者一稿多投的心理分析》，载《中国科技信息》2005年第2期。

148. 王继军：《市场规制法研究》，中国社会科学出版社、人民法院出版社2005年版。

149. 王俊鸣：《意大利 让知识产权法典化》，载《创新科技》2006年第10期。

150. 王坤：《知识产权对象、客体的区分及其在民法学上的意义》，载《法治研究》2020年第1期。

151. 王乐兵：《"物权编"与"合同编"体系化视角下的应收账款质押制

度重构》，载《法学家》2019年第3期。

152. 王黎萤等：《RCEP知识产权议题：谈判障碍与应对策略——基于自贸协定知识产权规则变革视角的分析》，载《国际经济合作》2019年第4期。

153. 王利明：《关于我国民法典体系构建的几个问题》，载《法学》2003年第1期。

154. 王利明：《论中国民法典的制订》，载《政法论坛》1998年第5期。

155. 王利明：《以法律关系为主线构建民法典总则体系》，载《社会科学文摘》2016年第1期。

156. 王利明：《再论物权的概念》，载《社会科学研究》2006年第5期。

157. 王路：《"是"的逻辑研究》，载《哲学研究》1992年第3期。

158. 王迁：《〈著作权法〉修改：关键条款的解读与分析（上）》，载《知识产权》2021年第1期。

159. 王肃主编：《知识产权保护教程》，知识产权出版社2015年版。

160. 王太平：《知识产权客体的理论范畴》，知识产权出版社2008年版。

161. 王太平：《知识产权制度的未来》，载《法学研究》2011年第3期。

162. 王伟光：《利益论》，人民出版社2001年版。

163. 王晓红：《加入CPTPP：战略意义、现实差距与政策建议》，载《开放导报》2022年第1期。

164. 王晓丽、严驰：《从RCEP展望CPTPP：知识产权条款分析及对我国的启示》，载《法治论坛》2021年第4期。

165. 王笑冰、林秀芹：《中国与欧盟地理标志保护比较研究——以中欧地理标志合作协定谈判为视角》，载《厦门大学学报（哲学社会科学版）》2012年第3期。

166. 王笑冰：《关联性要素与地理标志法的构造》，载《法学研究》2015年第3期。

167. 王笑冰：《时间在先，权利在先？——论地理标志与商标的冲突及其解决途径》，载《电子知识产权》2006年第1期。

168. 王燕等：《乡村振兴战略下西部地区农业科技协同创新模式选择与实

现路径》，载《管理世界》2018 年第 6 期。

169. 王禹：《商业诋毁行为的法律思考》，载《科技与法律》2004 年第 1 期。
170. 王云萍：《新黑格尔主义道德理想论简述》，载《广东社会科学》1991 年第 3 期。
171. 王占魁：《"公平"抑或"美善"——道德教育哲学基础的再思考》，载《教育研究》2011 年第 3 期。
172. 王志华：《论俄罗斯知识产权法的民法典化》，载《环球法律评论》2009 年第 6 期。
173. 王仲士：《马克思的文化概念》，载《清华大学学报（哲学社会科学版）》1997 年第 1 期。
174. 韦贵红：《论知识产权立法体例与民法典的制定》，载《法律适用》2004 年第 5 期。
175. 魏纪林、程森成、王建平：《知识产权及其客体范围的再认识》，载《科协论坛》1997 年第 2 期。
176. 魏振瀛主编：《民法》，北京大学出版社、高等教育出版社 2000 年版。
177. 魏志明、胡敏、韦克难主编：《哲学引论》，四川人民出版社 2005 年版。
178. 吴汉东：《论商誉权》，载《中国法学》2001 年第 3 期。
179. 吴汉东：《民法法典化运动中的知识产权法》，载《中国法学》2016 年第 4 期。
180. 吴汉东：《知识产权"入典"与民法典"财产权总则"》，载《法制与社会发展》2015 年第 4 期。
181. 吴汉东：《知识产权本质的多维度解读》，载《中国法学》2006 年第 5 期。
182. 吴汉东：《知识产权的制度风险与法律控制》，载《法学研究》2012 年第 4 期。
183. 吴汉东：《知识产权法》，法律出版社 2021 年版。
184. 吴汉东：《知识产权法律构造与移植的文化解释》，载《中国法学》

2007 年第 6 期。
185. 吴汉东主编：《知识产权法学》（第七版），北京大学出版社 2019 年版。
186. 吴汉东：《知识产权理论的体系化与中国化问题研究》，载《法制与社会发展》2014 年第 6 期。
187. 吴汉东：《知识产权立法体例与民法典编纂》，载《中国法学》2003 年第 1 期。
188. 吴汉东：《知识产权应在未来民法典中独立成编》，载《知识产权》2016 年第 12 期。
189. 吴汉东：《知识产权制度不宜编入我国民法典》，载《法制日报》2002 年 9 月 29 日。
190. 吴汉东等：《知识产权基本问题研究》，中国人民大学出版社 2005 年版。
191. 吴汉东主编：《知识产权法》，北京大学出版社 2000 年版。
192. 吴汉东主编：《知识产权制度基础理论研究》，知识产权出版社 2009 年版。
193. 伍治良：《中国民法现代化的理论逻辑——以内容体系、评价标准与目标模式为视角》，法律出版社 2013 年版。
194. 武志孝、王希发：《专利权客体范围影响因素探讨》，载《中山大学学报论丛》2006 年第 7 期。
195. 夏建国：《论法国知识产权法典的立法特色及借鉴》，载《河北法学》2002 年第 6 期。
196. 向波：《著作权集体管理组织：市场功能、角色安排与定价问题》，载《知识产权》2018 年第 7 期。
197. 萧诗美：《是的哲学研究》，武汉大学出版社 2003 年版。
198. 肖爱萍：《商誉概念探微》，载《财会通讯》1999 年第 4 期。
199. 肖金明：《坚持和完善中国特色社会主义法治体系：逻辑、内涵与原则》，载《中国司法》2019 年第 12 期。
200. 肖炼、王红茹：《谁在引领全球贸易新方式？美国主导 TPP 意欲再造一个 WTO》，载《中国经济周刊》2012 年第 1 期。

201. 谢晖:《法律工具主义评析》,载《中国法学》1994年第1期。
202. 谢晓尧:《竞争秩序为何更多原则而非规则》,载《深圳特区报》2015年3月24日,第C03版。
203. 谢晓尧:《论商业诋毁》,载《中山大学学报(社会科学版)》2001年第5期。
204. 信一忱:《存在论》,黑龙江人民出版社2003年版。
205. 熊文聪:《知识产权权利冲突:命题的反思与检讨》,载《法制与社会发展》2013年第3期。
206. 徐国栋:《盖尤斯、其〈法学阶梯〉、优士丁尼〈法学阶梯〉》,载《河北法学》2010年第6期。
207. 徐国栋:《罗马私法要论——文本与分析》,科学出版社2007年版。
208. 徐国栋:《民法典草案的基本结构——以民法的调整对象理论为中心》,载《法学研究》2000年第1期。
209. 徐孟洲、孟雁北:《竞争法》,中国人民大学出版社2008年版。
210. 徐士英主编:《自由经济的"大宪章"——公平竞争法简论》,上海人民出版社1997年版。
211. 徐卫等:《我国农业知识产权保护存在的问题及对策研究》,载《农业科技管理》2013年第4期。
212. 徐秀军:《俄罗斯、加拿大、新西兰的TPP战略》,载唐国强主编:《跨太平洋伙伴关系协定与亚太区域经济一体化研究》,世界知识出版社2013年版。
213. 薛军:《批判民法学的理论建构》,北京大学出版社2012年版。
214. 薛亦飒:《"电子商务平台"侵权"相应的责任"之定性分析——连带责任抑或按份责任?》,载《北京化工大学学报(社会科学版)》2019年第1期。
215. 严蓉:《RCEP背景下电子商务及数字贸易规则的模式与经验——RCEP成员国的比较研究》,载《中国商论》2021年第15期。
216. 阎德玉:《论商誉会计理论重构——兼评商誉会计"三元理论"》,载《中南财经大学学报》1997年第1期。

217. 杨春娥：《新时代少数民族特色村寨保护立法的基本原则》，载《青海社会科学》2019 年第 5 期。

218. 杨代雄：《法学阶梯式民法体系的逻辑构造与历史演进》，载《外国法制史研究》2009 年。

219. 杨代雄：《古典私权一般理论及其对民法体系构造的影响》，北京大学出版社 2009 年版。

220. 杨代雄：《我国未来民法典中知识产权规范的立法模式》，载《上海商学院学报》2012 年第 4 期。

221. 杨洁：《CPTPP 新规则下我国对未注册驰名商标保护的路径选择》，载《吉林工商学院学报》2021 年第 3 期。

222. 杨立新、王竹：《论物权法规定的物权客体中统一物的概念》，载《法学家》2008 年第 5 期。

223. 杨利华：《从"特权"到"财产权"：专利权之起源探微》，载《湘潭大学学报（哲学社会科学版）》2009 年第 1 期。

224. 杨双鑫、刘向林：《中国特色社会主义知识产权法律体系的四重理论维度》，载《哈尔滨学院学报》2018 年第 11 期。

225. 杨涛：《知识产权专有性特质的理论阐释》，载《法制与社会发展》2020 年第 3 期。

226. 杨晓娟、樊志民：《发达国家农业知识产权服务体系对我国的启示》，载《西北农林科技大学学报（社会科学版）》2017 年第 1 期。

227. 杨绪东：《对知识产权未在〈民法典〉独立成编的检视与反思——论知识产权法体系化与〈民法典〉的连接》，载《重庆工商大学学报（社会科学版）》2020 年第 6 期。

228. 叶卫平：《竞争立法与竞争秩序建构——以行政垄断规制必要性为中心》，载《深圳大学学报（人文社会科学版）》2007 年第 1 期。

229. 易军：《民法基础理论新视域》，法律出版社 2012 年版。

230. 于津平、印梅：《RCEP 时代亚太经贸格局重构与中国的战略选择》，载《华南师范大学学报（社会科学版）》2021 年第 4 期。

231. 于鹏、廖向临、杜国臣：《RCEP 和 CPTPP 的比较研究与政策建议》，载《国际贸易》2021 年第 8 期。

232. 余澜：《商誉法律制度的基本范畴研究》，载《江西社会科学》2009 年第 4 期。

233. 余楠：《当前国内 TPP 研究述评》，载《上海海关学院学报》2012 年第 3 期。

234. 俞宣孟：《本体论研究》（第三版），上海人民出版社 2012 年版。

235. 喻中：《论中国特色社会主义法治理论的体系》，载《法学论坛》2022 年第 3 期。

236. 袁真富：《论知识产权法的独立性》，载《中国知识产权报》2002 年第 30 期。

237. 詹启智：《一稿多投是著作权人依法享有的合法权利——兼论一稿多发后果的规制》，载《出版发行研究》2010 年第 2 期。

238. 张冬云：《一稿多投行为的法律问题研究》，载《安徽大学学报》1999 年第 2 期。

239. 张俊浩主编：《民法学原理》（修订第三版，上下册），中国政法大学出版社 2000 年版。

240. 张乃根：《与时俱进的 RCEP 知识产权条款及其比较》，载《武大国际法评论》2021 年第 2 期。

241. 张平：《基于中国特色社会主义理论的民法理论体系探究》，载《法制与社会》2021 年第 16 期。

242. 张钦昱：《新型权利之检讨与义务之勃兴——群体性权利的视角》，载《思想战线》2021 年第 1 期。

243. 张术麟：《农业知识产权与乡村产业振兴》，载《贵州民族研究》2020 年第 1 期。

244. 张双根：《物的概念若干问题》，载《华东政法学院学报》2006 年第 4 期。

245. 张双梅：《乡村振兴视阈下互联网金融法律制度的构建》，载《法商研究》2020 年第 5 期。

246. 张彤：《论民法典编纂视角下的个人信息保护立法》，载《行政管理改革》2020 年第 2 期。

247. 张伟：《企业如何面对竞争 专家学者解析商业诋毁》，载《中国高新技术产业导报》2011 年 1 月 24 日，第 A05 版。

248. 张文显：《法治与国家治理现代化》，载《中国法学》2014 年第 4 期。

249. 张兴光、史小艳：《论商誉权的性质及其法律保护》，载《河南教育学院学报（哲学社会科学版）》2006 年第 4 期。

250. 张雅莉：《商誉概念探析》，载《内蒙古科技与经济》2006 年第 10 期。

251. 张亚峰等：《意大利地理标志促进乡村振兴的经验与启示》，载《中国软科学》2019 年第 12 期。

252. 张亚峰、何丽敏、闫文军：《中国与意大利地理标志制度比较研究》，载《经济体制改革》2021 年第 4 期。

253. 张英：《大保护格局下知识产权纠纷多元化解决机制的完善》，载《广东经济》2019 年第 7 期。

254. 张玉全：《电子商务交易平台经营者的法律地位》，载《商场现代化》2015 年第 28 期。

255. 张月红：《从伦理道德的视角再谈一稿多投》，载《学报编辑论丛》（第十二集）2004 年。

256. 赵博：《网络环境下信用权保护面临的新挑战》，载《苏州大学学报（哲学社会科学版）》2014 年第 2 期。

257. 赵建英：《市场经济呼唤伦理支持》，载《理论探索》2000 年第 2 期。

258. 赵晋平等：《跨太平洋伙伴关系协定：经济影响与对策》，中国财政经济出版社 2013 年版。

259. 赵书军、李欣：《浅论农产品品牌及其法律保护》，载《天津法学》2012 年第 1 期。

260. 赵霞：《论知识产权法的体系化》，载《理论界》2014 年第 4 期。

261. 赵彦飞、陈凯华、李雨晨：《创新环境评估研究综述：概念、指标与方法》，载《科学学与科学技术管理》2019 年第 1 期。

262. 郑成思、黄晖：《法国民法典中的"财产权"概念与我国立法的选择》,载《知识产权》2002年第3期。

263. 郑成思、朱谢群:《信息与知识产权》,载《西南科技大学学报(哲学社会科学版)》2006年第1期。

264. 郑成思:《两个新的国际版权条约评介》,载《外国法译评》1997年第4期。

265. 郑成思:《商标与商标保护的历史——商标制度的起源及发展(一)》,载《中华商标》1997年第5期。

266. 郑成思:《信息、知识产权与中国知识产权战略若干问题》,载《环球法律评论》2006年第3期。

267. 郑成思:《WTO知识产权协议逐条讲解》,中国方正出版社2001年版。

268. 郑友德、焦洪涛:《反不正当竞争的国际通则——WIPO〈反不正当竞争示范条款〉述要》,载《知识产权》1999年第2期。

269. 郑悦迪:《从欧盟经验看地理标志与商标的冲突及解决》,载《电子知识产权》2021年第1期。

270. 种明钊主编:《竞争法学》,高等教育出版社2002年版。

271. 周汉民、黄骅:《中国加入CPTPP之必要性与可行性分析》,载《上海对外经贸大学学报》2021年第3期。

272. 周俊强、胡坚:《知识产权的本质及属性探析》,载《知识产权》2005年第2期。

273. 周濂:《我们彼此亏欠什么——兼论道德哲学的理论限度》,载《世界哲学》2008年第2期。

274. 周密:《RCEP对中国企业意味着什么?造福更多中小企业》,载《进出口经理人》2021年第1期。

275. 周枏:《罗马法原论》(上册),商务印书馆1994年版。

276. 朱亮亮等:《我国耕地质量现状及提升建议》,载《山西农经》2021年第11期。

277. 朱宁宁:《完善以宪法为核心的中国特色社会主义法律体系——解析全国人大常委会2018年立法工作计划》,载《中国人大》2018年第11期。

278. 朱秋沅：《中国视角下对 TPP/CPTPP 知识产权边境保护条款的考量及相应建议》，载《电子知识产权》2018 年第 3 期。
279. 张乃根：《试析 TPP 知识产权条款的 TRIPS 追加义务》，载《海关与经贸研究》2016 年第 4 期。
280. [奥] 维特根斯坦：《哲学研究》，韩林合译，商务印书馆 2013 年版。
281. [澳] 彼得·德霍斯：《知识财产法哲学》，周林译，商务印书馆 2008 年版。
282. [澳] 布拉德·谢尔曼、[英] 莱昂内尔·本特利：《现代知识产权法的演进：英国的历程（1760—1911）》，金海军译，北京大学出版社 2006 年版。
283. [德] 阿图尔·考夫曼、温弗里德·哈斯默尔主编：《当代法哲学和法律理论导论》，郑永流译，法律出版社 2013 年版。
284. [德] 黑格尔：《法哲学原理》，范扬、张企泰译，商务印书馆 1961 年版。
285. [德] 黑格尔：《小逻辑》，贺麟译，商务印书馆 1980 年版。
286. [德] 柯武刚、史漫飞：《制度经济学：社会秩序与公共政策》，韩朝华译，商务印书馆 2000 年版。
287. "生殖性克隆技术与专利法"，载张乃根、[法] 米雷埃·德尔玛斯-玛尔蒂主编：《克隆人：法律与社会》（第二卷 比较），复旦大学出版社 2004 年版。
288. [法] 维克多·埃尔：《文化概念》，康新文、晓文译，上海人民出版社 1988 年版。
289. [古罗马] 查士丁尼：《法学总论》，张企泰译，商务印书馆 1989 年版。
290. [古罗马] 盖尤斯：《法学阶梯》，黄风译，中国政法大学出版社 1996 年版。
291. [美] E. 博登海默：《法理学：法律哲学与法律方法》，邓正来译，中国政法大学出版社 1999 年版。
292. [美] 安守廉：《窃书为雅罪》，李琛译，法律出版社 2010 年版。

293. [美] E. 博登海默：《法理学——法哲学及其方法》，邓正来、姬敬武译，华夏出版社 1987 年版。

294. [美] 布赖恩·Z. 塔玛纳哈：《法律工具主义：对法治的危害》，陈虎、杨洁译，北京大学出版社 2016 年版。

295. [美] 霍菲尔德：《基本法律概念》，张书友编译，中国法制出版社 2009 年版。

296. [美] 约翰·G. 斯普兰克林：《美国财产法精解》（第二版），钟书峰译，北京大学出版社 2009 年版。

297. [新加坡] 杉齐塔·巴苏·达斯：《用 TPP 遏制中国：神话还是现实?》，载唐国强主编：《亚太与东亚区域经济一体化形势与建议》，世界知识出版社 2013 年版。

298. [意] 彼德罗·彭梵得：《罗马法教科书》，黄风译，中国政法大学出版社 1992 年版。

299. [印尼] 尤素夫·瓦南迪、雷蒙德·阿特贾：《TPP 印度尼西亚的视角》，谢卉译，载唐国强主编：《跨太平洋伙伴关系协定与亚太区域经济一体化研究》，世界知识出版社 2013 年版。

300. [英] M. 麦金：《维特根斯坦与〈哲学研究〉》，李国山译，广西师范大学出版社 2007 年版。

301. [英] 弗里德利希·冯·哈耶克：《自由秩序原理》，邓正来译，生活·读书·新知三联书店 1997 年版。

302. [英] 马林诺夫斯基：《文化论》，费孝通等译，中国民间文艺出版社 1987 年版。

303. [英] 爱德华·泰勒：《原始文化：神话、哲学、宗教、语言、艺术和习俗发展之研究》，连树声译，上海文艺出版社 1992 年版。

304. [英] 休谟：《人性论》，关文运译，商务印书馆 1980 年版。

305. [英] 约翰·洛克：《政府论》，杨思派译，九州出版社 2007 年版。

306. [越南] HO Hong Hanh：《越南加入 TPP 的意义》，张键译，载唐国强主编：《跨太平洋伙伴关系协定与亚太区域经济一体化研究》，世界知识出版社 2013 年版。

307. [法] 孟德斯鸠:《论法的精神》(全二卷),许明龙译,商务印书馆 2012 年版。
308. [古希腊] 亚里士多德:《范畴篇 解释篇》,方书春译,上海三联书店 2011 年版。

外文类:

1. Amlan Ray, Deepika M. G. and Badrinarayan G., "Analysis of India's Competitive Position in RCEP", *Vision The Journal of Business Perspective*, Vol. 25, No. 7, 2021.
2. OECD, "Big Data: Bringing Competition Policy to the Digital Era", OECD Publishing, No. 193, 2016.
3. Dirk A. Z., Ross P. B. and Douglas W. A., "The Distributed Liability of Distributed Ledgers: Legal Risks of Blockchain", *University of Illinois Law Review*, Vol. 2018, No. 4, 2021.
4. Eleonora O., Cristina S. and Anatoly S., "What's Up with Merger Control in the Digital Sector? Lessons from the Facebook/WhatsApp EU Merger Case", *Competition Merger Brief*, No. 1, 2015.
5. Eugene K., Harold F. and Agustín R., "The Limits of Antitrust in Privacy Protection", *International Data Privacy Law*, Vol. 8, No. 3, 2018.
6. Fiona S. M. et al., "Market Structure and Antitrust", *Stigler Center Final Report*, 2019.
7. Gene K. and Mark C., "A Communications Oligopoly on Steroids—Why Antitrust Enforcement and Regulatory Oversight in Digital Communications Matter", *Washington Center for Equitable Growth*, No. 8, 2017.
8. Giuseppe C. and Mariateresa M., "Antitrust Über Alles. Whither Competition Law After Facebook?", *World Competition Law and Economics Review*, Vol. 42, No. 3, 2019.
9. Jenny Hu, "Bilateral Trade Between China and ASEAN Shows Strong Growth", *China's Foreign Trade*, No. 4, 2021.

10. Marc B. , Alexandre D. S. and Inge G. , "Big Data and Competition Policy: Market Power, Personalised Pricing and Advertising", SSRN, 2017.
11. María Vásquez Callo-Müller and Pratyush Nath Upreti, "RCEP IP Chapter: Another TRIPS-Plus Agreement?", *GRUR International*, Vol. 70, No. 7, 2021.
12. Mark M. , "Can Antitrust Enforcement Improve Privacy Protection? Privacy as a Parameter of Competition in Merger Reviews", SSRN, 2019.
13. Maureen K. O. and Alexander P. O. , "Competition, Consumer Protection, and the Right (Approach) to Privacy", *Antitrust Law Journal*, Vol. 80, No. 1, 2015.
14. Michèle F. , "Blockchains and Data Protection in the European Union", *EDPL*, Vol. 4, No. 1, 2018.
15. Nicholas E. and Ioannis, L. , "Restrictions on Privacy and Exploitation in the Digital Economy: A Market Failure Perspective", *Journal of Competition Law & Economics*, Vol. 17, No. 4, 2021.
16. Nicolas P. , "Innovation Competition, Unilateral Effects, and Merger Policy", *Antitrust Law Journal*, Vol. 82, No. 3, 2019.
17. Noah W. , "Privacy Law Issues in Public Blockchains: An Analysis of Blockchain PIPEDA, the GDPR, and Proposals for Compliance", *Canadian Journal of Law and Technology*, Vol. 17, No. 2, 2019.
18. Pamela J. H. and Tara I. K. , "Section 2 in a Web 2. 0 World: An Expanded Vision of Relevant Product Markets", *Antitrust L. J.* , Vol. 76, No. 3, 2010.
19. Peter Drahos, *A Philosophy of Intellectual Property*, Australian National University (ANU) eText, 2016.
20. Pranvera K. , "Data Protection and Competition Law: Non-Compliance as Abuse of Dominant Position", *Sui Generis*, 2019.
21. Primavera D. F. , "The Interplay Between Decentralization and Privacy: The Case of Blockchain Technologies", *Journal of Peer Production*, Vol. 9, No. 7, 2016.
22. Qiuying Zhu, "Research on the Impact of RCEP Signing on China-ASEAN Investment Facilitation and Countermeasures Under the New Development Pattern of 'Dual Circulation'", *International Journal of Social Science and Ed-*

ucation Research, Vol. 4, No. 8, 2021.

23. Richard Lacava, Paul C. Maier and Alexander H. Spiegler, "Three Ways the New USPTO Guidance for Patent Eligibility Can Benefit Patent Applicants", *Intellectual Property & Technology Law Journal*, Vol. 31, No. 6, 2019.

24. Satoshi N., "Bitcoin: A Peer-to-Peer Electronic Cash System", *Bitcoin Whitepaper*, 2009.

25. Stefania A., "Eternal Sunshine: The Right to Be Forgotten in the European Union After the 2016 General Data Protection Regulation", *Emory International Law Riview*, Vol. 32, No. 1, 2017.

26. Susanne B. and Menno D. T. de Jong, "The Privacy Paradox-Investigating Discrepancies Between Expressed Privacy Concerns and Actual Online Behavior-A Systematic Literature Review", *Telematics and Informatics*, Vol. 34, No. 7, 2017.

27. Viktoria H. S. E. Robertson, "Excessive Data Collection: Privacy Considerations and Abuse of Dominance in the Era of Big Data", *Common Market Law Review*, Vol. 57, No. 1, 2020.

28. Wenkai Tzeng, "Poverty and Patents: Intellectual Property Policy and Economic Inequality", *Indiana Journal of Law and Social Equality*, Vol. 5, No. 2, 2017.

29. Wesley Newcomb Hohfeld, "Some Fundamental Legal Conceptions as Applied in Judicial Reasoning", *The Yale Law Journal*, Vol. 23, No. 1, 1913.

30. Peicheng Wu, Charlie Xiao-chuan Weng and Sally-Ann Joseph, "Crossing the Rubicon? The Implications of RCEP on antimonopoly enforcement on dominant E-commerce platforms in China", *Computer Law & Security Review*, Vol. 42, 2021.

网络类：

1. 《中共中央 国务院关于实施乡村振兴战略的意见》，载 http://www.gov.cn/zhengce/2018-02/04/content_5263807.htm，最后访问日期：2024 年

9 月 15 日。

2. 《秦陵兵马俑》，载 http://www.scio.gov.cn/ztk/dtzt/2014/31055/31067/Document/1373300/1373300.htm，最后访问日期：2024 年 9 月 10 日。

3. 《大同黄花》，载 https://baike.baidu.com/item/%E5%A4%A7%E5%90%8C%E9%BB%84%E8%8A%B1/565021?fr=aladdin。

4. 《中国农业知识产权创造指数报告（2020 年）》，载 http://images.ipa361.com/tupianku/UEditor/file/1614589261938710.pdf?continueFlag=a206b43e3689c50cb9affa3a7f76df8a，最后访问日期：2024 年 9 月 19 日。

5. 《第 47 次中国互联网络发展状况统计报告》，载 http://www.cnnic.net.cn/hlwfzyj/hlwxzbg/hlwtjbg/202102/t20210203_71361.htm，最后访问日期：2023 年 6 月 6 日。

6. 陈芳、王宾、姜辰蓉：《知识产权是营造良好营商环境关键一环》，载 http://www.sipo.gov.cn/mtsd/1072071.htm，最后访问日期：2023 年 6 月 6 日。

7. 《2018 年世界五大知识产权局统计报告（中文版）》，载 http://cnipa.gov.cn/module/download/down.jsp?i_ID=4377&cotID=902020-04-09，最后访问日期：2024 年 3 月 6 日。

8. 《2020 年中国知识产权保护状况》，载 http://cnipa.gov.cn/art/2021/4/25/art_2436-158794.html，最后访问日期：2024 年 3 月 6 日。

9. 《美国的知识产权管理体制和专利管理政策及其借鉴》，载 https://www.renrendoc.com/paper/165726548.html，最后访问日期：2024 年 6 月 15 日。

10. 白春礼：《为建设创新型国家砥砺奋进》，载 https://www.gov.cn/xinwen/2020-09/24/content_5546943.htm，最后访问日期：2023 年 3 月 10 日。

11. 《中共中央 国务院印发〈知识产权强国建设纲要（2021—2035 年）〉》，载 http://www.gov.cn/zhengce/2021-09/22/content_5638714.htm，最后访问日期：2024 年 9 月 23 日。

12. 《我国已成为全球第五大知识产权贸易经济体》，载 https://politics.gmw.cn/baijia/2021-10/06/35212410.html，最后访问日期：2024 年 10 月 7 日。

· 335 ·

13. 《申请加入 CPTPP 是中国新时代扩大对外开放的一个重要举措》，载 http://chinawto.mofcom.gov.cn/article/e/r/202203/20220303286762.shtml，最后访问日期：2024 年 7 月 7 日。
14. 《习近平在第六届东方经济论坛全会开幕式上的致辞（全文）》，载 https://www.gov.cn/xinwen/2021-09-03/content_5635207.htm，最后访问日期：2024 年 9 月 3 日。